Bedrohungsmanagement

Claudia Brandkamp · Philipp Horn

Bedrohungsmanagement

Prävention von Gewalt am Arbeitsplatz

Claudia Brandkamp
Bedrohungsmanagement
Deutsche Telekom Security
Bonn, Deutschland

Philipp Horn
Bedrohungsmanagement
Act Aware GmbH
München, Deutschland

ISBN 978-3-662-71473-7   ISBN 978-3-662-71474-4 (eBook)
https://doi.org/10.1007/978-3-662-71474-4

Die Deutsche Nationalbibliothek verzeichnet diese Publikation in der Deutschen Nationalbibliografie; detaillierte bibliografische Daten sind im Internet über ▶ https://portal.dnb.de abrufbar.

© Der/die Herausgeber bzw. der/die Autor(en), exklusiv lizenziert an Springer-Verlag GmbH, DE, ein Teil von Springer Nature 2025

Das Werk einschließlich aller seiner Teile ist urheberrechtlich geschützt. Jede Verwertung, die nicht ausdrücklich vom Urheberrechtsgesetz zugelassen ist, bedarf der vorherigen Zustimmung des Verlags. Das gilt insbesondere für Vervielfältigungen, Bearbeitungen, Übersetzungen, Mikroverfilmungen und die Einspeicherung und Verarbeitung in elektronischen Systemen.
Die Wiedergabe von allgemein beschreibenden Bezeichnungen, Marken, Unternehmensnamen etc. in diesem Werk bedeutet nicht, dass diese frei durch jede Person benutzt werden dürfen. Die Berechtigung zur Benutzung unterliegt, auch ohne gesonderten Hinweis hierzu, den Regeln des Markenrechts. Die Rechte des/der jeweiligen Zeicheninhaber*in sind zu beachten.
Der Verlag, die Autor*innen und die Herausgeber*innen gehen davon aus, dass die Angaben und Informationen in diesem Werk zum Zeitpunkt der Veröffentlichung vollständig und korrekt sind. Weder der Verlag noch die Autor*innen oder die Herausgeber*innen übernehmen, ausdrücklich oder implizit, Gewähr für den Inhalt des Werkes, etwaige Fehler oder Äußerungen. Der Verlag bleibt im Hinblick auf geografische Zuordnungen und Gebietsbezeichnungen in veröffentlichten Karten und Institutionsadressen neutral.

Planang/Lektorat: Marion Krämer
Springer ist ein Imprint der eingetragenen Gesellschaft Springer-Verlag GmbH, DE und ist ein Teil von Springer Nature.
Die Anschrift der Gesellschaft ist: Heidelberger Platz 3, 14197 Berlin, Germany

Wenn Sie dieses Produkt entsorgen, geben Sie das Papier bitte zum Recycling.

Einleitung

- **Zwischen Prävention und Intervention – Warum Bedrohungsmanagement für Unternehmen heute und morgen unverzichtbar ist**

In einer Zeit zunehmender gesellschaftlicher Spannungen, wachsender psychischer Belastungen und beschleunigter Veränderungen rücken Themen wie Drohungen, Gewalt, Stalking oder Radikalisierung immer stärker ins Bewusstsein – auch in der Arbeitswelt. Unternehmen sehen sich zunehmend mit Situationen konfrontiert, die weit über klassische Fragen des Arbeitsrechts oder der Arbeitssicherheit hinausgehen. Mitarbeitende fühlen sich bedroht, Führungskräfte werden Zielscheibe persönlicher Angriffe, Kolleginnen und Kollegen äußern plötzlich radikale Überzeugungen oder zeigen auffälliges Verhalten, das Unsicherheit auslöst.

Was früher als Ausnahme galt, ist heute Teil des unternehmerischen Alltags geworden – sei es durch einen Mitarbeitenden, der nach seiner Kündigung mit Vergeltung droht, eine Kundin, die sich in eine Beziehung fantasiert und zur Stalkerin wird, oder eine Einzelperson, die in einem extremen Weltbild versinkt und zunehmend gefährlich wirkt. Die mediale Aufmerksamkeit für eskalierende Gewalttaten – ob im Unternehmen, im öffentlichen Raum oder im privaten Umfeld – hat zusätzlich dazu geführt, dass Sensibilität und Handlungsdruck steigen. Unternehmen müssen sich fragen: Wie gehen wir mit Bedrohungen um, bevor sie eskalieren? Und noch wichtiger: Wie können wir sie erkennen, bevor sie zu einem Risiko werden?

- **Was ist Bedrohungsmanagement überhaupt?**

Bedrohungsmanagement ist der strukturierte, interdisziplinäre und professionelle Umgang mit potenziell gefährlichen Personen oder Situationen. Es verfolgt das Ziel, Hinweise auf mögliche Gewalt- oder Eskalationsprozesse frühzeitig zu erkennen, systematisch zu bewerten und geeignete Maßnahmen zu ergreifen, um Schaden von Personen und Organisationen abzuwenden. Es verbindet Risikoanalyse, Kommunikation, psychologische Einschätzung, rechtliche Rahmenbedingungen und konkrete Handlungsstrategien.

Dabei geht es nicht um die Abwehr akuter Gefahren. Vielmehr zielt ein effektives Bedrohungsmanagement auf Prävention – also auf das Verhindern von Eskalation, indem frühzeitig interveniert wird. Oftmals zeigt sich, dass Täter nicht plötzlich „aus dem Nichts" handeln, sondern eine Entwicklung durchlaufen, in der sich bestimmte Muster erkennen lassen. Wer diese Muster kennt und ein System etabliert, das auf Warnsignale reagiert, kann effektiv gegensteuern.

Das bedeutet: Bedrohungsmanagement schützt nicht nur potenzielle Opfer – es schützt auch potenzielle Täter davor, einen destruktiven Weg einzuschlagen. Es ist ein Beitrag zur Fürsorgepflicht des Unternehmens, zum Schutz von Beschäftigten und zur Förderung einer gesunden, sicheren Unternehmenskultur.

- **Warum schreiben wir dieses Buch?**

Unsere Motivation für dieses Buch speist sich aus langjähriger praktischer Erfahrung im Umgang mit Bedrohungssituationen in Unternehmen. Wir haben gesehen, wie viel Unsicherheit herrscht, wenn plötzlich jemand auffällig wird. Wir haben erlebt, wie Unternehmen zwischen Überforderung und Aktionismus schwanken – mal ignorieren sie Warnsignale, mal überreagieren sie aus Angst. Und wir wissen: Es gibt einen professionellen Weg dazwischen.

Wir möchten mit diesem Buch einen praxisnahen Leitfaden zur Verfügung stellen, der hilft, Bedrohungslagen zu erkennen, zu bewerten und zu managen – jenseits von Dramatisierung, aber mit der notwendigen Ernsthaftigkeit. Unser Ziel ist es, aufzuklären, zu sensibilisieren und konkrete Handlungsmöglichkeiten aufzuzeigen. Dabei richten wir uns insbesondere an Personalverantwortliche, Führungskräfte, Arbeitsrechtler, betriebliche Sozialdienste, Sicherheitsverantwortliche und Betriebsräte – also an all jene, die in der Praxis mit derartigen Situationen in Berührung kommen.

Bedrohungsmanagement kommt nicht ohne Wissenschaft aus. Das Buch verbindet wissenschaftlich fundiertes Wissen und psychologisches Hintergrundwissen mit praktischer Anwendung. Das bedeutet auch, dass wir in sehr spezifische Themen wie einzelne Formen der Gewalt nicht detailliert einsteigen, sondern grundlegende Dynamiken sichtbar machen und Handlungsoptionen darstellen. Das Buch ist so konzipiert, dass es auch für Personen nachvollziehbar ist, die sich diesem Thema neu zuwenden. Es zeigt anhand von Fallbeispielen, wie Bedrohungsmanagement im Unternehmenskontext funktioniert – und wie nicht. Wir legen Wert auf realistische und angemessene Lösungen, denn jedes Unternehmen ist anders, jede Situation einzigartig. Trotzdem gibt es Strukturen, Werkzeuge und Prinzipien, die sich bewährt haben – und genau diese möchten wir Ihnen zur Verfügung stellen.

Für dieses Buch haben wir überwiegend die männliche Schreibform, stellvertretend für alle Geschlechter gewählt. Dies ist der Realität geschuldet, dass Gewalt überwiegend männlich ist. Darüber hinaus erhöht es die Lesbarkeit. Die aufgeführten Beispiele sollen der besseren Nachvollziehbarkeit dienen und sind selbstverständlich vollständig anonymisiert und keinen Personen oder Organisationen zuzuordnen.

- **Warum wird das Thema künftig noch wichtiger werden?**

Die gesellschaftlichen und arbeitsbezogenen Rahmenbedingungen verändern sich rasant – und mit ihnen wächst die Wahrscheinlichkeit, dass sich bedrohliche Entwicklungen im Unternehmenskontext häufen werden. Multikrisen, Globalisierung, Digitalisierung, wirtschaftliche Unsicherheiten und soziale Spannungen hinterlassen Spuren in der Psyche vieler Menschen. Psychische Erkrankungen nehmen zu, der Umgang mit Stress und Frustration fällt vielen schwerer. Gleichzeitig sinkt die Schwelle zur Enthemmung – nicht zuletzt durch digitale Medien, in denen Hass, Bedrohung und Radikalisierung verstärkt stattfinden.

Auch hybride Arbeitsformen, zunehmende Anonymität und der Rückzug ins Private entziehen die Möglichkeiten, Konflikte zeitnah zu klären oder zu kompensieren. Und sie erschweren es, kritische Entwicklungen rechtzeitig zu erkennen. Wer remote arbeitet, bleibt oft unter dem Radar – und potenziell bedrohliches Verhalten wird erst sichtbar, wenn es bereits zu eskalieren droht. Das bedeutet: Unternehmen müssen neue Wege finden, um auch auf Distanz für Sicherheit zu sorgen.

Hinzu kommt ein gestiegenes gesellschaftliches und rechtliches Bewusstsein für die Verantwortung von Organisationen: Wer Bedrohungssituationen ignoriert oder falsch einordnet, riskiert nicht nur menschliche Tragödien, sondern auch Reputationsschäden, rechtliche Konsequenzen und langfristige interne Unsicherheiten. Umgekehrt stärkt professionelles Bedrohungsmanagement das Vertrauen der Mitarbeitenden und signalisiert Verantwortungsbewusstsein.

- **Ein Appell an die Praxis**

Dieses Buch ist kein alarmistischer Weckruf, sondern ein Aufruf zu Achtsamkeit und Verantwortung. Bedrohungsmanagement ist kein Thema, das nur Sicherheitsdienste, Behörden oder externe Berater betrifft. Es ist ein integraler Bestandteil moderner Unternehmensführung. Es geht um Kultur, Kommunikation und die Bereitschaft hinzusehen, bevor etwas passiert.

Wir laden Sie ein, sich gemeinsam mit uns diesem Thema zu widmen: Nicht aus Angst, sondern aus Verantwortung. Nicht, weil Sie müssen, sondern weil Sie es können.

Inhaltsverzeichnis

1	**Was ist Bedrohungsmanagement**	1
1.1	Was kann ein Bedrohungsmanagement leisten	2
1.2	Etablierung eines Bedrohungsmanagements	3
1.3	Bedrohungsmanagement als präventiver Ansatz	6
1.4	Gegenstand des Bedrohungsmanagements	8
1.5	Bedrohungsmanagement in der Umsetzung	12
	Literatur	16
2	**Was ist eine Drohung**	17
2.1	Funktion einer Drohung	18
2.2	Flüchtige und substanzielle Drohungen	20
2.3	Direkte und indirekte Drohungen	22
2.4	Worte, Gesten und Verhalten	23
2.5	Angst und Sorge	24
	Literatur	25
3	**Destruktive Negativspirale**	27
3.1	Grundlegende Annahmen	28
3.2	Negativspirale in die Eskalation	28
3.3	Psychologische Grundbedürfnisse	30
3.4	Krisen und Umbrüche	32
3.5	Psychische Destabilisierung	32
3.6	Dysfunktionale Stabilisierung	35
3.7	Wendepunkte	37
	Literatur	37
4	**Phänomene der Gewalt**	39
4.1	Mobbing	40
4.2	Stalking	43
4.3	Sexualisierte Gewalt	48
4.4	Querulanz	52
4.5	Häusliche Gewalt	55
4.6	Persönlich motivierter Attentäter	59
4.7	Radikalisierung	61
4.8	Suizidalität	64
	Literatur	66
5	**Initiale Einschätzung von Drohungen**	69
5.1	Der Weg zur initialen Einschätzung	70
5.2	Erste Einordnung einer möglichen Gefährdung	71

5.3	Zehn zentrale Faktoren zur Einschätzung	72
5.4	Modelle zur Einschätzung	77
	Literatur	82
6	**Erstkontakt mit dem Melder**	**83**
6.1	Ziel des Gesprächs	84
6.2	Der erste Anruf	86
6.3	Erstes persönliches Treffen	89
6.4	Nachbereitung des Gesprächs	91
	Literatur	92
7	**Informationsgewinnung**	**93**
7.1	Relevante Informationen: Was wirklich zählt?	94
7.2	Informationsrecherche: Wie gehe ich vor?	98
	Literatur	101
8	**Situationsanalyse, Verhaltensanalyse und Persönlichkeitsprofil**	**103**
8.1	Warum so eine aufwendige Analyse	104
8.2	Aufbau einer Situationsanalyse	106
8.3	Sachlage	107
8.4	Verhaltensanalyse	108
8.5	Persönlichkeitsstile	110
8.6	Instrumente und Einschätzung	116
8.7	Bedrohungsanalytische Einschätzung – von der Analyse zur Synthese	118
8.8	Fallmanagement-Strategien	119
	Literatur	120
9	**Case-Management**	**121**
9.1	Zusammensetzung des Case-Management-Teams	123
9.2	Erfolgreiche Zusammenarbeit im Case-Management-Team	123
9.3	Erarbeitung von Lösungsoptionen	124
9.4	Koordination der Maßnahmen	126
9.5	Kommunikation mit dem Umfeld	127
9.6	Dokumentation	127
9.7	Involvieren der Geschäftsführung	127
9.8	Einen Fall abschließen	128
10	**Aufbau eines Bedrohungsmanagements im Unternehmen**	**131**
10.1	Prävention beginnt an der Spitze: Mandatierung durch die Geschäftsführung	133
10.2	Fachliche Qualifizierung	134
10.3	Aufbau eines Netzwerks	135
10.4	Prozesse und Dokumentation	137
10.5	Kommunikation und interne Öffentlichkeitsarbeit	140
10.6	Implementierung	140
	Literatur	142

Was ist Bedrohungsmanagement

Inhaltsverzeichnis

1.1 Was kann ein Bedrohungsmanagement leisten – 2

1.2 Etablierung eines Bedrohungsmanagements – 3

1.3 Bedrohungsmanagement als präventiver Ansatz – 6

1.4 Gegenstand des Bedrohungsmanagements – 8

1.5 Bedrohungsmanagement in der Umsetzung – 12

Literatur – 16

© Der/die Autor(en), exklusiv lizenziert an Springer-Verlag GmbH, DE, ein Teil von Springer Nature 2025
C. Brandkamp und P. Horn, *Bedrohungsmanagement*,
https://doi.org/10.1007/978-3-662-71474-4_1

Warum lohnt es sich, dieses Kapitel zu lesen?

Schwere Gewalttaten lassen uns meist etwas ratlos zurück. Es kostet psychisch enorme Mühe, sich in Täter hineinzuversetzen und ihre Tat nachzuvollziehen. Weil wir dazu tendieren, die Abgründe des Grauens auszublenden, kommt rasch der Eindruck auf, die Tat sei aus dem Nichts gekommen. Täter werden in den Tagen nach der Tat auch oft als unauffällig und angepasst beschrieben, was den ersten Eindruck des Unerwartbaren und Plötzlichen stützt. Die allermeisten Gewalttaten entstehen allerdings nicht aus dem Nichts [7]. Insbesondere bei allen Formen von instrumenteller, also zielgerichteter Gewalt zeigt sich eine Entwicklung: Fixierung, Drohungen, eskalierende Negativspirale, kognitive Verzerrung und Rechtfertigung einer Tat, intensive Beschäftigung mit dem späteren Opfer, Planung, Vorbereitung, Abschiedshandlungen. Genau hier setzt das Bedrohungsmanagement an: Entwicklungen frühzeitig erkennen, analysieren und entsprechende Maßnahmen einleiten, um einer Eskalation von Gewalt präventiv zu begegnen. In diesem Kapitel beschreiben wir die zentralen Elemente eines Bedrohungsmanagements und welche Voraussetzungen es in Unternehmen oder Organisationen für ein Frühwarnsystem braucht. Und wir diskutieren, welche Voraussetzungen aufseiten der Bedrohungsmanager für ein effektives Vorgehen in Bedrohungslagen hilfreich sein können.

1.1 Was kann ein Bedrohungsmanagement leisten

- **Womit wir es zu tun haben**

Menschen melden sich, weil sie sich durch Aussagen, Nachrichten, Mails oder das Verhalten einer Person beunruhigt oder bedroht fühlen. Das mag ein Kunde sein, der sich zunehmend aggressiv beschwert und implizite Drohungen ausstößt, weil man seinen Forderungen nicht nachkommt, oder ein ehemaliger Mitarbeiter, der wütend gegenüber dem Management auftritt, weil er sich ungerecht behandelt fühlt und die Führungsebene für sein berufliches Scheitern verantwortlich macht. Das kann jemand sein, der aufdringlich wird, sexuelle Fantasien andeutet und einer Kollegin nachstellt. Oder ein anonymer Unbekannter, der düstere Todesdrohungen und bizarre Gegenstände an einen Bereichsleiter verschickt. So unterschiedlich die Szenarien sind, sie haben eines gemein: Sie hinterlassen bei den Betroffenen Sorge und Angst. Die wenigsten wissen, wie sie mit der schwierigen Lage umgehen sollen, sie sind verunsichert, was sie selbst tun können oder wie Kollegen, Freunde oder Angehörige unterstützen könnten. Wer sich nie mit dem Thema auseinandergesetzt hat, hat keine Idee, wie er oder sie sich in konkreten Fällen schützen kann, wo es Hilfe gibt oder was eine Gewaltdynamik unterbrechen könnte. Genau dafür ist das Bedrohungsmanagement gedacht.

- **Ziele des Bedrohungsmanagements**

Wenn es also ein Mythos ist, dass Gewalt nicht vorhersehbar ist, dann erlaubt ein Bedrohungsmanagement eben jenen Blick in die Zukunft. Dafür braucht es freilich keine Glaskugel. Die Informationen, die hier zusammengeführt und ausgewertet werden, ermöglichen es, ein erwartbares gewalttätiges Verhalten frühzeitig zu erkennen. Und es ermöglicht, die Entwicklung hin zu Gewalt zu durchbrechen, zu einem Zeitpunkt, zu dem zunächst noch kein strafrechtlich relevanter Tatbestand vorliegt, oft nicht einmal ein Anfangsverdacht. Bedrohungsmanagement ist sicherlich das wirksamste Instrument im Umgang mit zielgerichteter Gewalt [4]. Ziel ist es, Menschen davor zu schützen, Opfer oder Täter zu werden. Beides ist wichtig und benötigt gleichermaßen unsere Aufmerksamkeit. Und auf beiden Seiten kann eine Eskalationsdynamik beendet werden, bevor sich die Ereignisse überschlagen und nicht mehr revidierbar sind. Die Wege dahin mögen sehr unterschiedlich sein, das Ziel ist immer gleich: ein sicherer Arbeitsplatz, an dem persönliche Grenzen respektiert und Mitarbeitende in ihrer Menschlichkeit geachtet werden.

> **Gedankenimpuls**
> Bedrohungsmanagement setzt zu einem Zeitpunkt an, zu dem noch kein strafrechtlich relevanter Anfangsverdacht vorliegt!

1.2 Etablierung eines Bedrohungsmanagements

- **Prozess des Bedrohungsmanagements**

Um diesem Ziel gerecht zu werden, braucht es einen geordneten Prozess – einen Prozess, der einfach, nachvollziehbar und transparent ist. An seinem Anfang steht die Meldung eines auffälligen oder grenzverletzenden Verhaltens. In aller Regel müssen weitere Informationen eingeholt und gebündelt werden (▶ Kap. 7), sodass eine initiale Einschätzung (▶ Kap. 5) möglich ist. Informationsgewinnung und Einschätzung begleiten den Prozess fortlaufend, da sich die Entwicklungen aufseiten der Betroffenen sowie der drohenden Person dynamisch verhalten. Die entsprechenden Beobachtungen und Warnsignale werden ausgewertet und eingeordnet (▶ Kap. 8) und bei entsprechender Risikolage Strategien und Maßnahmen entwickelt, um eine Eskalation von Gewalt zu verhindern. Die Erarbeitung von Maßnahmen und Strategien im Umgang mit der Situation werden gemeinsam und im Konsent mit den Fachfunktionen Personal, Recht und Sicherheit erarbeitet (▶ Kap. 9). Dies ist deshalb so wichtig, da nur die Beachtung der unterschiedlichen Perspektiven zu zielführenden, realistischen und umsetzbaren Maßnahmen führt.

Die Voraussetzung eines solchen Prozesses ist, dass Auffälligkeiten überhaupt erkannt und auch gemeldet werden können. Die beste Ausgangslage ist eine gelebte Sicherheitskultur im Unternehmen. Denken Sie einmal daran, wie lange es braucht, bis ein unbeaufsichtigtes Gepäckstück bemerkt und an den Sicherheitsdienst gemeldet wird. Je mehrdeutiger Situationen sind, desto schwieriger: auffällige Personen ohne sichtbare Zutrittsbefugnis, grenzverletzendes Verhalten gegenüber einer Kollegin, besorgniserregende Verhaltensänderungen eines Mitarbeiters. Sicherheitskultur setzt ein Bewusstsein der Mitarbeitenden über Risiken und Gefahren voraus, ohne darüber misstrauisch oder paranoid zu werden. Und es setzt ein Verantwortungsgefühl jedes einzelnen für die Sicherheit aller voraus. Damit besorgniserregende Beobachtungen überhaupt in den Prozess des Bedrohungsmanagements eingesteuert werden, sind unkomplizierte und transparente Meldewege und eine zeitnahe und angemessene Reaktion auf Mitteilungen (► Kap. 10) unerlässlich.

- **Einschätzung von Auffälligkeiten**

Die richtige Einschätzung des Risikos ist ein wesentlicher Aspekt des Bedrohungsmanagements. Dazu müssen zunächst relevante Informationen eingeholt oder verknüpft werden, die uns ein klareres Bild verschaffen. Für die Einschätzung selbst wird dann eruiert:

— Ist ein auffälliges Verhalten oder eine Drohung substanziell?
— Liegt eine klare Intention zur Schädigung der Betroffenen vor?
— Werden Drohungen wiederholt und in unterschiedlichen Situationen oder über unterschiedliche Kanäle kommuniziert?
— Beinhalten sie Details über Ort, Zeit, Gewohnheiten?

Verdichten sich die zur Verfügung stehenden Informationen zu einem Urteil, dass tatsächlich eine ernst zu nehmende Bedrohung vorliegt (► Kap. 5), müssen anschließend auch die Merkmale der drohenden Person mit einbezogen werden. In dieser Analyse kommen psychische Auffälligkeiten, die Fixierung auf das potenzielle Opfer, die Rigidität des Denkens oder die subjektive Rechtfertigung für Gewalt zum Tragen. Zudem ist eine genauere Betrachtung früherer Verhaltensmuster und der Persönlichkeit für eine treffende Einschätzung sehr hilfreich (► Kap. 8). Je nach Gesamtbild setzt dann im letzten Schritt ein Fallmanagement ein, mit dem Ziel, Strategien zu entwickeln und diese mit den Beteiligten, relevanten Stakeholdern im und außerhalb des Unternehmens sowie in Kooperation mit Behörden umzusetzen.

- **Das Bewusstsein bestimmt das Sein**

„Haben wir noch nie gemacht." „Brauchen wir nicht." „Datenschutz...?" Die Einführung eines Bedrohungsmanagements ist von Widerständen und Missverständnissen begleitet. Oft brauchen Unternehmen, Organisationen oder Institutionen erst einen konkreten Fall oder eine Häufung von Vorfällen, um sich mit der Idee einer systematischen Bearbeitung von Bedrohungsfällen auseinanderzusetzen. Der Grund ist verständlich und menschlich: Schon die Erwähnung von Bedrohung und Gewalt löst aversive Reaktionen oder unangenehme Gefühle in uns aus – und Unangenehmes blenden wir vorzugsweise aus oder verleugnen es ganz, um so Angst und Handlungsunsicherheit zu vermeiden [3]. Auch besteht im Management häufig die Sorge, mit der Einführung eines Bedrohungsmanagement der Belegschaft das Signal zu senden, dass eine akute Gefahr besteht. Zweifellos muss die Einführung eines Bedrohungsmanagement kommunikativ gut begleitet werden. Dabei gilt es insbesondere eben keine Ängste zu schüren. Gelegentlich kann es – vor allem in kleineren oder mittelständischen Unternehmen – zielführender und einfacher sein, zunächst eine Sicherheitskultur zu entwickeln. Damit ist ein gemeinsames Verständnis gemeint, wie man im Unternehmen miteinander umgehen möchte, welches Verhalten toleriert und welches nicht akzeptiert wird. Diese Richtlinien des Umgangs miteinander können in einem bündigen *Code of Conduct* verankert werden.

Sicherheitskultur bedeutet auch, dass die einzelnen Mitarbeitenden nicht nur Gefahren, Risiken oder Grenzverletzungen erkennen, sondern auch Verantwortung für ein sicheres Arbeitsumfeld übernehmen und Auffälligkeiten melden oder Unterstützung hinzuziehen. Grundlage einer gemeinsam getragenen Sicherheitskultur ist eine Gewissheit, dass diese Verabredungen ernst genommen werden, über alle Hierarchieebenen gelebt werden und bei Verstößen zu Konsequenzen führen.

- **Einführung eines Bedrohungsmanagements**

Ist die Idee eines gemeinsamen Sicherheitsverständnisses etabliert und akzeptiert, lässt sich ein Bedrohungsmanagement reibungsloser einführen. Die Prozesse sollten im Vorfeld beschrieben sein, sodass Klarheit und Verbindlichkeit hergestellt sind. Wünschenswert ist, dass solche Prozesse natürlich bruchfrei und effizient sind. Die Realität zeigt, dass hier immer wieder nachjustiert werden muss. Daher gilt: *„Good enough for now, safe enough to try"* [1].

> Die wichtigsten Punkte für eine Umsetzung sind:
> 1. Ansprechpersonen identifizieren
>   Oft sind Führungskräfte, Mitarbeitende aus den Bereichen Sicherheit, Compliance, Personal, Betriebsrat oder Vertrauenspersonen qua Funktion und Fähigkeiten erste Ansprechpersonen für die Meldung von bedrohlichem oder Angst auslösendem Verhalten. Je nach Aufbau und Struktur des Unternehmens können dies aber auch noch andere Personen sein. Die betroffenen Personen zu identifizieren, bildet die Grundlage für die Etablierung eines Bedrohungsmanagements.
> 2. Kompetenzen vermitteln
>   Durch wiederholte Schulungen bekommen die primären Ansprechpersonen Sicherheit im Umgang mit bedrohungsanalytisch relevanten Situationen. Sie lernen, wie sie mit Meldungen umgehen können, welche Möglichkeiten und Maßnahmen zur Verfügung stehen und wie sie Fälle in den Prozess einsteuern. Dies erhöht nicht nur das Sicherheitsbewusstsein, klare Strukturen und Zuständigkeiten führen auch zu mehr Akzeptanz im Unternehmen. Denn Handlungssicherheit schützt auch davor, vor lauter Angst in den Widerstand zu gehen oder Risiken zu bagatellisieren oder abzutun.
> 3. Kommunikation ins Unternehmen
>   Eine begleitende Kommunikation, weshalb ein Bedrohungsmanagement etabliert wird, wer die Ansprechpersonen sind und wie das Bedrohungsmanagement arbeitet, ist wichtig für die Akzeptanz. Der Fokus sollte hier auf dem Selbstverständnis, einen sicheren Arbeitsplatz zu gewährleisten, sowie Sicherheit, Verantwortung und Transparenz liegen. Wie schon erwähnt, können negative

Assoziationen und damit ein innerer Widerstand ausgelöst werden, wenn zu stark auf Gefahren und Risiken fokussiert wird.
4. Vertrauen herstellen
Damit ein Großteil der Belegschaft bereit ist, Verantwortung zu übernehmen, Auffälligkeiten zu melden und Aufmerksamkeit nicht als Denunziantentum misszuverstehen, spielen Identifikation und Zugehörigkeit eine zentrale Rolle. Auch Führungskräfte, die mit positivem Beispiel vorangehen, wie auch eine faire Behandlung im Unternehmen schaffen ein Klima des Vertrauens. Tatsächliches Vertrauen in den Prozess des Bedrohungsmanagements sowie ein erlebter Gewinn oder Mehrwert werden meist erst dann erreicht, wenn Fälle so bearbeitet werden, dass eine ernsthafte Unterstützung und Rückhalt vom Unternehmen erlebt wird.

Auf die Einführung eines Bedrohungsmanagements wird in ▶ Kap. 10 noch näher eingegangen. Grundsätzlich sollten die Prozesse realistisch und umsetzbar sein und an die Bedürfnisse und Möglichkeiten des Unternehmens angepasst werden. Mit Absichtsbekundungen, die nicht nachgehalten werden können, verspielt man Vertrauen. Erleben die Mitarbeiter allerdings eine tatsächliche Unterstützung, zeigen sich oft folgende Phänomene: ein deutlicher Anstieg der Fallzahlen zu Beginn durch die Aufhellung des Dunkelfelds sowie eine kontinuierliche Verbesserung des Sicherheitsgefühls der Mitarbeitenden.

1.3 Bedrohungsmanagement als präventiver Ansatz

- **Abgrenzung zum Krisenmanagement**

Herangehensweise im Bedrohungsmanagement

Ein Bedrohungsmanagement befasst sich mit intendierten oder drohenden Schädigungen von Personen. Im Gegensatz zum Krisenmanagement setzt es präventiv an, also VOR dem Ereignis, bevor eine Straftat verübt wird, bevor es überhaupt zu Gewalt kommt. Daher könnte man auch von *„left of bang"* [5] sprechen, also links vom Knall. Es folgt einem iterativen Prozess von der Meldung und Einschätzung über die Verbesserung der Informationslage und Aufhellung des Kontextes hin zu einem Fallmanagement. Dabei ist eine kontinuierliche Anpassung des Vorgehens im Dialog mit allen Beteiligten erforderlich. Auch das Verhalten der drohenden Person muss ständig beobachtet und eingeordnet werden und führt oftmals zur Anpassung der Strategie. Das Bedrohungsmanagement nimmt dabei eine beratende Funktion ein. Es werden Einschätzungen abgegeben, Verhaltensempfehlungen und Maßnahmen zur Risikominimierung vorgeschlagen, in einem Case-Management-Team abgestimmt und von den entsprechenden Abteilungen (Personal, Recht, Sicherheit) umgesetzt.

Wird die Lage auch als wenig gefährlich eingeschätzt, führt das nicht zwingend zum Abschluss eines Falls. Ein wesentliches Ziel des Bedrohungsmanagements ist

1.3 · Bedrohungsmanagement als präventiver Ansatz

auch die Unterstützung von Betroffenen. Ihnen dabei zu helfen, Ängste und Einschränkungen zu bewältigen, damit sie sich wieder sicher und arbeitsfähig fühlen, ist ein wesentlicher Aspekt. Schon eine Transparenz in der Aufnahme- und Einschätzungsphase kann einen wichtigen Teil dazu beitragen, weil die Betroffenen das Gefühl (zurück-)bekommen, Kontrolle über die Situation zu haben. Manches Mal ist es nötig, Kompetenzen der Betroffenen in sicherheitsgerechtem Verhalten zu stärken und psychologische Unterstützung während des Fallmanagements oder auch darüber hinaus anzubieten. Da Angst und Bedrohung ein zutiefst subjektives Erleben sind, das von individuellen Erlebnissen, Erfahrungen und der Persönlichkeitsstruktur geprägt wird, gilt es, die Betroffenen in ihrer physischen und eben psychischen Integrität auch dann zu schützen, wenn bedrohungsanalytisch keine besonderen Risikomerkmale zu erkennen sind.

▪▪ Der Ansatz des Krisenmanagements

Das Ziel von reaktiven Ansätzen ist es, das Ausmaß eines Schadens, das durch ein Ereignis verursacht wurde, mit zügig einsetzenden Maßnahmen so gering wie möglich zu halten. Je nach Auswirkungsgrad spricht man von Incident Management, Notfallmanagement oder Krisenmanagement. In der Regel geht es dabei um Ereignisse, die die Arbeitsfähigkeit oder die Reputation eines Unternehmens gefährden: schwere Unfälle, Brände, Cyberangriffe, IT-Ausfälle, Erpressung, Shitstorms, massive Fehlleistungen oder gesundheitliche Bedrohungen der Mitarbeitenden.

Da kritische Ereignisse meist eine hohe Dynamik und Komplexität mit sich bringen, wird im Krisenmanagement eine besondere Aufbauorganisation benötigt. Diese Aufbauorganisation, auch Stab genannt, besteht aus einem interdisziplinären Team, das die Aufgaben unter hohem Zeitdruck und häufig auf der Grundlage einer geringen Informationslage bewältigen muss. Während relevante Abteilungen – etwa Kommunikation, Personal, Sicherheit und Recht – Informationen beisteuern, Handlungsoptionen erarbeiten und beratend unterstützen, muss die Leitung des Krisenstabs zu zweckmäßigen Entscheidungen kommen und eine Umsetzung veranlassen. Im Gegensatz zu Linienorganisationen spricht man daher von „Spitze mit Team" anstatt von „Team mit Spitze". Denn aufgrund der hohen Dynamik in akuten Lagen ist ein „demokratischer" Diskussionsprozess unmöglich. Die Ausgangslage verschlechtert sich meist ungewöhnlich schnell, weil wir es ja ohnehin schon mit einer Eskalation zu tun haben. Dem Krisenstab wird in der Regel eine hohe Beschlusskompetenz eingeräumt, die selbstverständlich juristische Aspekte und regulatorische Anforderungen berücksichtigt.

Hier wird schon deutlich, dass sich Herangehensweise und Arbeitsweisen zwischen Bedrohungsmanagement und Krisenmanagement deutlich voneinander unterscheiden. Dies liegt nicht zuletzt an der Notwendigkeit der Fallkonstellationen und des Eskalationsgrades. Unternehmen oder Organisationen, die bewusst auf ein Frühwarnsystem verzichten, sei es aus einem Selbstverständnis heraus oder aus Gründen mangelnder Ressourcen, werden in Fällen von instrumenteller Gewalt folgerichtig erst dann aktiv, wenn sich ein Vorfall ereignet oder eine Lage dramatisch zugespitzt hat. Die Argumente für eine solche Herangehensweise liegen auf der Hand.

In wenigen Fällen kann es zu Überschneidungen von Krisen- und Bedrohungsmanagement kommen, etwa wenn zwei Ereignisse miteinander verwoben sind. Folgendes Beispiel verdeutlicht diese Synthese der beiden Varianten:

> ▶ **Fallbeispiel**
>
> *Der Mitarbeiter eines Unternehmens, nennen wir ihn Herrn K., droht dem Geschäftsführer wiederholt, sich an ihm für sein herablassendes Verhalten zu rächen. Er macht ihn dafür verantwortlich, berufliche Ziele nicht zu erreichen, wirft ihm rassistisches Verhalten vor. Auch gegenüber anderen Kollegen zeigt Herr K. vermehrt auffälliges und aggressives Verhalten, das zu Sorge und Angst in seinem Team führt. Seine öffentlich gemachten Vorwürfe einer rassistischen Kultur im Unternehmen erreichen eine hohe Aufmerksamkeit und verursachen erste Reputationsschäden. Hier sind sowohl die akute Bedrohungslage für den Geschäftsführer als auch das beschädigte Ansehen des Unternehmens zu managen, was nur in enger Abstimmung zwischen Bedrohungs- und Krisenmanagement zu bewältigen ist.* ◀

Solche Fälle stellen die absolute Ausnahme dar. Häufiger kommt es zu einer Unterstützung durch das Bedrohungsmanagement im Rahmen einer Notfall- oder Krisenstabsarbeit, etwa wenn eine Großveranstaltung kurzfristig aufgelöst und evakuiert wird und die Bedrohungslage parallel analysiert werden muss.

1.4 Gegenstand des Bedrohungsmanagements

■ **Grundformen der Gewalt**

Situative (heiße) Aggression
In der Gewaltforschung unterscheidet man zwei Formen von Gewalt: die situative und die instrumentelle Gewalt [2]. Erstere entsteht, wie der Name schon sagt, aus einer Situation heraus. Wut und Aggression folgen auf eine erlebte Provokation oder Zurückweisung. In jedem Fall braucht es einen Auslöser, um in die situative oder heiße Wut zu geraten. In der Regel handelt es sich dabei um eine subjektive Bedrohung des Selbst: eine Zurückweisung, Kränkung, Demütigung, persönliche Überforderung oder Angst. Sie führt zu einer narzisstischen Wut und damit unmittelbaren und sichtbaren physiologischen Erregung. Blinde Wut nennen wir das auch, weil es kaum mehr Rationalität dabei gibt. Die Funktion der (narzisstischen) Wut ist es, das Selbst zu stabilisieren und uns so vor einem Selbstwerteinbruch zu schützen. Das gelingt, indem wir – zumindest in unserer Vorstellung – wieder die Oberhand gewinnen oder etwas drastischer formuliert: wenn wir die Quelle der Kränkung vernichten.

Situative oder heiße Aggression steigt unglaublich schnell an. Nichtsdestotrotz sehen wir bereits im Vorfeld eine hohe Anspannung, deutlichen Stress oder Schwierigkeiten der Selbstregulation. Auch hier gilt: Gewalt entsteht nicht aus dem Nichts. Menschen wechseln nicht urplötzlich von Nicht-Gewalt zu Gewalt [7]. Und noch eine gute Nachricht: So schnell die heiße Wut kommt, so schnell verschwindet sie auch wieder. Sofern keine erneute Provokation oder spezifische Gruppendynamik

1.4 · Gegenstand des Bedrohungsmanagements

hinzukommt, lässt sie rasch nach. In dieser kurzen Spanne kommt es nicht nur zu Wutausbrüchen und Entgleisungen, sondern gelegentlich auch zu unkontrollierten körperlichen Übergriffen oder Tätlichkeiten. Dazu kommt es, wenn sämtliche Impulskontrolle und Möglichkeit der Affektregulation abhandenkommen, etwa weil ein emotionaler Trigger (roter Knopf) angestoßen wurde oder die Provokation übermächtig erscheint. In solchen Situationen befinden sich Menschen in einer Art Tunnel. Sie nehmen kaum mehr Informationen aus der Außenwelt wahr und können auch nicht mehr klar denken. Daher gibt es in der heißen Aggression auch keine Freund-Feind-Unterscheidung mehr. Alles, auch der beschwichtigende Freund, wird nur mehr als feindlich und als Bedrohung wahrgenommen.

Situativer bzw. heißer Wut lässt sich mit deeskalierenden Verhaltensweisen begegnen. Auf unterschiedlichen Ebenen (mental, körperlich, verbal) gelingt es uns mit einiger Übung, Menschen aus der Wut zu holen:
- Sicheres und souveränes Auftreten
- Auswege bieten und Angebote machen
- Begrenzen und Grenzen setzen
- Einen Gesichtsverlust des anderen vermeiden

Da auch die heiße Aggression sich meist schon im Vorfeld ankündigt, ist es hilfreich und zielführend, ihr schon frühzeitig zu begegnen und wütende Personen aus dem Affekt auszulenken. Schulungen und Trainings zu psychologischer Deeskalation und körperlichem Verhalten helfen dabei, in aggressiv aufgeladenen Situationen einen kühlen Kopf zu bewahren und die Lage zu entschärfen.

▪▪ Instrumentelle (kalte) Aggression

Die zweite Form der Gewalt ist die instrumentelle Aggression. Sie beruht auf einem erlebten Groll oder Missstand, dem in aller Regel das Erleben von Ungerechtigkeit, Ausgrenzung oder Beschämung vorausgeht. Daraus entstehende Aggressions- und Rachefantasien haben die Funktion, wieder Macht und Kontrolle über die Lage zu gewinnen. Ähnlich wie bei der heißen Aggression stellt Wut auch hier eine Schutzfunktion dar. Sie schützt uns vor Angst, Unterwerfung und einem Einbruch des Selbst. In der Regel gelingt es uns, rasch wieder von den Aggressions- und Rachefantasien abzulassen, spätestens, wenn wir uns mit anderen Dingen beschäftigen oder die erlebte Ungerechtigkeit mit positiven Situationen kompensieren oder „vergessen" können. Ist es allerdings nicht möglich, hiervon abzulassen, können die Aggressionsfantasien stetig anschwellen und sich im Denken so weit festsetzen, bis sich eine echte Option zur Anwendung von Gewalt herausentwickelt.

> **Gedankenimpuls**
> Bevor Gewalt überhaupt als Option erscheint, befindet sich die Person in einer destruktiven Negativspirale! Hier zeigen sich bereits Warnsignale.

Anders als in der heißen Aggression kommt es bei der instrumentellen oder kalten Aggression zunächst nicht zu einem unmittelbaren Ausbruch mit offener Wut. Die vorherrschende Fantasie ist Rache. Und Rache ist nun mal „ein Gericht, das man am besten kalt serviert". Begünstigt wird dies dadurch, dass manche Menschen sich in einer gegebenen Situation nicht wehrhaft fühlen und ihre Wut nicht „heiß" ausagieren können. Die Ungerechtigkeit und daraus resultierende Wut bleiben allerdings bestehen. In vielen Fällen ist davon auszugehen, dass es – bevor es zu einem Missstand oder Groll kommt – schon eine innere Entwicklung gibt, die mit einem starken Erleben von Frustration und Ärger einhergeht und sich zunehmend zuspitzt und zu unüberbrückbaren Fronten zum „Gegenüber" führt. In dieser Lage ist der erlebte Missstand eine (weitere) Ungerechtigkeit und somit keine wirkliche Überraschung, Sie ist gewissermaßen erwartbar und zahlt auf den bestehenden Frust und Ärger ein. So kommt es auch nicht zu einem situativen Ausleben der Wut, sondern verfestigt sich in bereits bestehendem Aggressionserleben und Gewaltfantasien.

> ▶ **Fallbeispiel**
>
> *Ein junger Mitarbeiter verliert aufgrund beträchtlichen Fehlverhaltens nach nur kurzer Zugehörigkeit seinen Job. Mit der Kündigung, die er als demütigend und ungerechtfertigt erlebt, gerät er in eine Abwärtsspirale – er verstrickt sich immer tiefer in sein Ungerechtigkeitserleben. Er findet keine neue Stelle, kann sich seine Wohnung nicht mehr leisten, die Partnerschaft geht in die Brüche. Für all das macht er seine ehemalige Abteilungsleiterin verantwortlich, die ihm gekündigt hat., Er entwickelt zunehmend Gewaltfantasien, die seinen Alltag bestimmen und in die Absicht münden, sich tatsächlich an seiner früheren Vorgesetzen zu rächen.* ◀

Zurückweisungen und erlebte Ungerechtigkeiten treffen bei manchen Menschen auf eine tiefe biographische Verwundbarkeit, die es unmöglich macht loszulassen, sich zu regulieren oder von ihrem Umfeld wieder ausgelenkt zu werden. Sie graben sich immer tiefer in fixe Ideen ein bis zu einem Punkt, an dem Gewalt zu einer echten Option wird. Im Fall des oben erwähnten Mitarbeiters wird aber auch deutlich, dass hier schon weit vor der Kündigung Konflikte mit der Abteilungsleiterin auftraten. Er fühlte sich in seinem Können und seinen Kompetenzen nicht anerkannt und gefördert. Er sah sich selbst in einer Führungsrolle, auch wenn er noch ganz am Anfang seines Berufslebens stand. Er erlebte eine zunehmend hohe Frustration über Begrenzung und Wirkungslosigkeit, über fehlende Anerkennung und Bewunderung. Innerlich vertieften sich die Gräben gegenüber seiner Vorgesetzten also deutlich, er suchte Koalitionen mit anderen, spann Intrigen, wurde durch gelegentliche Wutausbrüche auffällig. In ihm selbst bestand bereits ein enormer Konflikt auf einem Niveau zwischen „die oder ich" und „gemeinsam in den Abgrund", bevor es überhaupt zur Kündigung kam.

- **Die Arbeit mit Tätern**

Beim präventiven Prozess des Bedrohungsmanagements geht es, wie bereits skizziert, auch darum, biographische Daten und psychische Prädispositionen des potenziellen Täters zu erfassen, auszuwerten und einzuordnen. Ob Menschen an Gewalt- und Rachefantasien festhalten und eine fixe Idee entwickeln, hängt von diversen Faktoren ab: Die individuelle Vulnerabilität aufgrund biographischer

1.4 · Gegenstand des Bedrohungsmanagements

Erlebnisse spielt eine Rolle, ebenso die psychische Struktur und Fähigkeit zur Selbstregulation sowie die Tragfähigkeit des sozialen Umfelds. In einer ersten Einschätzung lässt sich gut erkennen, ob daraus resultierende Drohungen oder beängstigendes Verhalten auch wirklich substanziell sind oder ob eine Distanzierung noch möglich ist. Besteht tatsächlich Anlass zur Sorge, so wird eine tiefergehende Analyse des Verhaltens und der Psyche des potenziellen Täters erforderlich. Für ein differenziertes Bild sind Verhaltensanalysen notwendig, die über das bisherige Verhalten der Person Rückschlüsse auf das zukünftige Verhalten zulassen. Zudem sind Untersuchungen zur psychischen Struktur und zur Persönlichkeit des potenziellen Täters unerlässlich. Wichtig bei dieser Arbeit sind Empathie und Mentalisierungsfähigkeit, also die Bereitschaft, sich in den Täter hineinzudenken, um die jeweilige Persönlichkeit zu erkennen und Motive, Kognitionen, Bedürfnisse, Verletzlichkeiten oder emotionale Triggerpunkte zu erfassen und zu antizipieren.

▶ **Fallbeispiel**

In der Analyse eines jungen Mannes, der durch Impulsausbrüche und Morddrohungen gegenüber Kolleginnen auffiel, wurde deutlich, dass er neben einem narzisstischen Antrieb (überbordender Ehrgeiz, Angst vor Scheitern, Größenideen und völlige Unfähigkeit, Kritik anzunehmen) auch eine sehr misstrauische Sicht auf sein Umfeld und die Welt hatte. So musste davon ausgegangen werden, dass er in Phasen des sozialen Rückzugs paranoide Ideen entwickelt, von seinen Kollegen betrogen, ausgenutzt und schlecht behandelt zu werden. Dies erklärte seine schlechte psychische Verfassung und sein feindlich-distanziertes Verhalten nach solchen Rückzügen oder Auszeiten. Phasen, in denen er keinen Kontakt mehr zu anderen hatte und entsprechend nicht bedrohlich auffiel, konnten keinesfalls als Entspannung gewertet werden. Im Gegenteil: Sie mussten Anlass zur Sorge geben und gut beobachtet und begleitet werden. ◀

Neben der mittelbaren Analyse von Verhalten und Persönlichkeit kommt es im Kontext einer Bedrohungssituation auch zu direkten Gesprächen mit der drohenden Person, die in aller Regel von Bedrohungsmanager und Führungskraft geführt werden. Der direkte Kontakt ist meist mit dem Ziel verbunden, dem potenziellen Täter deutlich zu machen, dass sein Verhalten unerwünscht ist und weiter beobachtet wird sowie ernsthafte Konsequenzen nach sich zieht, wenn dieses Verhalten nicht unterlassen wird. Solche Konfrontationen eignen sich auch dazu, eine umfassendere Sicht auf den potenziellen Täter zu bekommen und diagnostische Hypothesen zu überprüfen. Sie sollten gut vorbereitet werden, da Konfrontationen auch zu einer Verschärfung der Dynamik und Bedrohlichkeit führen können.

Zur Vorbereitung gehören die Definition eines Ziels, die Entwicklung einer Strategie und eine Einschätzung, wie die drohende Person auf eine Konfrontation und scharfe Grenzsetzung reagieren wird. Zum Tragen kommt dabei, wie der potenzielle Täter in der Vergangenheit auf Kritik von Vorgesetzen oder andere Autoritätspersonen reagiert hat. Hilfreich für eine Einschätzung kann ebenfalls sein, ob die Person bereits Kontakt zu Behörden und Polizei hatte und wie in diesen Fällen auf etwaige Auflagen und Konsequenzen reagiert wurde.

- **Zurechtfinden in der Komplexität**

Ein besonderer Fall des Bedrohungsmanagements sind Vorwürfe sexualisierter Gewalt wie Sexismus, Annäherung, Übergriffe. In den meisten Fällen steht in solchen Fällen Aussage gegen Aussage. Hier sind eine hohe Sensibilität sowie Professionalität zwingend erforderlich. Eigene Vorstellungen, Meinungen, Haltungen und Erfahrungen behindern eine zielführende Arbeit. Mit dem (meist weiblichen) Opfer muss geklärt werden:

- Wie viel Öffentlichkeit und Konfrontation mit dem mutmaßlichen Täter kann sie aushalten?
- Bestehen z. B. berufliche Abhängigkeiten, die Angst vor Ausgrenzung oder Stigmatisierung mit sich bringen?
- Inwieweit wird grenzüberschreitendes Verhalten im Unternehmen systemisch toleriert?
- Gibt es eine Kumpanei zwischen handelnden Personen und Entscheidern?
- Wie lässt sich das – durchaus seltene – Phänomen der Falschbeschuldigung berücksichtigen und bestenfalls ausschließen?

Auch ist es wichtig, die Seite des „Beschuldigten" zu hören. Nicht immer ist eindeutig zu erkennen, wer nun Täter und wer Opfer ist. Gelegentlich wird eine erste Annahme in einem Gespräch mit dem „Beschuldigten" auf den Kopf gestellt. Auch hier ist das Ziel des Gesprächs und die daraus abgeleitete Strategie vorab zu definieren. Abhängig von Kontext, „Beweislage", psychischer Verfasstheit und Erwartungen der betroffenen Person wird auch der Zweck des Gesprächs variieren.

Eine der komplexesten Formen von Gewalt ist die häusliche Gewalt. Die komplexe destruktive Dynamik innerhalb einer Paarbeziehung erfordert eine empathische Abstinenz und Neutralität. Angesichts der beobachtbaren Vorfälle ist das oft eine besondere Herausforderung, aber eben doch unabdingbar, um nicht – wie im Drama-Dreieck [6] beschrieben – in die Rolle der Retterin zu geraten. Denn sobald die offensichtlichen Rollen Täter, Opfer und Retter übernommen werden, kommt es, wie der Name schon vermuten lässt, zu einem Drama: für alle. Ohnehin erfordert der Umgang mit häuslicher Gewalt eine besondere Expertise. Die Unterstützung durch eine spezialisierte Beratungsstelle ist an sich unabdingbar. Solche Beratungsstellen können meist auch den Support von beiden Beteiligten gewährleisten.

1.5 Bedrohungsmanagement in der Umsetzung

- **Eine Frage der Ressourcen**

Wie Bedrohungen in einer Organisation gehandhabt werden und welche Prozesse hierfür hinterlegt sind, hängt sehr stark von der Größe der Organisation und von den Ressourcen ab, die dafür aufgewendet werden können. Auch die Erfahrungen im Umgang mit Konflikten und schwirigen Situationen spielen eine große Rolle. Konfliktvermeidende Organisationen tun sich häufig schwer damit, aktiv und offen mit Grenzverletzungen und Aggression umzugehen. Ebenso sind die Häu-

1.5 · Bedrohungsmanagement in der Umsetzung

figkeit und Intensität der Drohungen, denen Unternehmen ausgesetzt sind, relevant. Firmen mit einem intensiven Kontakt nach außen oder einem Angebot von Dienstleistungen bzw. Produkten, bei denen Kunden nachfragen, verärgert oder enttäuscht sein können, müssen deutlich häufiger mit Drohungen und bedrohlichen Lagen rechnen. Prädestiniert sind z. B. medizinische Dienstleister (Krankenhäuser, Arztpraxen, Krankenkassen), Behörden (Jugendämter, Jobcenter, Führerscheinstellen, Bürger- und Einbürgerungsämter), Banken und Versicherungen, Telekommunikation, Transport (Bus, Bahn, Luftfahrt). Die Fälle, so unterschiedlich Anlass oder Details auch erscheinen mögen, ähneln sich darin, dass sich ein Täter durch Vorgänge (existenziell) bedroht und verunsichert fühlt, was dann in Aggression oder im schlimmsten Fall in Gewalt mündet: ein Rentner, der die behandelnden Ärzte seiner krebskranken Frau erschießt, um danach seine Frau und sich selbst zu töten; ein Vater, der dem Jugendamt mit einem Amoklauf droht, weil ihm sein Sohn vorenthalten wird; ein Lkw-Fahrer, der die Sachbearbeiterin in der Führerscheinstelle mit einer Waffe bedroht und seinen Führerschein zurückfordert.

Auch wenn bestimmte Unternehmen und Berufsgruppen im Fokus stehen, soll das nicht darüber hinwegtäuschen, dass es in allen Branchen zu Gewalt am Arbeitsplatz kommt. Beleidigungen, Bedrohungen oder körperliche Angriffe können in jedem Arbeitskontext passieren. Neben der betriebsfremden Gewalt existiert auch eine interne, deren Motive eher in Kränkung, Demütigung oder Beleidigung, Neid und Missgunst sowie Überforderung und Stress liegen. Auch häusliche Gewalt und Stalking können an den Arbeitsplatz heranreichen, weil die meisten Menschen dort nun mal zuverlässig anzutreffen sind oder zusammenkommen. In all diesen Fällen von *Workplace Violence* ist es ratsam, Strategie und Umsetzung in einem interdisziplinären Team etwa aus Sicherheit, Personal, Legal, Vertrauenspersonen und gegebenenfalls Betriebsrat zu erörtern.

- **Angebot und Nachfrage**

Wie stark ein Bedrohungsmanagement im Unternehmen angefragt wird, hängt nicht nur von der Branche oder Beschäftigtenzahl ab, sondern auch von der Sichtbarkeit und dem Bekanntheitsgrad eines unternehmensinternen Prozesses in Gefährdungssituationen. Eine besondere Rolle spielt auch, wie hoch die Hürden für eine Meldung sind. Je versteckter ein Meldeportal ist, je aufwendiger und umständlicher Online-Formulare konzipiert sind, desto weniger Fälle werden gemeldet. Die dann gemeldeten Fälle haben allerdings einen deutlich höheren Eskalationsgrad. Ein erheblicher Nachteil: Viele Situationen, die zu Verunsicherung oder auch Angst und Sorge bei Mitarbeitenden führen, bleiben im Dunkelfeld. Erfahrungsgemäß führt dies dazu, dass sich Mitarbeitende allein gelassen fühlen und Engagement und Leistungsmotivation einbüßen. Sicherheit ist ein basales Grundbedürfnis von Menschen und Grundlage dafür, tüchtig, kreativ und innovativ zu sein. Persönlich bedrohlichen Situationen im Arbeitskontext kommt subjektiv eine besonders große Bedeutung zu. Hierfür einen geordneten und zielorientierten Prozess und Ansprechpersonen zur Verfügung zu stellen, bindet Unsicherheiten und Ängste. Hinzu kommt, dass in Zeiten zunehmenden

Arbeitskräftemangels die Bereitstellung von Prozessen und Strukturen für einen sicheren Arbeitsplatz einen klaren Wettbewerbsvorteil um talentierte Arbeitskräfte bietet.

Sind Anlaufstellen und Meldewege bekannt und unkompliziert zu nutzen, besteht oft die Sorge in Unternehmen, dass diese auch missbraucht werden können und zu unhaltbaren Anschuldigungen, Reputationsschädigungen oder systemüberlastenden Beschwerden oder Nichtigkeiten führen. Klar ist, dass jegliche schützenden Systeme wie Compliance, Betriebs- und Personalrat und eben auch Bedrohungsmanagement natürlich auch Versuchen unterliegen, instrumentalisiert zu werden. Eine wesentliche Möglichkeit, hier vorzubeugen, ist einerseits eine klare Kommunikation darüber, was ein Bedrohungsmanagement leistet, für welche Anliegen es zuständig ist und für welche Sachverhalte eben nicht. Hierüber gilt es kontinuierlich aufzuklären und über die verfügbaren Kanäle zu informieren. Auch ist der Verzicht auf anonyme Meldewege hilfreich. Zudem: Stehen ein sicherer Arbeitsplatz und die Verantwortung des Unternehmens für Schutz und Vertrauen zu ihren Mitarbeitenden im Zentrum der Organisationskultur, so wirkt dies auf beide Seiten ein: auf den Schutz suchenden Mitarbeiter sowie die Personen, die eben solche Systeme zu missbrauchen versuchen. Auf der anderen Seite ist hier das Bedrohungsmanagement selbst gefragt: Belanglosigkeiten keinen Platz einzuräumen und missbräuchliche Versuche zu untersuchen und zu ahnden.

Die Erfahrung zeigt, dass eine zuverlässige und kontinuierliche Information über Inhalte, Ausrichtung und Vorgehen des Bedrohungsmanagement dazu führen, dass Fälle in einer frühen Phase der Eskalation gemeldet und somit für alle Beteiligten – Opfer wie potenzielle Täter – sicher gehandhabt werden können. Irrelevante Meldungen hingegen zeigen sich dann eher selten und sind meist ohne besonderen Aufwand an zuständige Stellen weiterzuspielen. Es braucht, wie bei allen Neuerungen, Geduld, Engagement und Kontinuität, bis Prozesse sich einspielen, herumsprechen und sicher genutzt werden. Der Gewinn und Nutzen sind klar: Sicherheit am Arbeitsplatz ist ein ökonomischer Vorteil sowie ein Vorteil im Wettbewerb um leistungsstarke Mitarbeitende.

- **Person Bedrohungsmanager**

Die Arbeit im Bedrohungsmanagement ist so vielfältig wie herausfordernd. Sie ist sinnstiftend, weil man Menschen davor schützt, in schwierige oder gefährliche Lagen zu geraten. Sie ist bereichernd, weil man sich in knifflige oder komplexe Fälle einarbeitet, andere Perspektiven einnimmt und mit anderen Fachfunktionen teilt und austauscht. Wer sich Bedrohungsfällen annimmt, muss in Netzwerken, also mit anderen Experten, zusammenzuarbeiten und deren Sichtweisen in das eigene Denken integrieren. Dies erfordert die Fähigkeit, sich einem größeren Ziel und der Aufgabe unterzuordnen. Das bedeutet auch, von eigenen Standpunkten und Vorschlägen abzurücken. Meist gibt es keine schnellen oder einfachen Lösungen. Es muss umsichtig gehandelt und Interdependenzen müssen mitgedacht werden. Wie in jedem anderen helfenden oder unterstützenden Beruf ist es notwendig, eigene „Retterfantasien" oder das Bedürfnis, bedeutsam zu sein, zurückzustellen. Engagement und empathisches Verstehen (Mentalisierung) sind eher ra-

1.5 · Bedrohungsmanagement in der Umsetzung

tionale Vorgänge und unterscheiden sich deutlich von emotionsgesteuerten Helferrollen, die auf Sympathie basieren.

> **Gedankenimpuls**
> Eine sachliche Herangehensweise hilft uns dabei, nicht in destruktive Dynamiken hineingezogen zu werden!

Was in der Theorie noch leicht nachvollziehbar klingt, ist in der Praxis nicht immer einfach umzusetzen. Wir erleben oft genug das Leid einzelner so deutlich mit, dass wir impulsiv reagieren und etwa einem Stalker selbst drohen oder Angst einflößen wollen, dass wir eine Person, die sexualisierte Gewalt ausübt, selbst demütigen oder einschüchtern möchten. Aggressive Gegenübertragungen, um es psychoanalytisch zu formulieren, sind in aller Regel allerdings völlig unproduktiv und verstärken das bedrohliche Verhalten, weil wir in Machtkämpfe geraten und dabei unsere professionelle Rolle verlassen. Sich immer wieder von Leid und Ohnmacht, Wut und Aggression zurückzunehmen, Fachlichkeit zu bewahren und adäquat zu beraten, ist eine Challenge. Diese wächst, je mehr wir uns aus unserer eigenen Geschichte heraus davon betroffen fühlen.

In der Fallarbeit ist es auch für die eigene (mentale) Gesundheit wichtig, Emotionen und Wünsche zurückzustellen und uns sachlich-fachlich Strategien und Lösungen zu nähern, bei denen wir unser Gegenüber mitnehmen, andere Perspektiven mit einbeziehen und rational handeln. Zum Skillset gehört dabei auch eine gewisse Spannungstoleranz, denn Lösungswege können sich je nach Fall Tage oder Wochen hinziehen. Damit arbeiten wir gegen innere Absichten: Denn Dinge zu erledigen, sie abzuschließen, gehört zum Grundbestreben. Im Bedrohungsmanagement gestaltet sich das oft schwierig. Entsprechend erfordert dies eine psychische Kapazität des Bedrohungsmanagers, Fälle zu begleiten, über längere Zeit hinweg innerlich zu halten. Bedrohungsmanagement ist ein Prozess, in dem Risiken evaluiert, Strategien entwickelt und Betroffene darin gestärkt werden, diese Handlungs- und Haltungsempfehlungen umzusetzen und eine Fortsetzung von Drohungen und auffälligem Verhalten gegebenenfalls über eine gewisse Zeit auszuhalten. Bedrohungsmanagement erfordert auch, eben jene eigens entwickelten Strategien immer wieder zu überprüfen und gegebenenfalls zu revidieren, falls sich Anzeichen einer Verschlechterung der Lage auftun. Dann wieder ein paar Schritte zurückzugehen und neu zu analysieren, widerspricht gelegentlich dem Bedürfnis nach Kompetenzschutz.

Zu alledem hat die Bedrohungsmanagerin oder der Bedrohungsmanager die zentrale Aufgabe gegenüber den Betroffenen, sie wieder in eine aktive Rolle zu bringen, für die eigene Sicherheit einzustehen und das Gefühl von Handlungsfähigkeit zu stärken. Hier empathisch, aber nicht distanzlos zu bleiben, verlangt nach einer klaren und transparenten Kommunikation, die vermittelt, dass Täter ihre Fixierung nicht von heute auf morgen lösen. Oft muss man die Verzweiflung der Opfer aushalten und Sätzen wie „Macht doch endlich was!" widerstehen. Es ist aufreibend, den drängenden Erwartungen nicht entsprechen zu können und Betroffenen immer wieder aufzuzeigen, wie sie ihre Aufmerksamkeit stärken können, wie sie ihr Leben unter diesen Umständen so frei wie möglich gestalten, wie sie sich psychisch stabilisieren können. Dies gelingt, wenn wir uns der bekannten Opfer-Täter-Dynamiken und eigener Erfahrungen sowie der emotionalen Trigger bewusst sind – und vor allem darum bemüht bleiben, eine fachlich fundierte und beratende Rolle einzunehmen.

❓ Was für Sie noch von Bedeutung sein könnte

Es gibt immer einen Grund für unser Interesse an bestimmten Arbeitsbereichen. Das gilt auch für das Bedrohungsmanagement. Eine persönliche Betroffenheit ist nicht immer die beste Voraussetzung, insbesondere dann nicht, wenn persönliche Erlebnisse nicht vollständig verarbeitet sind. Bei der Auswahl und Platzierung von geeignetem Personal ist es hilfreich, darauf zu achten, dass die Bewältigung eigener Erfahrungen wie auch der Wunsch nach Rettung und Glanz nicht im Vordergrund stehen. Die tägliche Beschäftigung mit Gewalt und Bedrohung erfordert ein ständiges Geraderücken der persönlichen Wahrnehmung und Sicht auf die Welt. Denn unser Leben ist nun mal nicht nur von Stalkern, sexuell übergriffigen Menschen und Amoktätern bestimmt. Eine angemessene Sicht auf die Realität und persönliche Balance schützen uns davor, in eigene psychische Schieflagen zu geraten.

Literatur

1. Bockelbrink, B., Priest, J., & David, L. (2022). *A practical guide for evolving agile and resilient organizations with sociocracy 3.0.* ▶ https://sociocracy30.org/guide/.
2. Cornell, D. (2006). Student threat assessment. In: E. Gerler (Hrsg.), *Handbook of school violence*. Routledge.
3. Dörner, D. (2003). *Die Logik des Misslingens. Strategisches Denken in komplexen Situationen.* Rowohlt.
4. Hoffmann, J., & Streich, K. (2021). Bedrohungsmanagement und psychologische Deeskalation. Zwei sich ergänzende Strategien zur Gewaltprävention. In: C. Zitzmann, A. Huber (Hrsg.), *Gewaltprävention durch Bedrohungsmanagement*. Beltz
5. van Horne, P., & Riley, J. (2014). *Left of Bang*. Black Irish Entertainment.
6. Karpman, S. (1968). Fairy tales and script drama analysis. *Transactional Analysis Bulletin, 7*(26), 39–43.
7. Litsch, E., & Linsenmayr, R. (2006). *Wenn Wissen Leben retten kann – Gewalt und Gefahren gewachsen sein*. Deutsche Gesellschaft für Internationale Zusammenarbeit.

Was ist eine Drohung

Inhaltsverzeichnis

2.1 Funktion einer Drohung – 18

2.2 Flüchtige und substanzielle Drohungen – 20

2.3 Direkte und indirekte Drohungen – 22

2.4 Worte, Gesten und Verhalten – 23

2.5 Angst und Sorge – 24

Literatur – 25

© Der/die Autor(en), exklusiv lizenziert an Springer-Verlag GmbH, DE, ein Teil von Springer Nature 2025
C. Brandkamp und P. Horn, *Bedrohungsmanagement*,
https://doi.org/10.1007/978-3-662-71474-4_2

Warum lohnt es sich, dieses Kapitel zu lesen?
Drohungen sind etwas Alltägliches. Wenn wir erreichen wollen, dass jemand seine Aufgabe erledigt oder wir ein eigenes Interesse durchsetzen oder uns in einer Situation behaupten möchten, neigen wir gelegentlich zu Drohgebärden. Im Kontext von Gewalt am Arbeitsplatz beschreibt eine Drohung die Absicht, eine Person psychisch oder physisch zu schädigen. Solche „Ankündigungen" können sehr unterschiedliche Formen annehmen. In diesem Kapitel beschreiben wir, mit was wir es zu tun haben, wie Drohungen geäußert werden und welche Funktion sie erfüllen. Das gibt uns die Möglichkeit, Drohungen besser erfassen und einordnen zu können.

- **Einleitung**

Gewalttaten, die überwiegend geplant und kontrolliert ausgeübt werden, entstehen natürlicherweise nicht aus einer Situation oder einem Affekt heraus. Sie reifen über die Zeit zu einem Plan oder entwickeln sich in ihrer Intensität und Gefährdung der potenziellen Opfer. So wie häusliche Gewalt nicht mit einer Ohrfeige beim ersten Date oder Stalking nicht mit einer Flut von Kontaktaufnahmen beginnt, die zwischen Aggression und Liebesbekundungen wechseln, verhält es sich auch bei Mobbing, sexualisierter Gewalt oder Amoktaten. Es zeigen sich im Verlauf hin zu einer Tat (oder sukzessiven Taten) immer wieder und meist zunehmend Grenzverletzungen oder auffällige Verhaltensweisen, die in aller Regel mit Drohungen einhergehen. In solchen Drohungen kommt die Absicht zum Ausdruck, eine Person zu schädigen, sei es sie zu diskreditieren und fertig zu machen oder physisch zu verletzten oder zu töten.

Wozu aber die Drohung, wenn doch die Absicht besteht, jemanden psychisch oder physisch zu vernichten?

2.1 Funktion einer Drohung

Drohungen erfüllen einen Zweck. Dieser Zweck entspringt einer psychischen Notwendigkeit des Täters. Weil er nicht in der Lage ist, den „Missstand", die Ungerechtigkeit, die tiefe Frustration, Ohnmacht oder das eigene Dilemma innerlich zu verarbeiten oder durch konstruktivere Möglichkeiten zu kompensieren, bringt er seine Aggression nach außen zum Ausdruck. Wesentlich dabei ist die fantasierte oder ganz reale Reaktion des potenziellen Opfers und des Umfelds: Rückzug, Angst, Einschüchterung. Sie erst ermöglichen es dem Täter, wieder Kontrolle über die eigenen Emotionen zu gewinnen, weil sie ein Gefühl der Genugtuung oder der Gerechtigkeit hervorrufen.

> **Gedankenimpuls**
> Emotionale Reaktionen auf seine Drohungen wie Angst oder Rückzug geben dem Täter das Gefühl der Kontrolle über die Situation zurück!

Bei näherer Betrachtung lassen sich je nach Kontext und Intension des Täters unterschiedliche Funktionen einer Drohung finden, die wir nachfolgend etwas genauer beschreiben.

2.1 · Funktion einer Drohung

- **Manipulation oder etwas erreichen wollen**

Drohungen werden oftmals verwendet, wenn Menschen glauben, mit Argumenten nichts mehr ausrichten zu können. Sie fühlen sich nicht ernst genommen und respektiert, oder ihr Anliegen wird nicht mehr gehört. In ihrer Wahrnehmung bleibt ihnen kein rationales Mittel mehr, ihr Anliegen durchzusetzen. Die Androhung, den anderen zu schädigen oder fertig zu machen, bleibt in ihrem Erleben die einzige Möglichkeit, ihr Gegenüber dazu zu bewegen, in ihrem Sinne zu handeln, also etwas Erwünschtes zu tun oder eine bestimmte Handlung zu unterlassen.

- **Wut ablassen**

Das Erleben von Ungerechtigkeit, Zurückweisung oder subjektiv erlebter Demütigung führt innerpsychisch zu einer erheblichen Frustration und Wut. Auch Angst kann solche Gefühle hervorrufen. Indem sie in Form einer Drohung oder Aggression nach außen gebracht werden, löst sich der innere Druck zunächst einmal auf. Denn Wut, die in einem selbst haftet, kann leicht in Selbstzweifel und Selbstvorwürfe münden und so das eigene Selbst bedrohen. Eine Drohung kann also auch die Funktion erfüllen, Wut zu kanalisieren und innerlich loszuwerden.

- **Macht ausüben**

Macht geht wahrscheinlich überwiegend mit zu negativen Assoziationen einher, insbesondere dort, wo sie einen gestaltenden und Orientierung bietenden Charakter annimmt. In ihrem destruktiven Element ermöglicht sie allerdings auch, ein narzisstisches Vakuum zu lösen. Dem Vorgesetzten, der eine Praktikantin körperlich bedroht oder über seine körperliche Bedrängung einen Übergriff androht, kann es so gelingen, seine Minderwertigkeitsgefühle oder Frustration über Misserfolge zu kompensieren. Ziel und Zweck der Drohung kann also auch die Ausübung und das Erleben von Macht sein, um wieder eine psychische Balance herzustellen.

- **Angst einjagen oder einschüchtern**

In der Notaufnahme eines Krankenhauses passierte Folgendes:

> ▶ **Fallbeispiel**
>
> *Ein junger Mann mit oberflächlichen Schnittwunden nach einer Schlägerei wurde aufgrund mehrerer akuter Notfälle nicht zügig behandelt und musste länger warten. Daraufhin setzte er sich mit seinen zwei Begleitern in die Nähe der Behandlungsräume und starrten die diensthabende Krankenschwester bei ihren Arbeitsabläufen so an, dass es ihr nicht entgehen konnte („Raptorenblick"). Ihre Angst, die sie zunehmend entwickelte, konnte auch den drei jungen Männern nicht entgehen. Später verfolgten sie sie noch bis zu ihrem Parkplatz, bevor sie dann von ihr abließen.* ◀

Jemandem Angst einzujagen, nimmt ein Rachegefühl schon vorweg. Es bedeutet dem anderen, wie klein und nichtig er ist, und zwingt ihn – in den Augen der Täter, seine Fehler, seine Schuld einzugestehen.

- **Unter Kontrolle bringen**
Drohungen können die Funktion haben, den anderen in eine Situation zu bringen, nicht mehr handlungsfähig zu sein oder zumindest nicht mehr nach eigenem Willen zu handeln. Ziel ist es also, die andere Person zu unterwerfen und kontrollieren zu können. Solche Drohungen können sowohl auf die psychische wie auch auf die physische Integrität der Betroffenen abzielen. Kontrolle führt immer auch zu einem Gefühl von Macht, schließt hier aber auch zerstörerische Fantasien mit ein, die in extremer Form deutlich sadistisch geprägt sein können.

- **Tat ankündigen**
Schwere Gewalttaten werden häufig angekündigt. Im Bedrohungsmanagement wird das als „Leakage" [5] bezeichnet. Dieser Begriff ist etwas irreführend, weil es weniger um ein unachtsames Durchsickern von Informationen („leakage" zu Deutsch „Leck schlagen") geht, sondern um das bewusste Ankündigen einer Tat. Durch das Ankündigen wird die intendierte Vernichtung des anderen in die Gegenwart geholt, sodass ihre Auswirkungen unmittelbar vom Täter erlebt werden können. Dies schließt sowohl die eigene Genugtuung als auch die Reaktion der Betroffenen oder des Umfelds mit ein. In einigen Fällen von schwerer Gewalt kann dies auch das Gefühl hervorrufen, berühmt oder geachtet zu werden. Unter allen Drohungen ist dieses Motiv sicherlich das seltenste, wohl aber natürlich das mit dem gravierendsten Auswirkungsgrad. In der Regel finden solche Drohungen erst am Ende des Weges zur Gewalt statt.

> **Gedankenimpuls**
> Die Funktion einer Drohung weist auf Ansatzpunkte hin, den potenziellen Täter aus der Spirale dZer Gewalt zu bringen!

Eine Drohung hin auf ihre Funktion zu analysieren, gibt uns die Möglichkeit, die Beweggründe des Täters zu erfassen und Ansatzpunkte zu finden, ihn aus der Spirale der Gewalt zu bringen. Im Zusammenspiel mit anderen Faktoren lässt sich darüber hinaus erkennen, wie rigide der Täter in seinen Vorstellungen (bereits) ist und ob er überhaupt noch in der Lage ist, Alternativen zu seinem intendierten Handeln zu sehen.

2.2 Flüchtige und substanzielle Drohungen

- **Flüchtige Drohungen**
Drohungen sind, wie eingangs erwähnt, ein recht häufiges Mittel, um eigene Vorstellungen durchzusetzen oder sich in einer schwierigen Ausgangslage zu behaupten. Dies betrifft insbesondere Situationen, in denen Menschen kaum mehr ein legitimes Mittel zur Verfügung steht, ihre Bedürfnisse oder ihren Willen durchzusetzen. Das geschieht oftmals aus einer Situation heraus, die von Druck, Angst oder Unterlegenheit geprägt ist. In diesen Fällen sprechen wir von flüchtigen

2.2 · Flüchtige und substanzielle Drohungen

Drohungen [2]. Sie sind in der Regel eher unspezifisch und affektgeladen. Sie wirken oft überspitzt und ohne innere Logik, also ohne nachvollziehbare Verbindung zwischen Situation, Kontext und der Beziehung zwischen drohender und bedrohter Person. Die Konfrontation der wütenden Person mit ihrer Drohung führt zum unmittelbaren Zurückrudern und Aufheben der Drohung. Meist braucht es nicht einmal eine Konfrontation, damit es zu einer Einsicht oder einem Einlenken kommt. In diesem Fall spricht man von flüchtigen Drohungen.

- **Substanzielle Drohungen**

Im Bedrohungsmanagement wird häufig von einem „Missstand" oder „Groll" als Ausgangspunkt einer Eskalation zur Gewalt gesprochen. In dieser verkürzten Darstellung mag untergehen, dass es sich hier bereits um eine innere Entwicklung handelt, die von hoher Frustration und zunehmender Verhärtung der so erlebten Fronten geht. Dieser fortgeschrittene Konflikt zwischen „wir und die da", zwischen „ich und denen" ist dort schon so ausgeprägt, dass hier kaum noch eine Vermittlung zustande kommen kann. Insofern werden auslösende Situationen wie eine scharfe Kritik, eine Kündigung, eine Kränkung oder eine erlebte Ungerechtigkeit völlig anders verarbeitet. Denn sie sind erwartbar und passen in das innere Bild. Daher führen sie auch nicht zu einer affektiv aufgeladenen Reaktion, wie wir sie in der heißen Aggression sehen oder auch bei einer flüchtigen Drohung erkennen, sondern einer oft verzögerten, überlegten und emotional kontrollierten Drohung. In Anlehnung an ein bekanntes Filmzitat könnte man sagen: „Rache ist ein Gericht, das man am besten kalt serviert" [6]. Substanzielle Drohungen sind daher auch personenbezogen und deutlich konkreter, und sie enthalten eine tiefere Detailschärfe, etwa zu Orten, Beobachtungen, Gewohnheiten oder Vorbereitungen. Sie werden wiederholt und über unterschiedliche Kanäle kommuniziert und kommen ohne Konjunktive oder überzogene Bilder aus. Und ein weiteres Merkmal zeichnet sie aus: Sie lösen tiefe Sorge oder Angst bei den Betroffenen und deren Umfeld aus.

Die Unterscheidung zwischen flüchtiger und substanzieller Drohung ist insbesondere für die initiale Einschätzung relevant. Bei einem eher niedrigschwelligen Meldesystem in einer Organisation oder einem Unternehmen sind wir mit Drohungen konfrontiert, die überwiegend (noch) nicht auf einem fortgeschrittenen Weg hin zur Gewalt geäußert werden. Viele dieser Drohungen geben subjektiv Anlass zur Sorge; so kommt es überhaupt zu einer Meldung. Bei näherer Betrachtung stellen sie sich allerdings oft als flüchtig dar und können zügig bearbeitet werden. Substanzielle Drohungen erkennen wir dabei in einem frühen Stadium, was erhebliche Vorteile bietet. Fragen Sie einmal einen Kinderarzt. Unter den vielen kleinen Patienten mit Husten und Schnupfen finden sich nur sehr wenige, die unter einer ernsthaften Erkrankung leiden. Diese Fälle allerdings können früh erkannt und entsprechend behandelt werden. Dazu sind einfache, aber eindeutige Erkennungsmerkmale notwendig, die eine zuverlässige Trennschärfe ermöglichen. Im Bedrohungsmanagement kann dies die Unterscheidung von flüchtiger und substanzieller Drohung sein.

2.3 Direkte und indirekte Drohungen

Wie eine Drohung formuliert oder ausgedrückt wird, hat einen erheblichen Einfluss auf die Beurteilung:
— Ist die Drohung eindeutig und unmissverständlich?
— Werden Bedingungen an eine intendierte Schädigung geknüpft?
— Beinhaltet sie Details und eine Konkretisierung?
— Bleiben die Ankündigungen trotz gewalttätiger Absicht nur vage und unspezifisch?
— Bleibt es bei Andeutungen, in die eine Absicht interpretiert werden kann oder die in mehrdeutigen Metaphern verhaftet sind?

> **Gedankenimpuls**
> Drohungen, die eine eindeutige, klare und unmissverständliche Absicht zur Schädigung ausdrücken, sind als Warnverhalten zu werten!

Folgt man einer Kategorisierung nach formalen und inhaltlichen Kriterien, wie es O'Toole vorschlägt [7], könnte man vier Formen unterscheiden:
1. *Direkte Drohungen* enthalten eine klare und unmissverständliche Absicht, die andere Person zu schädigen. Sie kommt ohne Konjunktive oder Bedingungen aus und ist direkt auf eine Person / Personengruppe gerichtet. Diese werden in der Regel auch direkt benannt. Direkte Drohungen können auch an Dritte kommuniziert oder *geleakt* werden. Beispiel: „Sie stehen auf meiner Todesliste" oder „Ich werde zu ihm gehen und ihn töten".
2. *Indirekte Drohungen* kommen oft ohne Details und Spezifizierung der angedrohten Gewalttat daher. Häufig sind sie in Konjunktiven und der dritten Person verfasst: *man müsste, es sollte, es könnte*. Die Drohung wird oftmals in Bildern verpackt, wenngleich diese auch recht drastisch sein können, bleibt der Gewaltakt vage oder unrealistisch in der Durchsetzung. Beispiel: „Man sollte ihn am nächsten Baum aufhängen" oder „Es könnte dir ein großes Unglück geschehen".
3. *Maskierte Drohungen* sind Aussagen, die erst durch ihre Interpretation zu einer Drohung werden. Sie beinhalten mehrdeutige Anspielungen, die im gegebenen Kontext zwar augenfällig als Drohung angesehen werden, aber auch rasch als falsch verstanden abgetan werden können. Beispiel: „Menschen wie du sterben oft ganz unerwartet" oder „Ihre Familie wird um Sie trauern. Ich nicht!" oder „Das Schicksal wird nicht auf Ihrer Seite sein".
4. *Konditionale Drohungen* beinhalten eine Bedingung, die aus Sicht des Täters unbedingt zu erfüllen ist, da dem anderen sonst Unheil droht. Solche Wenn-dann-Drohungen werden meist als weniger kritisch betrachtet. Kommt es allerdings nicht zur Erfüllung der Forderungen und zu einer Zuspitzung von Ohnmachtserleben, kann davon allerdings nicht mehr ausgegangen werden.

2.4 Worte, Gesten und Verhalten

Drohungen als Ausdruck einer intendierten Schädigung einer Person kommen in ganz unterschiedlicher Form zum Ausdruck. Zudem werden sie auch auf sehr unterschiedliche Weise kommuniziert. Beides gibt uns Aufschluss über den Täter: über seine Nähe und Beziehung zum potenziellen Opfer, seine Motive, sein intendiertes Vorgehen und seine innere Verfasstheit. Es gibt Hinweise darauf, dass *direkte Drohungen* gegenüber der Zielperson ein höheres Risiko auf eine Gewalttat in sich tragen, was sich allerdings nicht pauschal übertragen lässt. Im Einzelfall hilft uns Statistik ohnehin nicht weiter. Für eine bedrohungsanalytische Einschätzung wäre das unzureichend und unseriös.

> **Gedankenimpuls**
> Form und Ausdruck einer Drohung geben Aufschluss über den Täter und seine Motive!

Viele Drohungen werden heute per Mail oder Messenger kommuniziert. Dabei hebt sich die Anonymität nicht notwendigerweise, aber doch oft auf, was so dann oft gewollt ist. Gleichzeitig sehen wir noch eine gewisse Distanz. Interessant neben einer Sprachanalyse könnte sein, wann solche Nachrichten versendet werden, aber auch die Frequenz und eine etwaige Verschärfung des Tons sind relevant. In sozialen Medien kommt es gelegentlich zu Selbstdarstellungen oder Einlassungen, die als indirekte Drohungen zu verstehen sind, wie etwa das Posieren mit Waffen oder die Nähe zu gewalttätigen Personen oder Gruppierungen. Solche Postings geben ebenso Aufschluss über Fantasien und Gesinnung der drohenden Personen wie gelegentlich auch zu deren Vorbereitungen. Ungeachtet dessen ist das Vorzeigen von Waffen grundsätzlich als substanzielle Drohung zu verstehen.

Im direkten Kontakt werden Drohungen nicht nur verbal kommuniziert, sondern auch über körperliche Annäherungen, Dominanz- oder Machtgebärden. Nicht ganz zu Unrecht heißt es: „Ein Blick sagt mehr als tausend Worte". In welchem Kontext solche verfolgenden oder eindringenden Gesten stattfinden, ist dabei entscheidend. Ganz abgesehen davon zeigen sich in Gesten und Verhalten auch Aggressionsgrad und Entschlossenheit.

In seltenen, aber einigen Fällen eben doch werden Gegenstände oder manipulierte Fotos verschickt oder vor der Haustür oder am Arbeitsplatz hinterlegt. Hier ist zu betrachten, ob ein Bezug zur Beziehung zum Opfer oder zur Tat erkennbar ist. Für eine Einschätzung ist wichtig, ob es hier schon zu einem Annäherungsverhalten kommt.

Es gibt keine pauschale Ableitung aus der Art und Weise, wie Drohungen kommuniziert werden. Sie geben uns allerdings entscheidende Hinweise zum Täter und sind daher präzise auszuwerten. Vorschnelle Interpretationen oder Mutmaßungen können hier leicht in die Irre führen. Denn Interpretationen basieren nicht nur auf unseren professionellen Erfahrungen, sondern sind häufig auch Produkt kürzlicher Erlebnisse und Stimmungen.

2.5 Angst und Sorge

Drohungen stehen nicht in einem luftleeren Raum. Sie passieren in einer Interaktion, nicht zuletzt, weil sie eine emotionale Reaktion hervorrufen. Sie werden meist erst dann gemeldet, wenn sie Anlass zur Sorge geben. Welche Beobachtungen oder Eindrücke uns allerdings Anlass zu Angst oder Sorge geben, hängt stark von unserem biographischen Erleben ab: Kultur, Werte, Bindung, Erfahrungen, Grundannahmen [3]. Und gewiss spielen auch unsere Lebensumstände eine Rolle, manches Mal auch unsere Verfassung oder Tagesform. Grundsätzlich wird das Gefühl von Angst und Sorge in Situationen ausgelöst, in denen wir uns einer Gefahr ausgesetzt sehen und uns bedroht fühlen. Aber mal angenommen, Sie sind in einem eher rüden Viertel aufgewachsen und häufig mit Aggression und Gewalt konfrontiert gewesen. Die Schwelle, für sich selbst eine Gefahr zu entdecken, dürfte deutlich höher liegen als bei Personen, denen Gewalt biographisch einigermaßen fremd ist. Oder angenommen, Sie sehen es in manchen Situationen als ein legitimes Mittel an, Gewalt zur Konfliktlösung anzuwenden, bei anderen hingegen werden hierdurch persönliche Werte oder ein ganzes Weltbild erschüttert. Bedrohungen sind ein höchst subjektives Gefühl oder persönliches Erleben. Hinzu kommt, dass wir überhaupt erst Angst oder Stress in einer Situation erleben, wenn wir sie nicht nur als gefährlich einschätzen, sondern uns auch nicht in der Lage sehen, dieser Gefahr etwas entgegenzusetzen [4]. Die Einschätzung der eigenen Fähigkeiten oder Kompetenzen ist unmittelbar mit der subjektiven Gefährdung verbunden. Neben einer realen Bedrohung sind hier allerdings beide Ausprägungen denkbar: erhöhte Ängstlichkeit und Selbstüberschätzung oder Verleugnung von Risiken. Bedrohung ist also ein Gefühl und daher subjektiv. In jedem Fall gilt es dieses Empfinden ernst zu nehmen, weil es auf eine Gefahr hindeutet und weil es uns grundsätzlich erst einmal vor einer Gefahr oder Gewalt schützt [1]. Gleichwohl ist Angst kein hinlänglicher und verlässlicher Indikator für ein erhöhtes Risiko. Dies betrifft insbesondere die Betroffenen. Nachgehen sollten wir solchen Empfindungen aber in jedem Fall. Auch in Situationen, in denen wir kein erhöhtes Risiko sehen, sollten wir die betroffenen Mitarbeiter doch dabei unterstützen oder einer Unterstützung zuführen, damit sie sich wieder sicher fühlen.

> **Gedankenimpuls**
> Angst und Bedrohung sind ein Gefühl und daher subjektiv! Unabhängig vom ersten eigenen Eindruck sollten sie stets ernst genommen werden.

> **Was für Sie noch von Bedeutung sein könnte**
> Gelegentlich kommt es zu Meldungen einer Drohung oder grenzüberschreitenden Verhaltens, obwohl kein solches Verhalten vorliegt. Neben psychotischem Erleben

oder einer verzerrten Wahrnehmung würde man hier von Falschbeschuldigungen sprechen. Verlässliche Studien zu diesem Thema, insbesondere zur Häufigkeit von Falschbeschuldigungen, gibt es nicht. Und es ist auch nicht anzunehmen, dass es diese in naher Zukunft geben wird. Die fachlichen Debatten darüber sind stark emotionalisiert und nicht frei von Ideologie und Subjektivität. In der praktischen Arbeit spielt dieses Phänomen eine untergeordnete Rolle. Häufig lösen sich Falschbeschuldigungen in ersten Befragungen rasch auf. Von Vorteil ist es, Interviews stets zu zweit durchzuführen. Im Erstkontakt ist davon abzuraten, die Möglichkeit einer Falschbeschuldigung aktiv zu eruieren. Das untergräbt Vertrauen in einer ohnehin schwierigen Situation für die Betroffenen. Im Nachgang bleibt ausreichend Gelegenheit, Widersprüchen und Ungereimtheiten nachzugehen.

Literatur

1. de Becker, G. (1997). *The gift of fear: Survival signals that protect us from violence*. Little, Brown and Company.
2. Cornell, D. (2006), Student threat assessment. In: E. Gerler (Hrsg.). *Handbook of school violence*. Routledge.
3. Freeborn, V. (2021). *Beyond OODA. Developing the orientation for deception, conflict and violence*. A Violence of Mind Book.
4. Lazarus, R., & Folkman, S. (1984). *Stress, appraisal, and coping*. Springer.
5. Meloy, R., Hoffmann, J., Guldimann, A., & James, D. (2012). The role of warning behavior in threat assessment: An exploration and suggested typology. *Behavioral Sciences & the Law, 30*, 256–279.
6. Puzo, M. (1969). *Der Pate*. Rowohlt.
0. Urbaniok, U., et al. (2006). Drohungen als Vorboten schwerer Gewalttaten. *Fortschr Neurol Psychiatr, 74*, 337–345.

Destruktive Negativspirale

Inhaltsverzeichnis

3.1 Grundlegende Annahmen – 28

3.2 Negativspirale in die Eskalation – 28

3.3 Psychologische Grundbedürfnisse – 30

3.4 Krisen und Umbrüche – 32

3.5 Psychische Destabilisierung – 32

3.6 Dysfunktionale Stabilisierung – 35

3.7 Wendepunkte – 37

Literatur – 37

© Der/die Autor(en), exklusiv lizenziert an Springer-Verlag GmbH, DE, ein Teil von Springer Nature 2025
C. Brandkamp und P. Horn, *Bedrohungsmanagement*,
https://doi.org/10.1007/978-3-662-71474-4_3

Warum lohnt es sich, dieses Kapitel zu lesen?
Der *Weg zur Gewalt* („Pathway to Violence") [1] beschreibt eine Entwicklung von einem erlebten Missstand hin zu einer Gewalttat. Diese wichtige Veranschaulichung der notwendigen Schritte hin zu einer Gewalttat unterstützt uns maßgeblich bei der Einordnung von akut bedrohlichem Verhalten. Im Bedrohungsmanagement in Unternehmen und Organisationen sind wir häufiger noch mit Phänomenen konfrontiert, die sich deutlich vor dem beschriebenen Weg zur Gewalt abspielen. Allen Beobachtungen zufolge kommt es hier zu einer destruktiven Negativspirale, die mit einer psychischen Destabilisierung, kognitiven Verzerrungen und dysfunktionalem oder grenzverletzenden Verhalten einhergeht. In diesem Kapitel möchten wir ein Modell zur Diskussion stellen, das es uns ermöglicht, die Vorphase gewalttätiger Entwicklungen besser greifen und auffälliges Verhalten zu einem frühen Zeitpunkt einordnen zu können.

3.1 Grundlegende Annahmen

Gewalt entsteht nicht aus dem Nichts. Das haben wir schon verschiedentlich erwähnt. Bei Gewalt, die sich als strategisch, geplant und kontrolliert darstellt, zeigt sich im Vorfeld eine Reihe von Phänomenen, die es besser zu erfassen gilt. Dazu gehören insbesondere konstante Frustration, kognitive Verzerrungen, narzisstische Verwundung, Verlust von Aggressionshemmungen und die Inkaufnahme von erheblichen negativen Konsequenzen in der Lebensführung. Eingänglich beschrieben und wiederholt angepasst, hilft uns das Modell *Pathway to Violence* zu überblicken, was von einem tiefen Groll in einer Person hin zu einem tatsächlichen Angriff oder einer Gewalttat geschieht. Dieses Modell ordnet anschaulich ein, wie Täter sukzessive auf dem Weg zur Gewalt voranschreiten: gewalttätige Gedanken, Nachforschung und Planung, Vorbereitung, Probehandlung. Bevor es überhaupt zu einem Angriff oder einer Tat kommt, muss eine Menge zusammenkommen. Die Beobachtung von Gewaltdynamiken zeigt, dass dieser Weg nicht erst mit einem Missstand oder Groll beginnt. Zweifelsohne gibt es einen Wendepunkt, an dem sich das Denken vollständig auf Genugtuung oder Rache ausrichtet. Es ist anzunehmen, dass dieses Momentum bei dem beschriebenen Ausgangspunkt *grievance* (Missstand/Groll) liegt. Was aber bereitet den Nährboden für derartig drastische und rigide Denkmuster und gewalttätige Entwicklungen?

3.2 Negativspirale in die Eskalation

Noch bevor es zu einem strafrechtlich relevanten Anfangsverdacht wie direkte Drohungen, das Besorgen von Waffen, Ausspähung oder Vorbereitungen einer Tat kommt, zeigen sich Veränderungen bei potenziellen Tätern. Diese Veränderungen, die sich im Umgang, in Äußerungen oder Verhalten zeigen, sind zunächst einmal und für sich genommen gar nicht bedrohlich und werden vom Umfeld auch nicht so eingestuft. Deshalb kommt es oft auch gar nicht zu einer Meldung, nur dann, wenn sich eine intensive Besorgnis ausbreitet. Beobacht-

3.2 · Negativspirale in die Eskalation

bare Veränderungen können sozialer Rückzug oder intensives Mitteilungsbedürfnis sein, veränderte Gewohnheiten insbesondere in sozialen Bezügen, eine erhöhte Reizbarkeit und Wut, Einengung auf bestimmte Themen, Äußerungen von Negativität, Frustration oder intensives Ungerechtigkeitserleben, Herabwürdigungen oder massive Entwertung von Personen.

- **Psychologische Dimension der Negativspirale**

In seiner psychologischen Dimension zeigt diese Negativspirale eine erhebliche Destabilisierung des psychischen Gleichgewichts auf, das sich zunehmend und in unterschiedlichen Lebensbereichen zeigt:
- **Konstante Frustration:** Negativität, Zynismus, Missmut, Ärger und Wut
- **Kognitive Verzerrungen:** Schuldzuschreibungen, Rechtfertigungen, Ablehnung der Kritiker, Verunglimpfungen der Opfer, Opferumkehr
- **Narzisstische Verwundung:** Selbstwertschwankungen, soziale Unsicherheit, depressive Einbrüche, Opferhaltung, verminderte Empathie, narzisstische Wut
- **Verlust von Aggressionshemmungen:** aggressive Fantasien, martialische Sprache, Sachbeschädigungen, (kleinere) Tätlichkeiten, Grenzüberschreitungen
- **Inkaufnahme von erheblichen Konsequenzen in der Lebensführung:** Fixierung auf eigene Themen, Vernachlässigung von Interessen und sozialem Umfeld, Polarisierung und Bruch mit Kritikern, riskantes berufliches Verhalten

- **Dynamik der Negativspirale**

Diese Kaskade zunehmender psychischer Destabilisierung führt in der Regel dazu, dass sich Menschen zunehmend in eine Zuspitzung von negativer Wahrnehmung bis hin in eine subjektiv erlebte Ausweglosigkeit und Gewaltbereitschaft hineinmanövrieren. Am Beginn dieser destruktiven Entwicklung sehen wir eine Deprivation psychologischer Grundbedürfnisse: Zurückweisung, Kränkung, Kontrollverlust, Sinnlosigkeit. Diese persönlichen Entbehrungen sind meist keinen plötzlichen oder unerwarteten Ereignissen zuzurechnen. Die Herabwürdigung eigener Ideen oder Meinungen und fehlende Würdigung, wiederholte Ausgrenzung aus der Gemeinschaft, Aufbürden unliebsamer Aufgaben und Missachtung eigener Interessen und Bedürfnisse sowie Kritik am Arbeitsverhalten oder der eigenen Person können ebenso zu einem Einbruch des Selbst führen wie der schleichende Prozess, der einer Trennung mit emotionaler und körperlicher Distanzierung, Desinteresse oder dauerhaften Beanstandungen vorangeht.

> **Gedankenimpuls**
> Am Beginn einer destruktiven Entwicklung steht der Verlust oder das Einbüßen von psychologischen Grundbedürfnissen.

Berufliche und persönliche Krisen treffen hier oftmals aufeinander, sodass kaum mehr die Möglichkeit besteht, die Verletzung oder den Entzug der psychologischen Grundbedürfnisse zu kompensieren. In der Folge zeigt sich – sofern sich keine anderen Möglichkeiten eröffnen – eine Verhärtung der Wahrnehmungen und des Erlebens auf beiden Seiten. Obgleich zu Beginn noch die Aussicht besteht, gemeinsame Lösungen zu finden, kann dies fortgesetzt aber auf eine

Situation zusteuern, die geprägt ist von zunehmender Zersplitterung und der Bereitschaft, gemeinsam in den Abgrund zu gehen (Phasenmodell der Eskalation, Glasl [4]). Begleitet wird diese Entwicklung von einem massiven Selbstwerteinbruch, der nicht nur eine innere Verunsicherung mit sich bringt, sondern auch eine tiefe Orientierungslosigkeit, die nur damit zu kompensieren ist, sich in dysfunktionale Abhängigkeiten oder destruktive Fantasien zu begeben. Es ist anzunehmen, dass neben Selbstwerteinbruch auch die Selbstwirksamkeitserwartung in Mitleidenschaft gezogen wird, sodass ein Gefühl entsteht, nichts mehr unter Kontrolle zu haben. In diesem Prozess kommt es zu erheblichen kognitiven Verzerrungen, die es erst möglich machen, Rachegefühle zu entwickeln, Empathie gegenüber dem anderen abzubauen und das eigene Werte- und Normensystem aufzulösen (Neutralisierungsprozess, Steffes-enn [9]). Dies ist die Voraussetzung für die innere Fähigkeit, Gewalt überhaupt zu denken und anzuwenden.

3.3 Psychologische Grundbedürfnisse

Das Grundbedürfnis von Menschen liegt darin, sich zugehörig, wichtig und wirksam zu fühlen [5]. Unser Denken und unser Handeln sind darauf ausgerichtet, Situationen zu vermeiden, in denen wir uns ausgegrenzt fühlen, in Bedeutungslosigkeit abrutschen oder Dinge nicht mehr unter Kontrolle haben, sprich: die Erwartung einzubüßen, etwas bewirken zu können. Das Leben erspart uns diese Erfahrungen in aller Regel nicht. Wir erleben Kritik, Zurückweisungen, Trennungen und Misserfolge, die uns immer wieder auf eine Belastungsprobe stellen. Um hiermit klarzukommen, müssen wir auf Ressourcen zurückgreifen, die es uns ermöglichen, Schmerz zu bewältigen und uns wieder aufzurappeln. Diese Ressourcen sind aber wiederum eng verknüpft mit biographischen Erfahrungen, die jene Grundbedürfnisse zu stillen vermochten: Bindung, Selbstwert, Kontrolle, Sinn. In diesem Gleichgewicht aus Erfahrung und Erlebnissen kommen wir größtenteils und einigermaßen klar. Zuträglich sind dem Schutzfaktoren, die uns in der Breite, also in den unterschiedlichen Lebensbereichen stabilisieren, sowie psychische Fähigkeiten wie Affektregulation, Frustrations- und Spannungstoleranz, Selbstreflexion und Kommunikation.

- **Bindung und Zugehörigkeit**

In dem Bedürfnis nach Zugehörigkeit kommt der Wunsch zum Ausdruck, Teil einer Gemeinschaft zu sein. Evolutionstheoretisch könnte man damit argumentieren, dass Zugehörigkeit essenziell für das eigene Überleben ist. In zwischenmenschlichen Beziehungen, die von einer emotionalen Verbundenheit und Vertrauen geprägt sind, erleben wir zudem das Gefühl, angenommen und akzeptiert zu werden. In diesen Beziehungen werden wir berührt und berühren andere. Und wir erleben ein Gefühl von Bedeutsamkeit, Freude, Nähe, Geborgenheit und Halt. Bedeutsame Beziehungen und die Zugehörigkeit zu einer Gemeinschaft binden Ängste und Unsicherheiten. Sie erst ermöglichen es, sich auszuprobieren und sich zu entwickeln. Brechen wichtige Beziehungen auseinander oder kommt es

3.3 · Psychologische Grundbedürfnisse

zu Ausgrenzungen, fühlen wir uns oft verloren und einsam. Dann wird es auch schwer, uns selbst zu regulieren und mit Herausforderungen umzugehen.

- **Selbstwert und Wichtigkeit**

So sein zu können und uns so verhalten zu können, wie wir uns fühlen, basiert auf einem stabilen Selbstwertgefühl. Das bedeutet, völlig in Ordnung zu sein, ohne besondere Fähigkeiten, Leistungen oder Gefälligkeiten. Wenn wir das psychologisch betrachten, dann sehen Neugeborene im besten Fall den „Glanz im Auge der Mutter" [6] und wissen, ihre Zuneigung ist bedingungslos. Dieses Erleben, wichtig und bedeutsam zu sein, wird im weiteren Verlauf des Lebens immer wieder auf die Probe gestellt und erschüttert: durch Fehlleistungen, Misserfolge oder Konflikte. Hierdurch kann die Schattenseite des Selbstwerts angerührt werden: das Gefühl der Scham. Scham ist ein ziemlich unangenehmes Gefühl, dass uns innerlich leicht zerreißen kann. Vielmehr aber noch führt es zu Rückzug aus Beziehungen und tiefer Niedergeschlagenheit. Ein grundlegend stabiles Selbstwertgefühl kann uns über solche Erlebnisse hinwegbringen. Zeitweise gelingt dies auch, indem die eigene Verantwortung an der Misere über Schuldzuweisungen an andere delegiert und projiziert wird.

- **Kontrolle und Wirksamkeit**

Stabilität und Vorhersehbarkeit erleichtern das Leben ungemein. Das lässt sich schon daran erkennen, wie angstbesetzt auch kleinere Veränderungen für Menschen sind. Veränderungen führen häufig zu Widerstand und Ablehnung, auch wenn die gegenwärtige Situation belastend ist. Eine „miserable Komfortzone" fühlt sich meist sicherer an als eine Situation, die unbekannt, unvorhersehbar oder unsicher ist. Im Wesentlichen geht es uns dabei um Kontrolle, Berechenbarkeit und Selbstwirksamkeit. Kommt uns die Erwartung abhanden, Dinge noch selbst beeinflussen oder steuern zu können, entsteht ein Gefühl der Ohnmacht, und wir fühlen uns ausgeliefert. Ohnmacht, Angst, Schuldgefühle und Scham sind in ihrem Zusammentreffen traumaassoziierte Gefühlslagen. Sie führen zügig in eine psychische Abwärtsspirale.

- **Sinneslust und Frustrationsvermeidung**

In einigen Theorien wird die Unlustvermeidung als psychologisches Grundbedürfnis beschrieben [2]. Im Wesentlichen geht es dabei um das menschliche Streben, angenehme Erfahrungen zu machen und Lust zu empfinden. Beides aktiviert unser Belohnungssystem und flutet unser Gehirn mit positiven Hormonen. Wir denken hier etwa an Sexualität, Genuss oder Ästhetik. Belohnung in seiner basalen Dimension bedeutet aber auch, etwas haben zu wollen, das wir begehren. Zwangsläufig und vielleicht überwiegend kommt es immer wieder zu Momenten, in denen uns das Begehrte verweigert wird, was bisweilen zu einer deutlichen Frustration führt. Ein konstruktiver Umgang mit solchen Entbehrungen erfordert eine wesentliche psychische Fähigkeit: Frustrationstoleranz. Mangelt es an dieser Fähigkeit, kommt es zu erheblichen negativen oder aggressiven Reaktionen. Weniger biologisch gedacht würde in diese Kategorie auch Sinnstiftung fallen. Werden wir hierin beschnitten, kann das in gleichem Maße zu negativen Reaktionen und hoher Frustration führen.

3.4 Krisen und Umbrüche

Der Entzug oder Verlust von Grundbedürfnissen führt zu psychischen Veränderungen. Dies geschieht meist schon, bevor es zu sichtbaren oder konkreten Umbrüchen wie Trennungen, Verlusten, Kündigungen, Degradierungen, Misserfolgen oder Zurückweisungen kommt. Denn solche Negativereignisse kündigen sich in aller Regel an. Sie treten nicht plötzlich oder völlig unerwartet auf. So wie es im Vorfeld einer Trennung zu Missverständnissen, enttäuschten Erwartungen, Konflikten, emotionalen Rückzügen und Verweigerungen kommt, verhält es sich auch bei anderen einschneidenden Ereignissen, die sich im Zwischenmenschlichen zutragen. Diese Vorboten wirken sich oft schon gravierend auf die psychische Balance und Stabilität aus. Erste Einbrüche im Selbstwerterleben tauchen bei den Betroffenen genauso auf wie Hilflosigkeit und Ohnmacht, Schamgefühle oder das Gefühl, sozial isoliert zu sein. Stehen am Anfang hier noch Schock und die Verleugnung der sich anbahnenden Realität im Vordergrund, tauchen zunehmend auch Wut und Ärger auf [4]. Gelingt es dabei nicht, zu einer rationalen und emotionalen Akzeptanz der Realität zu finden, die eine notwendige Voraussetzung für Lösungsorientierung und die Entwicklung neuer Perspektiven ist, greift eine emotionale Negativspirale, die eine zunehmende Verstärkung eines psychischen Einbruchs von Selbstwert, Selbstwirksamkeit, Zugehörigkeit und Bedeutsamkeit mit sich zieht. Neben der Entwicklung von schwerwiegenden psychischen Belastungen oder psychischen Erkrankungen scheint oft die einzige greifbare Bewältigung dieser Abwärtsspirale dann nur mehr der Kampf ums psychische Überleben zu sein: Wut, Schuldzuweisungen, Opferhaltung, Polarisierung, persönliche Gegenangriffe und eine verzerrte Wahrnehmung der Realität.

> **Gedankenimpuls**
> Das Misslingen einer Bewältigung von Krisen und Kränkungen kann zu einer aggressiven Reaktion gegenüber anderen oder dem eigenen Selbst führen.

3.5 Psychische Destabilisierung

Die psychische Destabilisierung und damit einhergehende Gegenreaktionen, wie oben beschrieben, scheinen sich schrittweise abzuspielen. Es kommt zu einer Verzerrung der Realität, die psychologisch gesehen das Ziel hat, den inneren Konflikt zwischen Wunsch und Versagen aufzulösen, indem der unerträgliche Anteil (persönliches Versagen) auf das Gegenüber projiziert wird. Dass intrapsychische Konflikte zu interpersonellen Konflikten gemacht werden, ist kein außergewöhnliches Phänomen. Nehmen Sie einfach mal an, Sie sitzen morgens am Küchentisch und schenken sich gerade einen Kaffee ein. Und Sie denken, noch, eigentlich müsste ich noch den Geschirrspüler ausräumen, verdrängen den Gedanken aber, weil Sie doch am Vortag sehr eingespannt waren und sich jetzt erst einmal einen guten Kaffee verdient haben. Ihre Partnerin oder Ihr Partner kommt herein und merkt an, dass der Geschirrspüler noch ausgeräumt werden müsste. Aller Wahrscheinlichkeit nach werden Sie Ihren inneren Konflikt jetzt zu einem interpersonellen Konflikt machen und in einen Angriffsmodus übergehen. Kurzfristig entlastet Sie das von Ihrem anfänglich schlechten Gewissen. Unter dem hohen Druck, den schwerwiegende Ereignisse auf uns ausüben, werden solche Projektionen nicht mehr reflektiert, sondern als Realitäten angesehen. Die Verdrehung der Tatsachen entzieht sich dem bewussten oder zugänglichen Denken. Es entsteht eine neue Realität, die nicht nur so wahrgenommen, sondern auch geglaubt wird. Die Betroffenen verfangen sich hier also in für sie passenden und stimmigen Konstrukten („Meine Partnerin/Mein Partner gönnt mir gar nichts", „Immer werde ich nur herumkommandiert").

- **Phasenmodell der Eskalation**

In seinem Ursprung beschreibt das Phasenmodell der Eskalation von Glasl [4] die stufenweise Eskalation von Teamkonflikten. Dieses Modell zeigt sehr anschaulich, wie eine solche Abwärtsentwicklung sich in Konfliktlagen entwickeln kann (◘ Abb. 3.1). In neun Eskalationsstufen beschreibt er dabei die Verhaltensebene eines zunehmenden Verlusts von Steuerung und Beherrschung von Konflikten. Bei genauerer Betrachtung lässt sich dieses Modell auch auf andere Formen von Konflikten anwenden. Es eignet sich sehr gut zur Veranschaulichung einer stufenweisen Zuspitzung und Verfestigung von Gedanken und Verhaltensweisen, wie sie im Vorfeld von Gewaltdynamiken auftreten, also noch vor dem tatsächlichen *Weg zur Gewalt (Pathway to Violence)*.

Die Phasen reichen von einer Verhärtung der Fronten, Polarisierung über Suche nach Verbündeten, Feindbilddynamiken und Drohungen hin zu einem Lose-Lose-Denken mit der Bereitschaft, gemeinsam in den Abgrund zu gehen. Deutlich wird hier, wie Menschen in einer konflikthaften Situation innerlich gegen eine Wand laufen und sich fortschreitend in ihrem Denken und Verhalten radikalisieren. Dabei geht es uns hier weniger um eine Abfolge einzelner Stufen, die sich etwa in Fällen von Mobbing oder Verschwörungsdenken zeigen können,

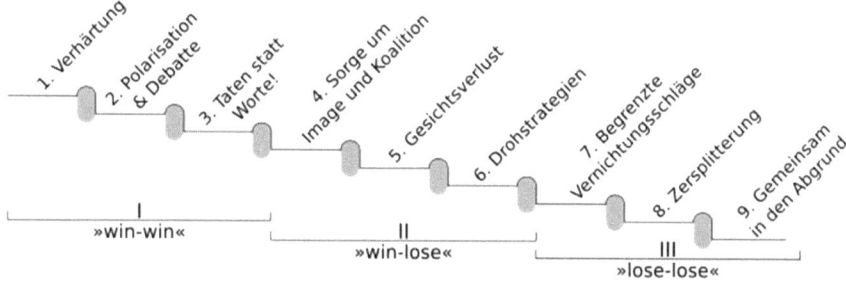

◘ Abb. 3.1 Phasenmodell der Eskalation (Glasl, 1980)

sondern vielmehr um die Veranschaulichung eines sukzessiven Prozesses, einer Entwicklung, die unweigerlich in die Vernichtung mit Inkaufnahme der negativen Konsequenzen führt. Eine ähnliche Dynamik zeigt sich bei anderen Phänomenen instrumenteller Gewalt wie Stalking, sexualisierter Gewalt oder Radikalisierungsprozessen.

- **Neutralisierungsprozesse**

Auf der psychischen Ebene erfordert dies eine zunehmende kognitive Verzerrung der Wahrnehmung und der „Neutralisierung" von Normen- und Wertevorstellungen (❍ Abb. 3.2). Dies betrifft insbesondere Personen, die ein gewisses Maß an Empathie mitbringen und persönliche wie gesellschaftlich verankerte Aggressionshemmungen erst überwinden müssen. Anders als Personen mit psychopathischen Zügen, die nach dem Motto handeln, „ich nehme mir, was ich will und was mir zusteht" oder psychisch schwer erkrankte Personen, die krankheitsbedingt unter einer erheblichen Verzerrung der Wahrnehmung leiden, müssen sie ihre grundsätzlichen Normen- und Wertevorstellungen erst überwinden bzw. neutralisieren. Hierbei spricht man auch von Legitimierungsarbeit [3].

Sykes und Matza [8] haben bereits in der 1950er-Jahren eine Reihe von kognitiven Verzerrungen beschrieben (Neutralisierungstechniken), die zu einer Überwindung der Aggressions- und Tötungshemmung beitragen:
- Leugnung der Verantwortung (sich als Opfer der Umstände sehen)
- Leugnung des Schadens (Verharmlosung der Tat)
- Leugnung des Opfers (das Opfer verdient es nicht anders)
- Verurteilungen der Verurteilenden (die Kritiker sind Heuchler)
- Berufung auf höhere Werte (das Richtige tun)

Im Grunde handelt es sich dabei natürlich nicht um Techniken, die bewusst und strategisch eingesetzt werden, sondern um die innere Rechtfertigung aggressiver Fantasien, welche die Funktion haben, die eigene psychische Destabilisierung wieder einzufangen und Kontrolle zurückzugewinnen. Und nicht zuletzt erlaubt diese zunehmende Legitimierung oder Rechtfertigung der eigenen Wut und Aggression, einer möglichen oder intendierten Tat Sinn zu verleihen, sie strukturiert zu planen und einer sozialen Verurteilung vorzubeugen.

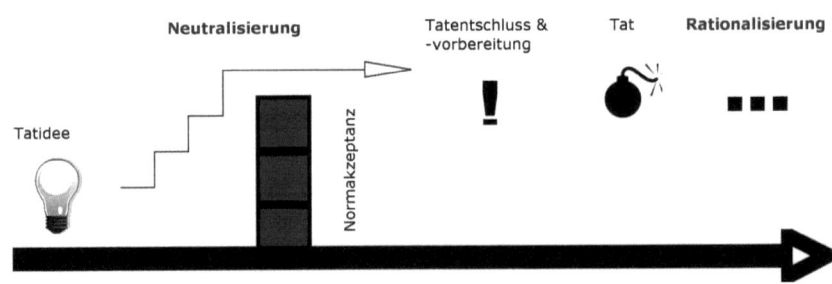

❍ **Abb. 3.2** Neutralisierungsprozesse (Steffes-enn, 2010)

> **Gedankenimpuls**
> Taten müssen legitimiert werden, bevor sie ausgeführt werden. Dabei kommt es zu einer sukzessiven Veränderung des Normen- und Werteverständnisses!

Auf der Verhaltensebene zeigen sich Neutralisierungstechniken unmittelbar in der Kommunikation und Sprache. Entwertung, Sexismus und Erniedrigungen dienen genauso einer Grenzverschiebung wie herbeigeholte Argumente, die eine Tat legitimieren. Dies geht oftmals mit der Suche nach Verbündeten und Gleichgesinnten einher. Durch gegenseitige Bestätigungen und eine Gruppendynamik des sich gegenseitigen Aufschaukelns kommt es zu sukzessiven Grenzverschiebungen. Solche Veränderungen in den Einstellungen werden vom Umfeld sehr wohl wahrgenommen. Weil sie zunächst oft nur als unangemessen und grenzwertig bewertet werden, werden sie aber meist nicht als Warnsignale interpretiert. Ein Vorgesetzter schlägt einer seiner Mitarbeiterinnen auf einer Dienstreise vor, vor dem Abendessen noch eben gemeinsam in die Sauna zu gehen. Auch wenn sie mit einem klaren „Nein" reagiert und der Vorgesetzte nun anmerkt, dass sie nicht so spießig sein solle, geht es nicht mehr allein um eine deutliche Grenzverletzung, sondern um ein Verdrehen der Rechtfertigungsnot. Die schrittweise Veränderung der Realität dient hier nicht nur dazu, potenzielle Opfer zu schwächen, sondern eben auch Taten zu legitimieren.

3.6 Dysfunktionale Stabilisierung

Ausgehend von einem zunehmenden Verlust oder Einbüßen von psychologischen Grundbedürfnissen wie Zugehörigkeit, Wichtigkeit und Bedeutsamkeit haben wir eine Abwärtsspirale beschrieben (◘ Abb. 3.3), die mit einem Einbruch des Selbstwerts, der Selbstwirksamkeit und Gefühlen der sozialen Isolation einhergeht. Kübler-Ross [4] zeigt in ihre Veränderungskurve *(change curve)* sehr anschaulich, welche Schwankungen Menschen durchlaufen (Schock, Verleugnung, Wut), ehe sie Umbrüche und Krisensituationen bewältigen. Für gewöhnlich führt dies über eine rationale und emotionale Akzeptanz der Krise und eine Mobilisierung eigener Ressourcen zu einer tatsächlichen Bewältigung und Neuorientierung.

Inwiefern sich Krisen bewältigen lassen oder eben zu dysfunktionalen Verhaltensweisen führen, sei es in Form von psychischen Erkrankungen oder aggressiven Gegenreaktionen, hängt sehr stark von der Primärpersönlichkeit bzw. von der prämorbiden Persönlichkeit ab [10]. Gemeint sind hiermit Erlebens- und Verhaltensweisen, die einen gewissen Schutz oder eben eine Vulnerabilität für psychische Einbrüche liefern, wie etwa Rigidität oder emotionale Überbewertung, aber auch Rückzugstendenzen, Reizbarkeit oder impulsives Verhalten in kritischen Lebenssituationen.

Vor diesem Hintergrund können solche Ereignisse auch zu psychischen Belastungen oder schwerwiegenden psychischen Erkrankungen führen. In vergleichsweise wenigen, aber für unser Thema relevanten Fällen kommt es zu einer destruktiven Negativspirale mit einer aggressiven Zuspitzung im Verhalten sowie

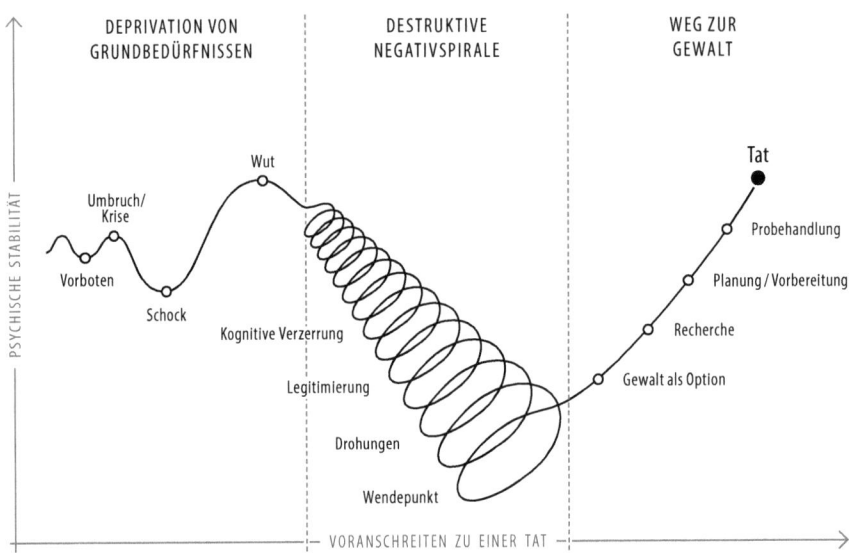

□ **Abb. 3.3** Dynamik einer gewalttätigen Entwicklung (Brandkamp & Horn, 2025)

kognitiven Verzerrungen, die es ermöglichen, die eigene Wut oder eine intendierte Tat zu legitimieren, um Rache zu üben oder Genugtuung zu erfahren.

> **Gedankenimpuls**
> Die Radikalisierung im Denken und Verhalten führt zu einer dysfunktionalen Stabilisierung von potenziellen Tätern und ermöglicht einen Aktivitätsschub!

Die Verhärtung der Fronten, die Suche nach Verbündeten, die Drohung und das Zufügen von psychischen Schäden oder Reputationsschäden sowie eine Legitimierung von Wut und Aggressionsfantasien führen gleichermaßen aber auch zu einer Pseudostabilisierung. Durch die persönlichen Angriffe und Drohungen erleben sich spätere Täter wieder als wirksam, nicht zuletzt, weil sie ein hohes Maß an Emotionalität und Verunsicherung auslösen. Dies macht sie wirkmächtig und in gewissem Sinne auch wieder bedeutsam. Sie fühlen sich aufgewertet durch Angst und Ablehnung und die enorme Beachtung ihres Verhaltens. Und sie erfahren ein Gefühl der Zugehörigkeit in der Gruppe der Gleichgesinnten, mit denen sie ihren Zorn und ihre Verachtung teilen. Der innere Schmerz wird von der Radikalität der Einstellung, der Äußerungen und des Verhaltens überdeckt. Daher sprechen wir hier auch von einer Pseudostabilisierung, die in all ihrer Dysfunktionalität allerdings auch wieder Auftrieb und Aktivität ermöglicht.

3.7 Wendepunkte

In diesem inneren Auftrieb und Wiederkehr von Aktivität liegt ein Wendepunkt. Die psychische Stabilität ist wiederhergestellt, wenn auch in deutlich dysfunktionaler Weise. Aus einem Kleinheits-Selbst erwachsen Größenideen, aus Ohnmacht und Ausgeliefertsein werden Machterleben und Wirksamkeit. Normen- und Wertevorstellungen in Denken und Handeln, die Aggressions- und Gewalthemmung bewirken, sind durch Verzerrungen der Realität und Entwürdigung der potenziellen Opfer ausgehebelt und neutralisiert. Der eigene Zorn, die Wut, die Anwendung von Gewalt haben eine Legitimierung gefunden. Hier kann nun Gewalt als Option gedacht und der so beschriebene Weg zur Gewalt („Pathway to Violence") beschritten werden.

> **? Was für Sie noch von Bedeutung sein könnte**
> Die beschriebene Negativspirale erleben die meisten Menschen zu einem gewissen Grad in Krisen oder Situationen, die von schwerwiegenden Umbrüchen gekennzeichnet sind. Sie führt auch nicht zwangsläufig zu Gewalt. Weitaus häufiger kommt es zu einer Überwindung der Krise, zu einer Bewältigung und persönlichen Neuorientierung. Gelegentlich resultieren hieraus auch psychische Belastungen (Anpassungsstörungen) oder andauernde Störungen wie Depressionen oder Angststörungen. Entwickelt sich hieraus eine aggressive oder gewalttätige Dynamik, ermöglicht die dargestellte Negativspirale eine bessere Nachvollziehbarkeit der psychischen Dynamik von Tätern. Das kognitive Erfassen von Motiven, Verhalten und Denken von Tätern ist ein wesentlicher Bestandteil im Bedrohungsmanagement und erleichtert es einzuschätzen, an welchem Punkt sich der jeweilige Täter im Fortschreiten seiner Tendenzen zu einer Tat gerade befindet. Zudem lassen sich hierdurch das Bewusstsein und die Aufmerksamkeit für destruktive Entwicklungen schärfen, bevor sich Täter überhaupt auf dem Weg zur Gewalt mit konkreten Nachforschungen und Planungen befinden. Dies trägt entscheidend dazu bei, eine Absicht zur Gewaltanwendung frühzeitig zu erkennen und ihr aktiv entgegenzusteuern.

Literatur

1. Calhoun, F., & Weston, S. (2021). Rethinking the path to intended violence. In J. R. Meloy & J. Hoffmann (Hrsg.), *International handbook of threat assessment* (2. Aufl., S. 392–406). Oxford University Press.
2. Deci, E., & Ryan, R. (1985). *Intrinsic Motivation and Self-Determination in Human Behavior.* Springer Nature.
3. Endras, J., Sadowski, F., Böckler, N., & Rossegger, A. (2015). Der Weg zum (terroristischen) Attentäter: Gewalt legitimieren, um Gewalt auszuüben. *Kriminalistik, 5*, 328–334.
4. Glasl, F. (1980). *Konfliktmanagement. Diagnose und Behandlung von Konflikten in Organisationen.* Bern/Stuttgart: Haupt.
5. Grawe, K. (2004). *Neuropsychotherapie.* Göttingen: Hogrefe.
0. Kohut, H. (1971). *The Analysis of the Self: A Systematic Approach to the Psychoanalytic Treatment of Narcissistic Personality Disorders.* New York: International Universities Press.

7. Kübler-Ross, E., & Kessler, D. (2004). *On grief & grieving : Finding the meaning of grief through the five stages of loss*. New York: Scribner Books.
8. Sykes, G., & Matza, D. (1957). Techniques of neutralization: A theory of delinquency. *American Sociological Review, 22*, 664–670.
9. Steffes-enn, R. (2010). Deliktbezogene Anamnese. In R. Steffes-enn (Hrsg.), *Täter und Taten als Informationsquellen. Anamnese und Fallarbeit*. Polizeiwissenschaft.
10. von Zerssen, J. (1996). Forschungen zur prämorbiden Persönlichkeit in der Psychiatrie der deutschsprachigen Länder: Die letzten drei Jahrzehnte. *Fortschr Neurol Psychiatr, 64*(5), 168–183.

Phänomene der Gewalt

Inhaltsverzeichnis

4.1 Mobbing – 40

4.2 Stalking – 43

4.3 Sexualisierte Gewalt – 48

4.4 Querulanz – 52

4.5 Häusliche Gewalt – 55

4.6 Persönlich motivierter Attentäter – 59

4.7 Radikalisierung – 61

4.8 Suizidalität – 64

Literatur – 66

© Der/die Autor(en), exklusiv lizenziert an Springer-Verlag GmbH, DE, ein Teil von Springer Nature 2025
C. Brandkamp und P. Horn, *Bedrohungsmanagement*,
https://doi.org/10.1007/978-3-662-71474-4_4

Warum lohnt es sich, dieses Kapitel zu lesen?

In Ihrem beruflichen Alltag können Sie mit den unterschiedlichsten Erscheinungsformen der Gewalt konfrontiert werden: häusliche Gewalt, Mobbing, Stalking, sexualisierte Gewalt, Radikalisierung, um nur einige zu nennen. Es gibt große Überschneidungen zwischen den Phänomenen. So wie jeder Fall individuell und eigen ist und deshalb eine Einzelfallbetrachtung erfordert, hat jedes Thema aber auch seine Besonderheiten, die es zu beachten gilt. In diesem Kapitel erhalten Sie einen kurzen Einblick in die spezifischen Charakteristika einzelner Formen der Gewalt sowie erste Ansätze im Umgang damit. Mit jedem Phänomen könnte man ganze Bücher füllen. Hier möchten wir uns darauf fokussieren, einen Überblick zu geben, und erste Ansätze besprechen, wie ein Vorgehen im Einzelfall aussehen könnte.

- **Einleitung**

Gewaltphänomene können sich über lange Zeiträume entwickeln, verschiedene Lebensbereiche durchdringen und tiefgreifende Auswirkungen auf die Betroffenen und das Umfeld haben. Wir beschäftigen uns hier mit Formen der Gewalt, die sich über einen langen Zeitraum entwickeln, strategisch, geplant und kontrolliert ablaufen. Wie in ▶ Kap. 3 dargestellt, können persönliche und berufliche Krisen und Konflikte zu einer zunehmenden Deprivation psychologischer Bedürfnisse führen und einer Eskalation von Gewalt vorausgehen. Im Unternehmenskontext sind wir überwiegend mit Mobbing, Stalking, sexualisierter Gewalt, Querulanz, häuslicher Gewalt, Radikalisierung und Arbeitsplatzattentätern konfrontiert. In diesem Kapitel behandeln wir auch Suizid und Suizidalität, weil es ein häufiges Phänomen ist, mit dem wir im Unternehmenskontext konfrontiert sind und weil Suizidalität eine besondere Bedeutung im Zusammenhang mit Drohungen und Gefährdungslagen hat.

4.1 Mobbing

Mobbing ist nicht nur ein weitverbreitetes Phänomen, es ist eine gängige Kurzbeschreibung für erlebte Ungerechtigkeit, ob am Arbeitsplatz, im Sportverein oder in der Schule. Menschen, die sich als Opfer von Mobbing sehen, fühlen sich ausgegrenzt, benachteiligt, belächelt oder unerwünscht. Und sie bekommen nicht die gleiche Chance wie andere Menschen. Für die Betroffenen ist das sehr belastend, insbesondere, wenn sie sich nicht in der Lage sehen, die Situation zu verändern. Die Auswirkungen können von psychischen und physischen Symptomen bis zu suizidalen Gedanken und Suizidversuchen reichen.

- **Was ist Mobbing?**

Mobbing ist die Summe aus einer Vielzahl von Handlungen, die für sich genommen und ohne das Gesamtbild zu kennen, häufig als wenig kritisch bewertet werden. Zugleich wird im Sprachgebrauch das Wort Mobbing auch für Verhaltensweisen verwendet, die keine primär schädigende Absicht haben, etwa klassisches

Führungsverhalten bei einem Beschäftigten, der seinen Aufgaben nicht nachkommt und daher eine intensive Betreuung erfährt.

Mobbing hat viele Gesichter. Zu den typischen Formen gehören Beschimpfungen, Beleidigungen, das Verbreiten von Gerüchten, Ausgrenzung, Ignorieren, Belästigung, Einschüchterung, Drohungen, Sabotage der Arbeit oder sozialer Aktivitäten. Eine besondere Form des Mobbings ist das Cybermobbing, das sich im digitalen Bereich abspielt. Damit ist das Opfer auch außerhalb der Zeiten, in denen es sich im direkten physischen Umfeld der Täter befindet, jederzeit und überall ausgesetzt und angreifbar.

Um tatsächlich von Mobbing sprechen zu können, müssen mehrere Faktoren gegeben sein [10]:
- Mobbing ist ein Zusammenspiel aus verschiedenen schädigenden Handlungen und dauert über einen längeren Zeitraum an.
- Die Handlungen können verbal, nonverbal, physisch oder psychisch sein.
- Das Verhalten wird von einer oder mehreren Personen aus dem (sozialen) Umfeld des Opfers gezeigt.
- Es geht um gezielte negative Handlungen oder Verhaltensweisen gegenüber einer Person oder einer Gruppe.
- Mobbing zielt darauf ab, die Zielperson zu verletzen, zu erniedrigen, zu isolieren oder anderweitig zu schädigen.

Mobbing, Diskriminierung und Ausgrenzung sind zwar eng verwandte Formen sozialer Benachteiligung, unterscheiden sich jedoch in ihrer Ausprägung. Für nachhaltige Lösungen ist eine genaue Differenzierung notwendig.

Mobbing zielt darauf ab, jemanden zu erniedrigen, zu demütigen oder zu isolieren. Dies kann verschiedene Formen annehmen, darunter verbale Angriffe, Ausgrenzung aus Gruppenaktivitäten, Verbreiten von Gerüchten oder auch körperliche Übergriffe. Mobbing kann schwerwiegende Auswirkungen auf die psychische und physische Gesundheit der betroffenen Personen haben und zu einem toxischen Arbeitsumfeld führen.

Diskriminierung bezieht sich auf die unfaire oder ungleiche Behandlung von Personen aufgrund bestimmter Merkmale oder Zugehörigkeiten, z. B. Geschlecht, ethnische Herkunft, Religion, Behinderung, Alter oder sexuelle Orientierung. Diskriminierung kann sich auf verschiedene Bereiche des Arbeitslebens erstrecken, von der Jobvergabe über Vergütung bis zu Arbeitsbedingungen. Diese Art von Verhalten verstößt oft gegen gesetzliche Bestimmungen und kann zu rechtlichen Konsequenzen für das Unternehmen führen.

Ausgrenzung bezieht sich auf die bewusste oder unbewusste Isolierung oder Nichtbeachtung am Arbeitsplatz. Dies kann sich in Form von Ignorieren oder bewusstem oder unbewusstem Ausschließen von Projekten oder sozialen Aktivitäten äußern. Ausgrenzung kann dazu führen, dass sich Betroffene isoliert, nicht wertgeschätzt und unwohl fühlen. Auch ist eine Spaltung innerhalb des Teams oder der Organisation möglich.

Die beschriebenen Aspekte können sich überlappen; zum Beispiel kann Mobbing aufgrund von Diskriminierung auftreten oder Ausgrenzung eine Form von Mobbing sein.

- **Warum ist das Thema in einem Unternehmen relevant?**

Mobbing hat Einfluss auf Kollegen, Teams und manchmal auch das gesamte Unternehmen, aber vor allem auf die betroffene Person. Opfer von Mobbing leiden oft unter Angstzuständen, Depressionen, Schlafstörungen, zeigen aber auch körperliche Symptome wie Bauch- oder Kopfschmerzen und melden sich öfter krank. Mitarbeitende, die gemobbt werden oder sich gemobbt fühlen, sind oft abgelenkt, gestresst und demotiviert, was sich negativ auf ihre Leistungen auswirkt. Aber auch das Umfeld zeigt sich häufig irritiert oder belastet, zieht sich zurück oder reagiert mit der Angst, selbst zur Zielscheibe zu werden oder sich positionieren zu müssen.

> **Gedankenimpuls**
> Mobbing wirkt sich nicht nur destruktiv auf die direkten Beteiligten aus, sondern untergräbt langfristig Vertrauen, Motivation und Produktivität im gesamten Arbeitsumfeld.

- **Was tun im Einzelfall?**

Die im vorherigen Kapitel aufgezeigte Negativspirale zeigt sich als integraler Bestandteil von Mobbing. Noch bevor es zum eigentlichen Mobbing kommt, gibt es bereits Sticheleien, Gesten und Kommentare, die für sich genommen, nicht besonders kritisch oder belastend zu sein scheinen. Die Bereitschaft des Umfelds oder der Betroffenen, das Verhalten zu melden, anzuzeigen und Hilfe zu suchen, erfolgt häufig erst in einem späteren, fortgeschrittenen Stadium, wenn es bereits zu massiven Unrechtserfahrungen und Belastungen der Opfer gekommen ist. Mobbing ist die Endstufe von Konflikten, die nicht frühzeitig oder ausreichend thematisiert wurden.

Wesentlich für die Wahl der Maßnahmen ist die Feststellung, auf welcher Entwicklungsstufe des Konflikts sich die Kontrahenten befinden. Das in ▶ Kap. 3 aufgezeigte Phasenmodell der Eskalation von Glasl [4] zeigt neun Eskalationsstufen. Erst in den drei finalen Eskalationsstufen erfüllen die Verhaltensweisen die Kriterien für Mobbing im engeren Sinne.

- Geht es um einen lösbaren Konflikt oder um böswillige Vernichtung?
- Handelt es sich um ein systematisches Vorgehen?
- Besteht eine ungleiche Machtverteilung in puncto sozialer Stellung oder Einfluss innerhalb einer Gruppe oder Organisation?
- Befindet sich der Konflikt auf der Stufe win-lose oder auf der Stufe lose-lose?

Im Konfliktmanagement von Glasl werden verschiedene Eskalationsdynamiken aufgezeigt. Diese Dynamiken sind sowohl im privaten wie im beruflichen Kontext erkennbar. Dabei geht es beispielsweise um die Suche nach Koalitionspartnern. Dies lässt sich in der Praxis sehr gut am „Wir" gegen „Die" oder „Den" erkennen. Ein anderer Mechanismus ist die Diskreditierung einer Person, indem die Sachebene verlassen wird und Aspekte in einen anderen Kontext gestellt werden. Der Einkaufsleiter ist unfähig, weil sein Hund nach einem Jahr noch immer nicht stubenrein ist. Gewaltandrohungen sind ein weiterer Mechanismus, der Ihnen einen Hinweis gibt, dass es sich um Mobbing und nicht um einen lösbaren Konflikt handelt.

Um Mobbing zu beenden, bedarf es einer interdisziplinären Betrachtung der gezeigten Verhaltensweisen, Äußerungen und Gesten. Bewährt hat sich ein Zusammenschluss aus den Bereichen Personal, Compliance, Betriebsrat und Bedrohungsmanagement. Diese Interdisziplinarität stellt sicher, dass gerade bei einem so komplexen Phänomen wie Mobbing eine möglichst objektive Sicht eingenommen wird und die getroffenen Maßnahmen effektiv und fair zugleich sind. Opfer und Täter zu trennen, reicht in der Regel nicht aus. Das Opfer leidet weiterhin unter den Folgen des Konflikts, und der Täter, der beispielsweise das Unternehmen verlassen muss, sucht sich möglicherweise neue Opfer. Die Beweggründe des oder der Täter zu verstehen, unterstützt ein effektives Fallmanagement. Während Konflikte zunächst einen sachlichen Grund haben, ist Mobbing von Emotionen getrieben, z. B. Machtstreben, dem Bedürfnis nach Kontrolle, Eifersucht, Rache oder Vorurteilen. Diese Motivation nachvollziehen, führt zu einer besseren Einschätzung und Planung von Interventionen, die ein Mobbing nachhaltig beenden.

In jedem Fall unerlässlich ist die Stärkung des Opfers. Betroffene leiden oft unter Angstzuständen, Depressionen und einem Gefühl der Hilflosigkeit, manchmal auch Schuld- und Ohnmachtsgefühlen. Es ist wichtig, dass sie sich gehört und unterstützt fühlen. Dies kann durch den Aufbau eines Unterstützungsnetzwerks innerhalb und außerhalb des Unternehmens, die Bereitstellung von Ressourcen und Unterstützungsdiensten sowie die Förderung von Selbstbewusstsein und Selbstwertgefühl erreicht werden.

Um Mobbing präventiv entgegenzuwirken, ist eine Unternehmenskultur erforderlich, die geprägt ist von Toleranz, Vielfalt und Respekt. Ethik und Moral sollten dabei nicht zu Papiertigern werden, sondern gelebte Werte sein. Toleranz heißt, Meinungsverschiedenheiten zuzulassen, Konflikte anzusprechen, statt sie zu übersehen oder unter den Teppich zu kehren. Solche präventiven Maßnahmen reduzieren nicht nur das Auftreten von Mobbing, sondern fördern auch ein respektvolles und integratives Arbeitsumfeld, in dem sich alle Mitarbeitenden sicher und wertgeschätzt fühlen. Darüber hinaus ist eine Sensibilisierung für das Thema durch Schulungsprogramme, Informationsveranstaltungen und Kampagnen zielführend. Eine Null-Toleranz-Politik gegenüber Mobbing stellt sicher, dass alle Mitarbeitenden wissen, dass Mobbing inakzeptabel ist und zu erheblichen Konsequenzen führt.

4.2 Stalking

Stalking ist längst kein Randphänomen mehr, sondern hat sich als ernst zu nehmende soziale und strafrechtliche Herausforderung unserer Zeit etabliert. Der Weiße Ring schätzt die Zahl der Stalking-Fälle in Deutschland auf 600.000–800.000 Fälle [18]. Die Täter: Ex-Partner, Beziehungssuchende oder Menschen, die gezielt andere ausspionieren, um einen – häufig sexualisierten – Übergriff vorzubereiten.

Ganz nüchtern bezeichnet Stalking ein wiederholtes, ungewolltes Überwachen und Ausspionieren einer Person durch Anrufe, Nachrichten, Briefe oder persönliches Auftauchen. Wenn man die Perspektive der Betroffenen einnimmt, ist dies ein Albtraum.

Meloy [11] nennt drei wesentliche Bestandteile des Stalkings:
- Die Nachstellungen sind vom Opfer nicht gewollt.
- Es gibt eine glaubhafte Bedrohung für das Opfer.
- Es führt zu Angst beim Opfer.

Was treibt die zumeist männlichen Täter zu diesem Verhalten? Es gibt unterschiedliche Formen von Stalking, die sich nach Intention bzw. Beziehung des Stalkers zum Opfer unterscheiden. Eine der bekanntesten Klassifizierungen stammt von Mullen et al. [14], die fünf Stalker-Gruppen aufführen:
1. Der zurückgewiesene Stalker
2. Der beziehungssuchende Stalker
3. Der inkompetente Stalker
4. Der nachtragende/rachsüchtige Stalker
5. Der feindselige/erotomane Stalker

Auslöser für das Verhalten – unabhängig vom Stalker-Typus – sind nicht erfüllte, entzogene Bedürfnisse oder toxische, destruktive Emotionen wie Wut oder Hass.

- **Der zurückgewiesene Stalker**

In nahezu der Hälfte der Stalking-Fälle ist der zentrale Treiber des nachstellenden Verhaltens das Unvermögen, eine Trennung zu akzeptieren, mit dem tiefen Bedürfnis, Kontrolle und Macht zurückzugewinnen [9]. Am häufigsten erfolgt Stalking durch ehemalige Intimpartner, manchmal auch Freunde oder nahe Verwandte, die die Beziehung oder Freundschaft zurückhaben möchten. Das zunächst freundliche und bittende Verhalten kann in Wut und Rache umschlagen, insbesondere dann, wenn keine Aussicht auf Erfolg mehr besteht. Durch die vorangegangene Beziehung und den zuvor engen, oftmals intimen Kontakt kennen die Täter viele Gewohnheiten, Interessen, Aktivitäten, das soziale Umfeld und Wohnverhältnisse. Stalkende Expartner akzeptieren die Trennung nicht und neigen dazu, die Beziehung in ihrer Fantasie aufrechtzuerhalten. Sie investieren viel Zeit, jeden Moment der Beziehung zu analysieren und wieder zu erleben oder aufleben zu lassen und streben kontinuierlich danach, die Expartnerin zurückzugewinnen. Unter dem hohen Zeitaufwand und emotionalen Stress, auch aufseiten des Täters, kommt es zu erheblichen Einschränkungen, welche die Aufnahme einer neuen Beziehung und eine Neuorientierung im Leben nahezu unmöglich machen. Durch die stetige Auseinandersetzung mit der verlorenen Beziehung fehlen hierfür sowohl die zeitlichen als auch die emotionalen Ressourcen. In den meisten Fällen sind das Denken, Erleben und Verhalten vollständig auf die Beschäftigung mit dem Opfer ausgerichtet. Diese Täter können im späteren Verlauf nicht nur für Stalking-Opfer, sondern auch für Personen im nahen Umfeld gefährlich werden, z. B., wenn es einen neuen Partner oder unterstützende Arbeitskollegen gibt.

4.2 · Stalking

- **Der beziehungssuchende Stalker**

Ein anderer Stalker-Typus ist der verliebte Stalker, der seit dem ersten Blick in sein Opfer „vernarrt" ist. Sein Antreiber sind die Fantasie und der Wunsch nach einer Beziehung. Dass seine Gefühle nicht auf Gegenliebe stoßen, liegt außerhalb seiner Vorstellungskraft. Das Ziel: eine intime Beziehung mit dem „Schwarm", häufig eine Person des öffentlichen Lebens. In vielen Fällen hat das Opfer den Täter nie getroffen oder zumindest nicht wahrgenommen. Dennoch geht der Täter davon aus, dass das Opfer eine Beziehung wünscht, es nur vielleicht noch nicht weiß. Er versucht deshalb, möglichst viele Informationen zu sammeln, sucht die räumliche Nähe und den Kontakt, z. B. über soziale Medien. Oft treibt ihn auch der vermeintlich höhere gesellschaftliche Status an, der durch diese Beziehung erreicht werden kann.

- **Der inkompetente Stalker**

Anders verhält es sich beim inkompetenten Stalker. Täter und Opfer kennen sich maximal flüchtig, trotzdem träumt der Stalker von einer – vielleicht auch intimen – Beziehung zu seinem Opfer. Der Täter zeigt sich naiv und unfähig in sozialen Bezügen und hat keine reale Vorstellung, wie Beziehungen funktionieren. Seine Inkompetenz spiegelt sich auch im Stalking-Verhalten: Er agiert aus großer Distanz und vermeidet bewusst ein persönliches Aufeinandertreffen, weil er gar nicht wüsste, wie er sich dabei verhalten sollte.

- **Der nachtragende/rachsüchtige Stalker**

Der rachsüchtige Stalker verfolgt sein Opfer aus dem Gefühl heraus, ungerecht behandelt, zurückgewiesen oder verletzt worden zu sein. Getrieben von Wut und dem Wunsch nach Vergeltung sieht er sich oft als Opfer und rechtfertigt sein Verhalten als „gerechte Strafe". Diese Art des Stalkings tritt häufig nach dem Ende einer Beziehung oder einem empfundenen persönlichen Verrat auf. Der Täter versucht, das Opfer zu kontrollieren, einzuschüchtern oder in Angst zu versetzen – sei es durch Drohungen, Rufschädigung oder wiederholte Belästigungen. Im Gegensatz zu anderen Stalker-Typen geht es ihm nicht um Nähe oder eine Beziehung, sondern um Machtausübung und Genugtuung. Dies macht ihn besonders gefährlich, da seine Handlungen von hoher emotionaler Intensität geprägt sind und leicht eskalieren können.

- **Der feindselige/erotomane Stalker**

Besonders kritisch sind auch Stalker zu betrachten, die ihr Opfer nur mit dem Ziel eines gewalttätigen Übergriffs ausspionieren. Ihre Intention ist Gewalt, verbunden mit der Überzeugung, dass das Opfer (stellvertretend für andere) diesen Übergriff verdient hat. In diesen Fällen gibt oder gab es im Vorfeld selten eine persönliche Beziehung zwischen Täter und Opfer.

- **Was tun im Einzelfall?**

Unabhängig vom Stalker-Typus und den dahinterliegenden Motiven führt Stalking bei den Opfern zu Angst, Ohnmacht oder dem Gefühl, ausgeliefert zu sein.

Um eine Fallstrategie, ein konkretes Vorgehen zu erarbeiten, bedarf es zunächst und fortlaufend aktueller Informationen zum Stalking-Verhalten, über den Stalker selbst und über die Verwundbarkeit, Belastbarkeit und generelle psychische Verfassung des Opfers.

- Wie häufig und in welcher Form findet das Stalking-Verhalten statt?
- Sind Eskalationsdynamiken wie Intensität und Zunahme des Verhaltens oder neue Verhaltensweisen erkennbar?
- Hat der Täter in der Vergangenheit bereits Gewalt gezeigt, z. B. in vorherigen Beziehungen?
- Was sind die Antreiber des Täters: Hass, Wut, Rache oder der Wunsch nach einer intimen Beziehung?
- Gibt es eine Beziehung zwischen Opfer und Täter, beruflich oder persönlich?
- Hat das Opfer Schuldgefühle und fühlt sich für das Verhalten des Täters verantwortlich?
- Ist das Opfer physisch und psychisch in der Verfassung, Veränderungen mitzugehen, z. B. einen möglichen Arbeitsortwechsel?

Zur systematischen Beurteilung von Risiken bei Stalking-Fällen bietet sich der Einsatz strukturierter Instrumente wie das *Stalking Assessment and Management* (SAM) an. Hier können auch Hochrisikofaktoren identifiziert werden, die dann als „rote Linien" genutzt werden können, etwa das Nichteinhalten von Betretungs- und Annäherungsverboten oder suizidale Gedanken des Täters (Quelle 10 einfügen).

Das stetige Aufzeichnen des Stalking-Verhaltens dient sowohl der fortlaufenden Risikobewertung als auch als Beweisgrundlage für ein mögliches Gerichtsverfahren. Dies kann in einem Stalking-Tagebuch oder in einer App erfolgen. Der Weiße Ring bietet beispielsweise eine spezielle App, um diese für Opfer sehr belastende Aufgabe zu erleichtern. Schon in den Anfängen eines Stalkings können so Dynamiken erkannt werden. Verhaltensänderungen, zusätzliche Formen der Kontaktaufnahme, veränderte Tonalität und Sprachgebrauch in Nachrichten, Mails, Briefen oder Anrufen sind wichtige Marker und können Hinweise auf ein Warnverhalten sein.

Ihr Einfluss im beruflichen Kontext bezieht sich vorwiegend auf das unmittelbare Arbeitsumfeld und die dortigen Ereignisse. Daher gilt Ihre erste Aufmerksamkeit diesem Umfeld. Eine Analyse aller Tages- und Bewegungsabläufe gibt Ihnen ein Bild von möglichen Kontaktpunkten durch den Stalker:

- Kann der Stalker an den Arbeitsplatz gelangen?
- Arbeitet das Opfer in einem öffentlich zugänglichen Raum?
- Müssen die Kontaktdaten des Opfers öffentlich bekannt sein?
- Ist eine Veränderung des physischen Arbeitsplatzes erforderlich und möglich?

Einen ersten sicheren Ort zu haben, verschafft dem Opfer Zugang zu Ressourcen, um weitere Schritte zu gehen. Je nach Situation kann ein Hausverbot eine sinnvolle Maßnahme sein. Ist das Opfer bereits in einem gut geschützten Setting, kann das Hausverbot dem Täter signalisieren, dass das Opfer nicht allein ist.

4.2 · Stalking

Lauert der Täter dagegen nahezu täglich seinem Opfer auf, führt so ein Schritt möglicherweise zu einer Eskalation oder gar einem körperlichen Übergriff.

> **Gedankenimpuls**
> Die psychische Verfassung der betroffenen Person sollte kontinuierlich aufmerksam beobachtet und bei allen Überlegungen berücksichtigt werden.

Ansatzpunkte für das Fallmanagement:
- Im Sinne eines ganzheitlichen Ansatzes ist eine frühzeitige Kontaktaufnahme mit der örtlichen Polizei essenziell. Gemeinsam mit den Behörden ergeben sich häufig weitere Erkenntnisse. Ist der Stalker den Behörden bereits bekannt? Gibt es Informationen über Waffenbesitz oder vorherige Gewalttaten? Zudem können weitere Schutzmaßnahmen eingeleitet werden. Insbesondere bei einer physischen Annäherung des Täters gegenüber dem Opfer ist eine Unterstützung oder ein Eingreifen durch die Behörden erforderlich, manchmal sogar lebensrettend.
- Die Einbindung der Polizei durch das Opfer kann zu einer einstweiligen Verfügung führen. Das Opfer muss hierfür einen entsprechenden Antrag beim Familiengericht platzieren. Die Wirkung eines Näherungsverbots auf die Täter ist häufig sehr groß. Verstöße gegen ein solches Verbot sind ein *Red-Flag-Faktor* für gewalttätige Eskalationen. Um solche roten Linien zu erkennen, ist eine einstweilige Verfügung unerlässlich.
- Nicht selten nutzen Stalker legale Tracking-Apps, um ihr Opfer zu überwachen. Diese Apps dienen primär der Standortübermittlung. Auch die Kommunikationsüberwachung kann mittels App erfolgten. Wer telefoniert wann mit wem? Ein Blick auf die installierten Apps mit Standortübermittlung auf dem Smartphone der Opfer kann hilfreich sein, um dem vorzubeugen. Und schließlich dienen Peilsender der Ortung von Fahrzeugen. Die Polizei und auch manche Kfz-Mechatroniker können diese auffinden und entfernen.
- Leider ist in vielen Fällen ein privater Umzug unumgänglich. Manchmal muss der Wohnort sogar mehrmals gewechselt werden, bevor der Stalker die unermüdliche Suche nach seinem Opfer aufgibt. Wenn es die Rahmenbedingungen (Arbeitsplatz, Schule, Kindergarten, soziales Umfeld) ermöglichen, kann ein Umzug mit Ortswechsel eine Lösung sein. Dabei gilt: je weiter, desto besser. Hier sollte allerdings eine realistische Abwägung der Opportunitätskosten für das Opfer stattfinden.
- Die Belastung durch einen Stalker ist für das Opfer immens. Daher ist zu empfehlen, frühzeitig eine geeignete psychologische Unterstützung zu organisieren. Insbesondere beim Expartner-Stalking hat das Opfer häufig Schuldgefühle oder Mitleid mit dem Täter. Schwer zu verstehen ist es für Opfer, dass der Täter in seinem Denken und Handeln nicht mehr der ist, mit dem das Opfer einst eine Beziehung eingegangen ist.

> **Gedankenimpuls**
> Das Eindringen in private Wohnräume muss als hochkritisch bewertet werden. Dies gilt auch für Sachbeschädigungen an nahen, privaten Gegenständen wie Brief-

kästen oder Fahrzeugen. Solche Warnverhaltensweisen sollten schützende Maßnahmen auslösen.

❓ Was für Sie sonst noch interessant sein könnte
Häusliche Gewalt kann nach dem Ende einer Beziehung in Stalking übergehen, wenn die Kontrolle und Machtausübung durch den Täter nicht aufhören, sondern in fortgesetzter Überwachung, Nachstellung und Bedrohung außerhalb des gemeinsamen Haushalts weitergeführt werden. Eine erhöhte Gefährdung besteht auch, wenn es während der Beziehung bereits zu häuslicher Gewalt oder stetiger Überwachung gekommen ist. Stalking führt nicht selten zu schweren Gewalttaten.

Im privaten wie beruflichen Umfeld erlebt man immer wieder den Ansatz: „Da gehe ich mal vorbei und sage dem mal so richtig Bescheid". Dahinter steckt der Wunsch, die eigene Hilflosigkeit loszuwerden und das Stalking-Verhalten sofort zu beenden. Ein solches Vorgehen führt meist zu einer Eskalation der Dynamik. Sinnvoller ist die Einbindung der Polizei und deren Opferberatungsstelle, sodass eine Begrenzung über offizielle Mandatsträger erfolgen kann.

4.3 Sexualisierte Gewalt

Sexualisierte Gewalt stellt ein ernst zu nehmendes und zugleich oft tabuisiertes Problem in Unternehmen dar. Es hat weit über die persönliche Betroffenheit der Opfer hinaus tiefgreifende Auswirkungen auf die Unternehmenskultur und das Sicherheitsgefühl der Mitarbeitenden. Darüber hinaus birgt das Aufkommen von sexualisierter Gewalt in einem Unternehmen einen immensen Reputationsschaden. Trotz Gleichberechtigung und Sensibilisierung für geschlechtsspezifische Gewalt bleibt dieses Thema in vielen Betrieben unter dem Radar. Häufig scheuen sich Opfer, ihre Erfahrungen zu teilen. Angst vor Stigmatisierung, Repressalien oder dem Verlust ihres Arbeitsplatzes führen vielfach zum Ausharren statt zu einer Meldung.

Auch bei sexualisierter Gewalt sehen wir in vielen Fällen eine Negativspirale mit narzisstischer Verwundung, kognitive Verzerrungen und einem zunehmenden Verlust von Aggressionshemmungen. Dabei geht es nicht primär um Sexualität – daher auch sexualisierte und nicht sexuelle Gewalt –, sondern um die Ausübung von Macht, Kontrolle und Demütigung über sexuelle Inhalte. Das können Anspielungen auf Kleidung oder Attraktivität sein, „Herrenwitze", frauenfeindliche Bemerkungen oder archaische Rollenbilder („Sie holen uns am besten erstmal einen Kaffee!"). Dazu gehören aber auch Annäherungsversuche oder Anspielungen auf sexuelle Begehren wie etwa die Aufforderung des Vorgesetzten während einer Dienstreise an die junge Mitarbeiterin: „Lass uns vor dem Abendessen noch eben gemeinsam in die Sauna gehen".

▶ Fallbeispiel

Frau S. ist noch minderjährig, als sie ihre Ausbildung beginnt. Sie wächst in einem sehr konservativen Familienumfeld auf. Über Sexualität wird nie gesprochen. Im Rahmen der

4.3 · Sexualisierte Gewalt

Ausbildung trifft sie auf einen Vorgesetzten, der im Alter ihres Vaters ist. Im Team ist es üblich, sich zur Begrüßung zu umarmen. Auch ihr Vorgesetzter umarmt sie täglich. Sie möchte das nicht, weiß aber nicht, wie sie es sagen soll. ◄

> **Gedankenimpuls**
> Viele Betroffene finden erst dann Worte für das Erlebte, wenn sie zu begreifen beginnen, was ihnen tatsächlich widerfährt.

Die Toleranz von sexuell grenzwertigem Verhalten ist subjektiv und individuell sehr unterschiedlich und hängt von zahlreichen Faktoren ab. Weitestgehende Einigkeit besteht zwischen Männern und Frauen allerdings, welche Verhaltensweisen als sexistisch, belästigend oder als unangemessen erlebt werden [16].

Sexualisierte Gewalt in Unternehmen und Organisationen ist häufig ein strukturelles oder systemisches Problem. Vor diesem Hintergrund empfiehlt es sich, den geltenden Handlungsrahmen in Form unternehmensinterner Richtlinien oder einer Konkretisierung des *Code of Conduct* transparent und verbindlich festzulegen.

Während im Strafgesetzbuch konkrete Straftatbestände wie sexueller Übergriff (§ 177 StGB), sexuelle Nötigung, Vergewaltigung oder sexueller Missbrauch geahndet werden, gelten im Unternehmen die Anforderungen des Allgemeinen Gleichstellungsgesetzes (AGG). Dieses Gesetz wurde eingeführt, um Diskriminierung aus Gründen von Rasse, ethnischer Herkunft, Geschlecht, Religion oder Weltanschauung, Behinderung, Alter oder sexueller Identität zu verhindern und zu beseitigen. Von sexueller Belästigung spricht man demnach, „wenn ein unerwünschtes, sexuell bestimmtes Verhalten, wozu auch unerwünschte sexuelle Handlungen und Aufforderungen zu diesen, sexuell bestimmte körperliche Berührungen, Bemerkungen sexuellen Inhalts sowie unerwünschtes Zeigen und sichtbares Anbringen von pornographischen Darstellungen gehören, bezweckt oder bewirkt, dass die Würde der betreffenden Person verletzt wird, insbesondere wenn ein von Einschüchterungen, Anfeindungen, Erniedrigungen, Entwürdigungen oder Beleidigungen gekennzeichnetes Umfeld geschaffen wird" [1].

Das AGG sieht verschiedene Sanktionen und Maßnahmen vor, die Unternehmen ergreifen können, wenn es zu Verstößen wie etwa sexueller Belästigung kommt. Diese Sanktionen sollen sowohl präventiv wirken als auch eine angemessene Reaktion auf diskriminierendes Verhalten darstellen:
1. **Abmahnung:** Eine Abmahnung ist eine der ersten und häufigsten Sanktionen bei Verstößen gegen das AGG, insbesondere bei sexueller Belästigung. Damit macht der Arbeitgeber deutlich, dass das Verhalten nicht akzeptabel ist und im Wiederholungsfall weitere, schwerere Konsequenzen drohen. Dies dient auch als Warnung an den Täter.
2. **Umsetzung/Versetzung:** Arbeitgeber können den Täter an einen anderen Arbeitsplatz versetzen oder umsetzen, um das Opfer zu schützen und den Kontakt zwischen den beiden Parteien zu minimieren. Dies gilt vor allem, wenn das Arbeitsverhältnis fortgesetzt werden soll, aber eine direkte Zusammenarbeit unzumutbar geworden ist.

3. Eine **Änderungskündigung** kann ausgesprochen werden, wenn dem Täter eine Weiterbeschäftigung nur unter geänderten Arbeitsbedingungen (z. B. in einer anderen Abteilung oder mit anderen Aufgaben) angeboten wird.
4. **Ordentliche Kündigung:** In schwereren Fällen kann eine ordentliche Kündigung ausgesprochen werden. Dabei müssen die gesetzlichen oder vertraglichen Kündigungsfristen eingehalten werden. Diese Maßnahme wird häufig dann ergriffen, wenn das Vertrauensverhältnis nachhaltig gestört ist, aber keine besonders schwerwiegenden Gründe für eine sofortige Trennung vorliegen.
5. **Eine fristlose Kündigung** kann erfolgen, wenn das Verhalten des Täters besonders schwerwiegend ist, beispielsweise bei grober sexueller Belästigung oder systematischer Diskriminierung. In solchen Fällen wird das Arbeitsverhältnis ohne Einhaltung einer Kündigungsfrist beendet.
6. **Schadensersatz und Entschädigung:** Nach dem AGG können Unternehmen dazu verpflichtet sein, Schadensersatz und Entschädigungen zu leisten, wenn sie ihrer Verpflichtung zum Schutz der Arbeitnehmerinnen oder Arbeitnehmer nicht nachkommen oder nicht ausreichend gegen Diskriminierung und Belästigung vorgehen. Dies gilt insbesondere dann, wenn der Arbeitgeber keine angemessenen Präventionsmaßnahmen getroffen oder nicht schnell genug reagiert hat.
7. **Unterlassungsaufforderung:** In einigen Fällen können Arbeitgeber den Täter zur Unterlassung des diskriminierenden oder belästigenden Verhaltens auffordern. Diese Aufforderung dient dazu, zukünftiges Fehlverhalten zu verhindern.
8. **Schulung und Sensibilisierung:** Darüber hinaus können Arbeitgeber verlangen, dass der Täter an speziellen Schulungen oder Sensibilisierungsmaßnahmen teilnimmt, um zukünftige Vorfälle zu vermeiden und das Bewusstsein für respektvolles Verhalten zu schärfen

Diese gesetzliche Grundlage bietet den erforderlichen Handlungsrahmen und eine Orientierung, wie Sie angemessen und nachhaltig handeln können. Gleichzeitig gilt es, Möglichkeiten und Risiken abzuwägen und die fallspezifische Dynamik zu managen.

- **Was tun im Einzelfall?**

Angst und Zweifel wie auch die Sorge vor Repressalien stehen häufig vor der Erstmeldung:
– Werde ich mit meinem Anliegen ernst genommen?
– Wird meiner Aussage Glauben geschenkt?
– Ist mein Erleben und damit meine Meldung übertrieben oder angemessen?

Für eine solche Meldung benötigt das Opfer einen geschützten, sicheren Raum. Im Idealfall hat die betroffene Person die Möglichkeit, aus verschiedenen Ansprechpersonen zu wählen. Spannungen und Unbehagen empfinden auch Kollegen, die ein übergriffiges Verhalten bemerkt haben und melden. Obwohl sie wissen, dass die betroffene Person Unterstützung benötigt, herrscht Unsicherheit darüber, welche Folgen eine Meldung nach sich ziehen könnte. Ein sensibler und zugleich unterstützender Umgang mit Betroffenen und Beobachtern wie auch der Hinweis auf die Richtigkeit und Bedeutsamkeit der Meldung hilft, möglichst umfassende Informationen über das Geschehen zu erhalten. Manchmal melden Opfer zunächst ein banal erscheinendes Verhalten, um Klarheit zu gewinnen, auf wen sie treffen, wie die Person auf sie reagiert und vor allem, ob ihr Anliegen ernst genommen wird. Vertrauen lässt sich in der Regel über die Anerkennung der persönlichen Wahrnehmung und ein empathisches Zuhören gewinnen.

Wie in allen Bedrohungsfällen gilt es auch hier, sich zunächst ein möglichst umfassendes Bild zu verschaffen:
- Wer ist Opfer? Wer ist Täter?
- Wie ist die Beziehung zwischen den Beteiligten?
- Welche konkreten Verhaltensweisen sind vorgefallen?
- Was hat den Ausschlag für eine Meldung gegeben?

In Ihrer Rolle sollten Sie unvoreingenommen und allparteilich sein, um der Aufgabe gerecht zu werden, sowohl das Opfer zu schützen als auch den potenziellen Täter vor einer möglichen gravierenden Tat zu bewahren. Insbesondere bei sexualisierter Gewalt ist es wichtig, sich im Vorfeld die eigenen Denkfallen, emotionalen Triggerpunkte und kognitiven Verzerrungen bewusst zu machen.

Nicht selten lässt sich beobachten, dass allein die ernsthafte Anerkennung der Meldung für Betroffene eine erste Form der Entlastung darstellt. Schnelle Entlastung für das Opfer verschafft auch eine sofortige räumliche Trennung zwischen Täter und Opfer.

Homeoffice, vorübergehender Einsatz in Nachbarbereichen oder eine Weiterbildung sind Möglichkeiten, das Opfer nicht weiter hilflos in der Situation zu belassen, ohne zugleich eine dauerhafte Arbeitsplatzveränderung des Opfers zu erzwingen. Die langfristige Maxime sollte sein: Die Verantwortung für eine Veränderung liegt nicht beim Opfer, sondern beim Täter. Zuallererst geht es um den Schutz des Opfers und die Aufrechterhaltung oder Wiederherstellung der Selbstwirksamkeit. Geben Sie dem Opfer die Möglichkeit, selbst zu entscheiden. So eröffnen Sie Handlungs- und Entscheidungsspielräume.

Bereits für diesen ersten Schritt ist der interdisziplinäre Ansatz, die Einbindung des Personalbereichs sowie des Sozialpartners, erforderlich. Darüber hinaus ist die Integration von Compliance und Arbeitsrecht essenziell. In einem Case-Management-Team aus den genannten Fachfunktionen erarbeiten Sie die nächsten Schritte sowie Lösungsstrategien.
- Widerspricht das gezeigte Verhalten internen oder rechtlichen Vorgaben?
- Sind arbeitsrechtliche Sanktionierungen wie Abmahnung, Kündigung oder Versetzung angezeigt?
- Welche Unterstützungsmöglichkeiten gibt es für das Opfer?
- Welche Bedeutung hat das Arbeitsumfeld, und welche Maßnahmen resultieren daraus?
- Wie kann eine Kommunikationslinie aussehen?

In der Praxis erleben wir häufig, dass das Opfer den Bereich wechseln möchte. Der Wunsch nach Veränderung rührt sowohl aus Scham über das Bekanntwerden des Vorfalls als auch aus dem Bedürfnis nach einem Neuanfang und der Hoffnung, das Erlebte hinter sich lassen zu können. Psychologische Hilfe, innerhalb oder außerhalb des Unternehmens, sowie Maßnahmen zur Wiederherstellung oder Stärkung der Selbstwirksamkeit sind weitere wichtige Bestandteile einer nachhaltigen Lösung.

Eine berufliche Veränderung des Täters signalisiert dem nahen Umfeld, dass Ihr Unternehmen zu seinen Werten steht, diese nicht reine Lippenbekenntnisse sind, sondern Sicherheit und Wohlbefinden der Betroffenen Priorität haben. Sanktionen allein sind jedoch nicht ausreichend, um ein Umdenken und eine Veränderung des Verhaltens des Täters zu bewirken; es bedarf zusätzlicher Ansätze, um langfristige Veränderungen zu erreichen. Durch Aufklärung und gezielte Trainings kann der Täter die Auswirkungen seines Verhaltens erkennen und angemessenes Verhalten erlernen. Nur durch diese Kombination aus Sanktionierung und Bewusstseinsbildung kann eine nachhaltige Lösung erreicht werden.

Vor allem in besonders schweren Fällen von sexualisierter Gewalt sollte ein spezielles Augenmerk auf das soziale Umfeld, das Team, die Kolleginnen und Kollegen gerichtet werden. Unsicherheit, Angst und Ohnmacht, aber auch sinkende Integrität können sich ausbreiten und zu einer gelähmten Organisation führen. Kollegen und Kolleginnen haben häufig das Verhalten des Täters wahrgenommen.

In manchen Fällen kommt es auch zu einer Solidarisierung mit dem Täter. Dies erfolgt, wenn die Reaktion auf das Fehlverhalten als übertrieben wahrgenommen wird oder eine Art schützendes „Buddy-System" innerhalb des Führungsstruktur vorherrscht. Männliche Führungskräfte können das Eingreifen in solche Situationen außerdem als bedrohlich empfinden, da sie sich in einem sensiblen Spannungsfeld wähnen.

> **❓ Was für Sie sonst noch interessant sein könnte**
> Sexualisierte Gewalt ist oftmals ein systemisches Problem und muss daher aus der Tabuzone herausgeholt und klar thematisiert werden. Offenheit ist wichtig, um Betroffenen die Meldung zu erleichtern und dem Thema eine Sprache zu geben. Eine informierte und unterstützende Belegschaft trägt maßgeblich dazu bei, eine Kultur des Respekts und der Sicherheit am Arbeitsplatz zu fördern. Die Fallmanager stehen oft in einem erheblichen Spannungsfeld, in dem es unterschiedliche Befürchtungen und Befindlichkeiten gibt, die zu einer schädlichen Emotionalisierung und Polarisierung führen können. Eine nüchterne Abstimmung zwischen den Funktionsbereichen und der Führung des Unternehmens ist daher unerlässlich.

4.4 Querulanz

Streitsüchtige Menschen sind nervig, anstrengend und in ihrem Verhalten schwer nachvollziehbar. Doch Querulanten sind mehr als nur streitsüchtig. Sie sind dafür bekannt, dass sie beharrlich und oftmals obsessiv rechtliche oder administrative Prozesse verfolgen, selbst wenn ihre Anliegen objektiv betrachtet unbegrün-

4.4 · Querulanz

det oder überzogen erscheinen. Bei Querulanten trifft eine sensible, misstrauische und kränkbare Persönlichkeit in einer schwierigen Lebensphase auf ein subjektiv bedeutsames Ungerechtigkeitserleben. Diese drei Umstände – markanter Persönlichkeitsstil, schwierige Lebensphase und Ungerechtigkeitserleben – verstärken sich gegenseitig. Übereinstimmend zeigen Querulanten das „Maus-Elefant"-Prinzip: Eine subjektiv empfundene Ungerechtigkeit dominiert bald alle Lebensbereiche, rund um die Uhr. Das Umfeld ist zunehmend genervt und distanziert sich. Die zunehmende soziale Isolation wirkt wie ein Brandbeschleuniger, es gibt kein Korrektiv mehr. Es wird immer mehr Zeit und Geld investiert, um die subjektive Gerechtigkeit wiederherzustellen, durchaus über den finanziell möglichen Rahmen hinaus. Briefe und Mails an Kontrahenten, Behörden oder Unternehmen, in denen ihre Entrüstung zum Ausdruck kommt, werden immer ausgetüftelter, detailreicher und häufiger. Jede Antwort, die sie erhalten, ist eine Bestätigung: Mein Anliegen ist wichtig – ich bin wichtig, Dieses Verhalten kann sich bis zum Wahn steigern [15].

▶ **Fallbeispiel**

Herr M, 55, wird innerhalb des Unternehmens versetzt – eine interne Umorganisation. Er fühlt sich zu Unrecht von seinem alten Job wegbeordert, immerhin hat er dort viel geleistet, die Aufgabe war sein Lebensinhalt. Er klagt gegen die Versetzung. Es folgen mehrere Prozesse gegen seinen Arbeitgeber, schließlich die Kündigung. M.s Frau verlässt ihn in seinem jahrelangen Furor, in den er sein ganzes Geld investiert. Doch M. macht weiter. Er hat sich tief in die Materie eingearbeitet, kennt alle Paragrafen im Schlaf und zieht immer wieder vor Gericht. ◀

Doch was sind die Motive, Bedürfnisse und Beweggründe für ein solches Verhalten? Auch bei diesem Phänomen sind entzogene oder nicht erfüllte psychosoziale Bedürfnisse sowie inter- oder intrapersonelle Konflikte der Treiber für den Abwärtstrend in der Negativspirale.

1. **Gerechtigkeitsempfinden:** Viele Querulanten sind überzeugt, dass ihnen oder anderen Unrecht widerfahren ist, und fühlen sich verpflichtet, für die Wiederherstellung der Gerechtigkeit zu kämpfen.
2. **Persönliche Kränkungen:** Querulanten haben das Gefühl, nicht respektiert oder ernst genommen zu werden, und reagieren darauf mit anhaltender Opposition.
3. **Bedürfnis nach Anerkennung:** Durch ihre hartnäckigen Bemühungen erhoffen sich Querulanten, gesehen und gehört zu werden.
4. **Unzufriedenheit und Frustration:** Konflikte bieten eine Möglichkeit, inneren Druck, Frustration oder andere negative Emotionen abzubauen.
5. **Psychische Störungen:** Paranoia, Zwangsstörungen oder Persönlichkeitsstörungen können das Verhalten von Querulanten verstärken. Damit geht die Unfähigkeit zur Selbstreflexion und Einsicht in die Unangemessenheit ihres Handelns einher.

Wenn Unternehmen, Organisationen oder Institutionen von Querulanten kontaktiert werden, kostet das enorme personelle und zeitliche Ressourcen. Häufig sind verschiedene Bereiche involviert: die Rechtsabteilung bei anstehenden und laufenden Rechtsstreitigkeiten, die Kommunikationsabteilung aufgrund möglicher öffentlicher Beschwerden, sei es in Form von Leserbriefen oder Kommentaren auf Social Media, und auch Geschäftsführung, Vorstand und Aufsichtsräte werden persönlich kontaktiert. Querulanten versuchen über oft unterschiedliche Kanäle, möglichst viele Personen zu erreichen.

- **Was tun im Einzelfall?**

In fortgeschrittenen Phasen suchen Querulanten keine Lösung, denn ihr Anliegen und Tun ist bereits zum zentralen Lebensinhalt geworden. Ihr Bedürfnis nach Aufmerksamkeit, Anerkennung der persönlichen Ungerechtigkeit und Bedeutsamkeit wird durch die unzähligen Rückmeldungen auf ihre Beschwerden genährt. Daher sollte die Strategie nicht auf die Lösung des Anliegens abzielen, sondern auf eine Minimierung der in Ihrem Unternehmen eingesetzten Ressourcen. Eine nachhaltige Lösung für Querulanten könnte mit Psychotherapie und Herstellung von Einsichtsfähigkeit erreicht werden. Das allerdings liegt außerhalb Ihres Wirkungsbereichs.

> **Gedankenimpuls**
> Obgleich dies widersprüchlich anmuten mag: Querulanten verfolgen keine Lösung ihrer Beschwerde. Ihr Kampf um „Gerechtigkeit" und Anerkennung ist ihr zentraler Lebensinhalt.

Präventives Handeln ist geboten, bevor Querulanten unterschiedliche Ansprechpartner in Ihrem Unternehmen kontaktieren und divergierende Antworten erhalten. Stattdessen sollten alle Briefe, Mails und Nachrichten in einer Schnittstelle zusammengeführt werden, im Idealfall etwa in einem Funktionspostfach, das als Kommunikationspunkt genutzt wird. Um die Kontakte zu bündeln, müssen alle potenziellen Adressaten identifiziert und informiert werden. Niemand in Ihrem Unternehmen sollte unabgestimmt reagieren, auch wenn manchmal der Drang, auf eine ausfallende, beleidigende oder angreifende Nachricht zu antworten, sehr hoch ist.

In der überwiegenden Zahl von Beschwerden und Anfragen ist eine Antwort nicht erforderlich. Sollte aus juristischen oder unternehmensinternen Gründen eine Reaktion von Ihrer Seite angebracht sein, gilt wie einstmals bei Telefonaten: „Fasse dich kurz!" Die Antwort sollte geprägt sein von einfacher Sachlichkeit, möglichst unpersönlich und neutral, denn selbst ein „mit freundlichen Grüßen" kann den Querulanten zu einer umfassenden Reaktion verleiten. Auch wenn die eine oder andere Nachricht zu einer emotionalen Antwort verleitet, hilft eine mit etwas Abstand gewonnene Sachlichkeit, eine Eskalation zu vermeiden. Konzentrieren Sie sich auf das Anliegen, nicht auf die Person. Das hilft, die Dinge nicht persönlich zu nehmen. Steigen Sie nicht in Machtspiele ein, aber markieren Sie eine Grenze bei Drohungen oder Beleidigungen. Des Weiteren hat sich bewährt, nicht eine Person mit Vor- und Nachnamen, sondern ein Funktionspostfach oder eine Abteilung als Absender zu verwenden. Dies beugt auch der Möglichkeit einer Fixierung vor.

Da Querulanten häufig und umfassend kommunizieren, bedarf es einer Stelle, die einen stetigen Blick auf die Inhalte wirft. Der Einsatz von künstlicher Intelligenz (KI) kann hierbei viel Arbeit ersparen. So kann mittels KI ein Abgleich der umfangreichen Mails und Briefe vorgenommen werden, um Drohungen oder Eskalationspotenziale zu erkennen. Grundsätzlich gilt es die Ausnahmefälle zu identifizieren, die aus dem querulatorischen Verhalten in einen querulatorischen Wahn oder andere psychische Störungen münden oder ein Gewaltpotenzial erkennen lassen.

Auch bei Querulanten kann es zu Übergriffen und Gewalt kommen. Ein interdisziplinäres Case-Management kann in einer Anfangsphase dabei helfen, die Linien einer Strategie festzulegen, ist aber insbesondere dann einzurichten, wenn konkrete Drohungen ausgesprochen werden oder ein persönliches Erscheinen angekündigt wird.

> **Was für Sie sonst noch interessant sein könnte**
> Querulanten sind hartnäckig und ausdauernd – es braucht einen langen Atem, um diese Personen wieder loszuwerden, oft erst dann, wenn sie sich in andere Beschwerden vertiefen. Gelingt es, die Anfrage-Antwort-Dynamik zu bremsen und möglichst wenig auf die umfassenden Nachrichten zu antworten, steigt die Wahrscheinlichkeit, dass sich die betreffende Person zurückzieht. Umgekehrt können scheinbar neutrale Anlässe – wie etwa Werbebroschüren oder Marketingaktionen – erneut ihre Aufmerksamkeit wecken und den Kontakt ungewollt reaktivieren. Die andauernde Beschäftigung mit einem Querulanten führt bei den Sachbearbeitern häufig zu erheblichen Belastungen. Wichtig ist es, diese Mitarbeiter kontinuierlich zu unterstützen und ihnen Möglichkeiten anzubieten, das Toxische dieser Beziehung loszuwerden.

4.5 Häusliche Gewalt

Häusliche Gewalt bezeichnet alle Formen körperlicher, sexueller, psychischer oder wirtschaftlicher Gewalt, die innerhalb familiärer oder partnerschaftlicher Beziehungen ausgeübt werden. Sie ist unabhängig von Bildungs- und Einkommensschichten. Frauen zählen mit 70 % der Betroffenen deutlich häufiger als Männer zu den Opfern – so zumindest die Hellfeldanalyse [18]. Abhängigkeit sowohl emotionaler als auch finanzieller Art ist einer der häufigsten Gründe, warum Beziehungen trotz Gewalterleben bestehen bleiben. Doch was hat häusliche Gewalt mit Bedrohungsmanagement im betrieblichen Kontext zu tun?

Trotz des ausschließlich privaten Kontextes hat häusliche Gewalt einen massiven Einfluss auf das berufliche Umfeld:
- Fehlende Konzentration am Arbeitsplatz, da Betroffene häufig wenig Schlaf finden. Die stetige Angst vor Gewalt lässt sie nicht zur Ruhe kommen.
- Scham, verbunden mit der Manipulation des Täters, lässt sie selten zum Arzt gehen, sodass sie mit Schmerzen ihre Arbeit verrichten.

- Die Sorge, dass das berufliche Umfeld von der privaten Situation erfahren könnte, führt häufig zu einem zunehmenden Rückzug von Kolleginnen und Kollegen.
- Die Veränderungen sind für das berufliche Umfeld, Kolleginnen und Kollegen sowie Vorgesetzte spürbar und belastend. Sorgen und Unbehagen, gekoppelt mit Hilflosigkeit oder selbstgefährdenden Hilfsmaßnahmen, sind die Folgen.
- Der Arbeitsplatz ist häufig der einzige Fluchtort vor den gewalttätigen Übergriffen.

Hinzu kommt, dass gelegentlich beide Partner im Unternehmen beschäftigt sind und es auch am Arbeitsplatz zu einem Zusammentreffen kommt. All das führt zu der Notwendigkeit, sich dem Thema professionell zuzuwenden.

Gewalt im häuslichen Kontext ist ein Prozess, der immer wieder wie ein Kreislauf, auch „Gewaltspirale" oder „cycle of abuse" [17] genannt, durchlaufen wird. Er besteht aus vier Phasen: Spannungsaufbau, Gewaltausbruch, Reue, Versöhnung.

1. Die Phase des *Spannungsaufbaus* ist geprägt von einer zunehmenden Anspannung, wachsender Kritik und Kontrolle des Täters gegenüber dem Opfer. Im Gegenzug versucht das Opfer zu beschwichtigen, um Konflikte zu vermeiden. Stress, Angst und Unsicherheit machen sich breit.
2. In der zweiten Phase kommt es zum *Gewaltausbruch*. Die Spannung entlädt sich gewaltsam gegen den Partner. Physische, psychische und sexuelle Übergriffe sind das Resultat des Kontrollverlustes und dienen der Machtausübung. Das Opfer ist zwiegespalten zwischen Angst und Schuldgefühlen.
3. In der dritten Phase zeigt der Täter *Reue und Schuldgefühle*. Er entschuldigt sich und verspricht Besserung. Das Opfer hofft und baut auf diese Veränderung und vergibt dem Täter. Die Vorfälle werden hier vom Opfer meist bagatellisiert, verleugnet oder gerechtfertigt.
4. Die vierte und letzte Phase wird als „Honeymoon" bezeichnet. Geprägt durch *Harmonie, Zuwendung und Versöhnung* hofft das Opfer, das ab jetzt alles wieder gut ist. Dies erweist sich meist als Trugschluss, und die Gewaltspirale beginnt von vorne.

Um dem Opfer ein Ausbrechen aus dieser Gewaltspirale zu ermöglichen, bedarf es eines grundlegenden Verständnisses, warum dieser Schritt so schwierig ist:
1. Häufig wird dem Opfer suggeriert, dass es allein nicht zurechtkäme. Die Angst vor der Überforderung hält es in der Beziehung gefangen.
2. Nicht selten drohen die Partner, sich selbst Gewalt anzutun, und machen das Opfer für einen möglichen Suizid verantwortlich – eine immense Belastung, die ohne professionelle Hilfe nur schwer auszuhalten ist.
3. Durch die zunehmende Isolierung des Opfers gibt es nur wenige soziale Kontakte und somit wenig Korrekturen von außen, die darauf hinweisen, dass das Opfer sich in einer toxischen Beziehung befindet.

4. Viele Opfer empfinden es als Schande, nicht einmal eine „vernünftige" Beziehung führen zu können, und erhalten den Schein nach außen deshalb aufrecht.
5. Auch die Angst, dass andere „ihre" Version der Geschichte nicht glauben, lähmt das Opfer. Die Äußerung „Dir glaubt doch keiner" ist im Alltag einer gewaltgeprägten Beziehung stets zu finden.
6. Neben emotionalen Abhängigkeiten gibt es häufig auch finanzielle Abhängigkeiten. Das bedeutet nicht automatisch, dass das Opfer kein eigenes Einkommen hat, vielmehr wird dem Opfer der Zugang zu den finanziellen Mitteln verwehrt, indem es z. B. kein eigenes Konto oder kein Zugriff zum Konto hat.
7. Nach vermehrten schweren Gewaltausbrüchen sind manche Opfer nicht mehr in der Lage einer geregelten Arbeit nachzugehen.
8. Bindet gemeinsamer Besitz die Partner aneinander, wird dem Opfer prophezeit, dass es den zustehenden finanziellen Anteil niemals erhalten wird. Tatsächlich zeigt die Praxis, dass eine faire Aufteilung des gemeinsamen Besitzes die Ausnahme ist.
9. Auch die Angst, keinen neuen Partner zu finden, kann ein Grund für ein Verbleiben oder Zurückkehren in die Beziehung sein.
10. Insbesondere Frauen plagt ein schlechtes Gewissen, den gemeinsamen Kindern das andere Elternteil zu nehmen.
11. Sowohl Männer als auch Frauen haben nicht nur Angst, die Kinder zu verlieren, sondern fürchten auch, dass die Kinder zum „Spielball" werden.

▶ **Fallbeispiel**

Als Sabine Norbert kennenlernt, erzählt er von seiner lieblosen Kindheit und der letzten schwierigen Beziehung. Seine Partnerin, die er aufopferungsvoll gepflegt hatte, sei nach langer, schwerer Krankheit gestorben. Seinen Job hatte er verloren, keinen Kontakt zu Eltern oder Freunden, alle hätten sich abgewendet. Sabine hat Norbert dafür bewundert und zugleich bemitleidet. Um ihn zu unterstützen, zahlt sie bei gemeinsamen Unternehmungen, übernimmt irgendwann alle Einkäufe und die Kosten für die Miete. Als er zum ersten Mal in ihrer Wohnung randaliert, entschuldigt sie das mit seiner schwierigen Situation. Sie versucht, ihm alles recht zu machen, auch Dinge, die sie eigentlich nicht will: So darf er z. B. ihr Auto fahren, obwohl er keinen Führerschein hat. Trotz ihrer beruflichen Unabhängigkeit und ihres Bewusstseins über das Unrecht, das ihr widerfährt, erlebt sie wiederholt Demütigungen und körperliche Übergriffe – und entschließt sich dennoch, dem Partner immer wieder zu verzeihen – bis bei einem Gewaltausbruch im Urlaub Passanten eingreifen müssen. Dann erst überdenkt sie die Beziehung. ◄

- **Was tun im Einzelfall?**

Es braucht Geduld und viel Vertrauen, um ein Opfer langfristig aus der toxischen Beziehung herauszuholen. Wie auch in Stalking-Fällen bestimmt die physische und psychische Verfassung des Opfers die Umsetzbarkeit vieler Maßnahmen. Ein erstes und in der Praxis oft hilfreiches Angebot ist eine zeitliche begrenzte Trennung, z. B. durch eine Fortbildung an einem anderen Ort. Es geht hierbei nicht um eine Entscheidung für die nächsten Schritte, sondern vielmehr darum, mehr Informationen über den Status quo zu erhalten und zugleich dem Opfer zumindest eine kurzfristige Entlastung zu ermöglichen. In dieser Zeit können Sie genauer analysieren, wie sich beide aus der Distanz verhalten, ob der Täter z. B. vor Ort erscheint, das Opfer überwacht oder das Opfer den stetigen Kontakt sucht. Wie stabil ist das Opfer? Wie grenzüberschreitend ist der Täter?

Für eine nachhaltige Lösung ist ein internes und externes Netzwerk erforderlich, darunter Führungskraft, Human Resources, Sozialpartner, Schutzeinrichtungen, Hilfsorganisationen wie z. B. Weißer Ring, psychologische Unterstützung, örtliche Polizei, um nur die wichtigsten Partner zu nennen.

> **Gedankenimpuls**
> Häusliche Gewalt ist einer der komplexesten Formen der Gewalt. Hilfreich ist es, gleich zu Beginn professionelle Hilfestellen mit einzubinden. Das reduziert das Risiko, in eine emotionale Dynamik hineinzugeraten und einer Ausweitung der Problematik auf das weitere Arbeitsumfeld zu verhindern.

Bevor das Opfer die Bereitschaft entwickelt den gewalttätigen Partner zu verlassen, braucht es einiges an Vorbereitungen.
- Wie ist der Gesundheitszustand, die physische und psychische Verfassung?
- Gibt es einen Zugang zu finanziellen Mitteln?
- Ist das Opfer im Besitz der eigenen Dokumente und Ausweise?
- Gibt es gemeinsame Kinder? Und wie können diese geschützt werden?
- Wo kann das Opfer unterkommen – Frauenhaus, Freunde, Familie?
- Ist ein Arbeitsplatz an einem anderen Ort erforderlich und möglich?

Das Verlassen der gemeinsamen Wohnung ist ein erster großer Schritt. Das Opfer braucht in dieser Phase stetige psychologische Unterstützung. Es durchläuft ein Auf und Ab zwischen Schuldgefühlen und Erleichterung.

Trotz sorgfältiger Vorbereitung und psychologischer Unterstützung kommt es immer wieder vor, dass Betroffene in die toxische Beziehung zurückkehren. Das liegt meist nicht an einer unzureichenden Unterstützung, sondern vielmehr an dem tief erschütterten Selbstwertgefühl. Betroffene benötigten häufige mehrere Anläufe, bis sie es final schaffen, sich von ihrem gewalttätigen Partner zu trennen. Laut Studien und so auch nach unserer Erfahrung sind es in der Regel drei bis fünf Anläufe, die für eine endgültige Trennung notwendig sind.

> **Was für Sie noch interessant sein könnte**
> Hat das Opfer es schließlich geschafft, die toxische Beziehung zu verlassen, kann es zu Stalking-Verhalten durch den Expartner kommen. Das Risiko für eine gewalttätige Eskalation ist in solchen Fällen besonders hoch. Manchmal sind sowohl das Opfer als auch der Täter Beschäftigte Ihres Unternehmens. Arbeitsrechtliche Sanktionierungen des Täters sind häufig nicht möglich oder führen zu einer weiteren Eskalation und Gefährdung des Opfers. Sie können jedoch durch eine räumliche Trennung, durch Wechsel des Arbeitsortes des Täters, Einfluss auf die Dynamik nehmen.

4.6 Persönlich motivierter Attentäter

Der Begriff „persönlich motivierter Attentäter" beschreibt Personen, die einen vorsätzlichen, oftmals tödlichen Gewaltakt gegen Menschen an ihrem eigenen oder ehemaligen Arbeitsplatz verüben. Das kann ein Angriff gegen den ehemaligen Vorgesetzten sein, der für die Kündigung verantwortlich gemacht wird, gegen Personen aus dem Kollegenkreis, von denen sich der Täter ständig ausgegrenzt gefühlt hat, oder gegen den Chef, der ihm vermeintlich den nächsten Karrieresprung vermasselt hat. Aber auch Außenstehende, die gezielt eine Person aus dem Unternehmen für ihren persönlichen Missstand verantwortlich machen, den Vorstand wegen der Preiserhöhung oder den Kollegen, der eine Beziehung zu seiner Frau hatte, fallen in den Bereich des persönlich motivierten Attentäters.

Diese Form der Gewalt stellt eher die Ausnahme dar. Sie ist jedoch mit umfassenden Auswirkungen auf das Unternehmen verbunden: Angst und Entsetzen unter den Beschäftigten, Betroffenheit im nahen Umfeld, immenser Imageschaden nach außen. Im Gegensatz zum Terroranschlag sind nicht politische oder religiöse Themen Treiber für derartige Taten, sondern persönliche, individuelle Erlebnisse, Kränkungserfahrungen, die der Täter mit konkreten Personen in Verbindung bringt. Sie werden für sein persönliches Schicksal verantwortlich gemacht. Der Angriff ist in der Regel das Resultat eines Prozesses, der über individuelle Kränkungen, Frustration, Ausweglosigkeit und Rachemotive zur Gewalt als Option geführt hat. Doch bevor es so weit kommt, sind Veränderungen im nahen Umfeld erkennbar.

> ▶ **Fallbeispiel**
>
> *Herr M. ist jahrelanger Mitarbeiter im IT-Bereich. Immer wieder wurde der Bereich und damit auch er umorganisiert. Dabei hat er den Anschluss an das Team verloren. Seine hervorragenden Leistungen werden weder vom Vorgesetzten noch von den Kollegen wahrgenommen. Niemand interessiert sich für ihn. Als ein junger Kollege für seine hervorragenden Leistungen vor allen gelobt und noch befördert wird, reicht es ihm.* ◀

Wahrgenommene Ungerechtigkeiten, Degradierungen, Mobbing, fehlende soziale Unterstützung und Isolation oder Kündigungen sind nur einige Beispiele für Auslöser. All das führt zu Veränderungen, die im Umfeld wahrgenommen werden können: Rückzug aus dem privaten oder beruflichen Umfeld, wachsende Unzufriedenheit, ein Gefühl der Ohnmacht und der Ausweglosigkeit. Eine zunehmende psychische Destabilisierung ist die Folge, die im ▶ Kap. 3 dargestellte Negativspirale setzt ein. Über die zunehmenden Rachefantasien gewinnt die Person wieder an Stabilität. Je intensiver die Beschäftigung, je klarer das Ziel, umso stabiler wird die Person. An anderer Stelle haben wir hier von Pseudostabilität gesprochen, da eine Stabilisierung lediglich über die vorgestellte Genugtuung erreicht wird. Die Auseinandersetzung mit einer Tat führt aus der Ohnmacht, aus der Ausweglosigkeit in eine gestaltende, aktive oder machtvolle Rolle. Für Außenstehende kann das zu dem Eindruck führen, dass die Krise überwunden ist, die Person die innere Balance wiedergewonnen hat. Der Eindruck wird einerseits von dem Wunschdenken geleitet, dass der Betroffene die Krise überwunden hat, andererseits durch die Erfahrung genährt, dass die meisten Menschen schwere Phasen ohne Gewalt überstehen. Vielen Menschen fehlt aber auch schlichtweg die Vorstellung, dass zielgerichtete Gewalt eine Option sein könnte.

- **Was tun im Einzelfall?**

Wenn Sie über einen Sachverhalt mit einer möglichen intendiert Einzel- oder Mehrfachtötung konfrontiert werden, ist es von enormer Bedeutung nicht in die damit einhergehende Unruhe einzusteigen. Ihr Umfeld ist maximal angespannt und erwartet in der Regel eine sofortige Deeskalation. Gefragt ist hier nicht Schnelligkeit, sondern ein durchdachtes und bedachtes Vorgehen.

Die im 5. Kapitel ausführlicher dargestellten 10 Faktoren der initialen Einschätzung – (1) Fixierung, (2) Direkte Drohung, (3) Konflikt mit dem späteren Opfer, (4) Annäherung und Grenzüberschreitungen, (5) Rechtfertigung, (6) Historie von Gewalt, (7) Psychische Labilität, (8) Suizidalität, (9) Recherche/Weg zu Gewalt, (10) Affinität/Zugang zu Waffen – und den grundsätzlich moderierenden Faktor Angst/Sorge zu nutzen, stetig zu prüfen und zu analysieren und dies auch im laufenden Managementprozess beizubehalten, legt die Basis für ein sorgsames Vorgehen.

> **Gedankenimpuls**
> Jeder Einzelfall hat seine eigenen individuellen Dynamiken, die es zu erkennen, zu bewerten und im weiteren Fallmanagement zu beachten gilt!

Nehmen Sie sich die Zeit zu verstehen, was den Täter zur möglichen Tat bewegt, was er benötigt, um davon Abstand zu nehmen.
- Was hat ihn verwundet?
- Welche Bedürfnisse wurden verletzt?
- Was kann in einem ersten Schritt zu einer Stabilisierung beitragen?

Manchmal hilft ein Angebot zur Klärung der schwierigen Beziehung mit dem Vorgesetzten oder mit Kollegen – eine Strategie, die zunächst einen einfachen Eindruck macht, doch bei genauerer Betrachtung eine zielgerichtete, fokussierte Vorbereitung und ein umsichtiges und empathisches Vorgehen erfordert. Mit dem Gedanken, den Konflikt gewaltvoll final zu beenden, wurden andere Lösungswege als nicht zielführend, nicht mehr möglich oder versperrt angesehen. Es gilt diese Tür wieder zu öffnen.

Mitunter ist es auch eine Strategie, dialektisch vorzugehen: Begrenzung im Verhalten, Aussprechen geltender Normen und Gesetze und gleichzeitige Anerkennung von Bedürfnissen, Unterstützung bei der Verbesserung der Arbeitssituation. Mit seinen individuellen Bedürfnissen wahrgenommen zu werden, Gehör zu finden und eine Aussicht auf Veränderung der als so belastend wahrgenommenen Situation sind der Schlüssel für die Akzeptanz dieser Herangehensweise.

Nicht immer ist ein einzelner Umstand der Auslöser, vielmehr ist es eine Kumulation von Faktoren, die zur Einengung des Handlungsspielraums, zu einem Tunnelblick mit der einzigen Ausfahrt in die Gewalt führen. Um neue Handlungsmöglichkeiten zu sehen, bedarf es einer deutlichen Entlastung. Der Druck fällt, wenn der Dampf sicher und langsam entweicht. Zwischen den eigenen moralischen Überzeugungen, die der geplanten Tat widersprechen, und dem drängenden Druck, durch eine Handlung die erhoffte Entlastung und Ruhe zu erlangen, entsteht ein intensiver innerer Konflikt, der die Anspannung weiter erhöht. Hierzu bedarf es eines multiplen, interdisziplinären Ansatzes mit unterschiedlichen Hilfs- und Unterstützungsangeboten, u. a. psychologische Begleitung, soziale Unterstützung, rechtliche Beratung und medizinische Versorgung.

Unabhängig davon, welche Strategie Sie verfolgen, erforderliche Sicherheitsmaßnahmen sind unabdingbar. Hierzu gehört insbesondere die Einbindung der zuständigen Polizei.

> **Was für Sie noch interessant sein könnte**
> Mitunter ist es Ihre Aufgabe, den potenziellen Attentäter über einen längeren Zeitraum zu begleiten, indem Sie regelmäßige Gespräche mit ihm führen. Auf diese Weise können Sie gewährleisten, dass die Maßnahmen effektiv sind, der Fall in die richtige Richtung läuft und bei Bedarf weitere, geeignete Maßnahmen eingeleitet werden. Auch wenn dies eine emotional aufgeladene und anstrengende Zeit ist, sollten Sie nicht das Interesse an diesem Menschen verlieren. Denn Präsenz und Awareness binden zu einem erheblichen Teil destruktive Tendenzen.

4.7 Radikalisierung

Rechtsradikale, Linksradikale, Ausländerfeindliche, Staatsdelegitimierer, Islamisten, Reichsbürger, Verschwörungsideologen, Klimaaktivisten – eine Liste, die sich noch um viele weitere Gruppierungen fortführen lässt. Sie alle stellen uns in Unternehmen vor große Herausforderungen. Was bewegt Menschen dazu, sich radikalen Gruppierungen anzuschließen? Was macht sie für Unternehmen so gefährlich? Warum ist eine „einfache" Entfernung aus dem Unternehmen nicht die beste Lösung?

Radikalisierung ist ein schwerwiegendes, aber zum Glück eher seltenes Phänomen in Unternehmen. Radikalisierung von Beschäftigten koppelt die Legitimation von Gewalt durch eine Ideologie mit Insiderwissen eines Innentäters. Aber auch hier gilt: Gewalt entsteht nicht aus dem Nichts. Bei wenigen Phänomenen gibt es hierfür einen Begriff: Radikalisierung, der Weg zum Extremismus, dem Zustand am Ende des Weges. In den letzten Jahrzehnten haben sich viele wissenschaftliche Studien [12, 13] mit dem Thema auseinandergesetzt und rückblickend analysiert, was zu einer Radikalisierung geführt hat und wie der Weg dorthin verlaufen ist.

Gewalt manifestiert sich nicht spontan, sondern resultiert aus komplexen Prozessen. Die Betroffenen durchlaufen einen mehr oder weniger langen Weg der Negativspirale, um sich dann auf dem Weg zur zielgerichteten Gewalt („Pathway to Violence") wieder nach oben, in eine neue psychische Stabilität zu bringen. Unsere Intention muss es sein, schon bei den ersten Abwärtsschritten, dem zunehmenden Verlust von psychischer Stabilität, der Deprivation psychologischer Grundbedürfnisse, aufmerksam und aktiv zu werden. Die Ursachen müssen dabei nicht im Unternehmen liegen, auch familiäre Veränderungen wie Trennung, Tod oder Ausgrenzung können Auslöser für diese Entwicklung sein. In den ersten Phasen erkennt das Umfeld, dass Betroffene ihr Gleichgewicht verlieren, sich zurückziehen, sich ungerecht behandelt fühlen oder werden, nicht Teil einer Gruppe sind. Die Grundbedürfnisse nach Zugehörigkeit, Wichtigkeit, Kontrolle oder Sinnstiftung sind nicht mehr oder werden zusehends weniger erfüllt. Hier knüpfen die verschiedenen Gruppierungen an: Sie bieten Zugehörigkeit, Teilhabe und Bedeutung. Es ist nicht die intellektuelle Dimension der Ideologie, sondern die Erfahrung von Fürsorge, Integration oder Bedeutsamkeit, die eine Zuwendung zu einer radikalen Gruppierung ermöglicht. Hierin liegt auch die Erklärung, warum ein Wechsel zu sich widersprechenden Ideologien für Betroffene kein Widerspruch ist. Es ist nicht die Ideologie, sondern die Bedürfnisbefriedigung, die diesen Prozess leitet.

Das veränderte Verhalten, ansteigende Frustration, zunehmende Verwundbarkeit, aggressive Tendenzen, die wachsenden negativen Konsequenzen in der Lebensführung sind für Außenstehende, Kolleginnen und Kollegen sowie Vorgesetzte sichtbar. Wie bei vergleichbaren Phänomenen zeigt sich auch hier, dass das Umfeld häufig besorgt ist, zugleich jedoch darauf hofft, die betroffene Person werde diese Phase eigenständig überwinden. Bedeutsam für den Prozess der Radikalisierung ist die neue Justierung der Normen und Werte, die Neutralisierung, wie sie in ▶ Kap. 3 beschrieben wurde. Die zunehmende kognitive Verzerrung von Recht und Unrecht, von Auslöser und Schuld, gekoppelt mit der wachsenden Legitimation, Schuld durch Gewalt zu bekämpfen, führt im Umfeld zu vermehrter Beunruhigung.

- **Was tun im Einzelfall?**

In manchen Fällen erhalten Sie klare Hinweise auf Verhaltensänderungen oder eine Ideologisierung. Häufiger aber sind es Andeutungen, ein komisches Bauchgefühl, „man sollte sich mal näher mit ihm unterhalten", „jemand sollte mal schauen, wie es ihm geht". Diese Andeutungen sind für Sie erste Signale, das Gespräch zu suchen, zu verstehen was damit genau gemeint ist. Wie in jedem Einzelfall gilt es, durch die Analyse möglichst vieler Informationen und die anschließende Synthese ein erstes Bild zu erhalten. In einem ersten Schritt ist es wichtig, zu verstehen und zu erkennen, ob und welche Hinweise es gibt: Befindet sich der Betroffene noch in einem Abwärtstrend, oder gibt es Anzeichen von Planungs- oder Vorbereitungshandlungen?

Der TRAP-18 [7] ist eines von zahlreichen Instrumenten zur Risikoeinschätzung von extremistischen Tätern, insbesondere im Kontext von Einzeltätern („Lone Actors") mit ideologisch motivierten Hintergründen (z. B. islamistisch, rechtsextrem, linksextrem, religiös motiviert). Das *Terrorist Radicalization Assessment Protocol* TRAP-18 differenziert mit seinen Indikatoren zwischen akutem Warnverhalten und distalen, langfristigen Merkmalen, der zunehmenden Deprivation von Bedürfnissen und dem Weg zu einer Gewalttat. Es ist nicht überra-

4.7 · Radikalisierung

schend, dass sich hier ähnliche Indikatoren wie im vorherigen Abschnitt zu Arbeitsplatzattentätern finden.

In ihrem beruflichen Umfeld finden Sie Informationen über die berufliche Entwicklung oder eben auch „Nicht"-Entwicklung, ein Scheitern oder Blockieren von Entwicklungsschritten, Teamgeist, Arbeitsmoral, veränderte Umgangsformen, Erkenntnisse über Zugehörigkeit und Familienstand, Freunde und Beziehungen. Nicht immer teilen Beschäftigte Informationen über ihr Privatleben, Freunde, Hobbys. Dies ist ein weiteres Puzzlestück, dem unbedingt nachgegangen werden sollte.

Ein umfassendes Case-Management ist in diesem Kontext von zentraler Bedeutung. Neben internen Experten ist die Zusammenarbeit mit Deradikalisierungsstellen und Sicherheitsbehörden ein wichtiger Schlüssel für eine erfolgreiche und frühzeitige Deeskalation. Der interdisziplinäre Blickwinkel deckt einerseits unerkannte Sicherheitsrisiken auf, andererseits erweitert er den Rahmen für eine langfristige entschärfende Strategie.

Der erste Fokus in Ihrem Verantwortungsbereich richtet sich auf die Sicherheit in Ihrem Unternehmen und dessen Beschäftigten sowie den Unternehmenswerten:

- Gibt es kritische digitale und physische Zugangs- und Zutrittsberechtigungen?
- Welche betrieblichen Aufgaben sind dem Betroffenen zugewiesen? Gibt es damit verbundene Möglichkeiten der Einflussnahme, Sabotage?
- Gibt es Beschäftigte im sozialen Umfeld, die Merkmale aufweisen, gegen die sich die radikalisierte Person wendet?
- Gibt es Beschäftigte, die möglicherweise vom Betroffenen motiviert werden, sich ebenfalls der Ideologie anzuschließen?
- Stehen innerbetriebliche Veranstaltungen oder Feierlichkeiten an, die sich besonders als Anschlagsziel eignen?

Auf der Grundlage der gewonnenen Erkenntnisse sind entsprechende Sicherheitsmaßnahmen zu entwickeln, umzusetzen und in regelmäßigen Abständen kritisch zu überprüfen. Um eine nachhaltige Deradikalisierung zu erzielen, ist es wichtig, den Nährboden für diesen Prozess zu ergründen:

- Welche Bedürfnisse des Betroffenen sind nicht erfüllt und Treiber für ein Voranschreiten der Radikalisierung?
- Wie ist der Kontakt zur radikalen Gruppierung entstanden?
- Über welche Wege erfolgt der Austausch?
- Welche Anknüpfungspunkte gibt es, die sich für eine Stabilisierung eignen?

Im Case-Management erarbeiten Sie Strategien, wie Sie hier im Einzelfall vorgehen können. Ein (örtlicher) Arbeitsplatzwechsel, zusätzliche Aufgaben oder Lernangebote, neue Perspektiven, aber auch Sanktionierungen oder neue, stärkende soziale Kontakte können hier Optionen sein. All das erfolgt im engen Zusammenspiel mit Fachkräften innerhalb und außerhalb des Unternehmens.

Mit zunehmender Entfremdung, zunehmender Neutralisierung der Normen und Werte erfolgt eine wachsende Verunsicherung im kollegialen und beruflichen Umfeld. Die Bereitschaft, in die Zusammenarbeit zu investieren, weicht und macht Platz für Angst und Unsicherheit. Diese verständliche Entwicklung ist eine Art Brandbeschleuniger im Radikalisierungsprozess. Umfassende Sicherheitsmaßnahmen, Präsenz vor Ort und unterstützende Vertrauenspersonen schaffen Orientierung und zeigen, dass Ängste und Unsicherheit der Beschäftigten ernst genommen werden.

> **Gedankenimpuls**
> Stärken Sie das soziale Umfeld. Dies wirkt Rückzugstendenzen entgegen und kann verhindern, dass soziale Isolation zum Brandbeschleuniger für Radikalisierung wird.

Der Prozess der Deradikalisierung ist ein langer Weg mit kleinen, manchmal kaum sichtbaren Schritten. Es ist wichtig, den Pfad nicht zu verlieren und den Betroffenen langfristig zu begleiten. Nicht immer gelingt es, eine Kehrtwende auf dem Weg der Radikalisierung einzuschlagen. Dennoch lohnt es sich, diesen anstrengenden Weg zu gehen. Zeigt die Intervention dennoch keine Wirkung, erfolgt häufig der Austritt aus dem Unternehmen; in der Regel freiwillig und konfliktfrei, wenn dies mit einer respektvollen Haltung verbunden ist. Dies geht dann mit einem geringeren Risiko einher, späteres Anschlagsziel zu werden.

> **Was für Sie noch interessant sein könnte**
> Die Erreichbarkeit von Menschen für radikales Gedankengut hängt neben der Deprivation von Bedürfnissen auch sehr von der Stabilität der Persönlichkeit ab. Je vulnerabler eine Person, je instabiler das Normen- und Wertegefüge, umso leichter lässt sie sich in den Bann ziehen. Insbesondere auf einschlägigen Social-Media-Plattformen, die sich gezielt an besonders junge Menschen wenden, die noch kein ausgeprägtes soziokulturelles Wertegefüge haben, werden diese von radikalem Gedankengut und der damit verbundenen Zugehörigkeit und Bedeutsamkeit angezogen.

4.8 Suizidalität

In Deutschland sterben jährlich etwa 10.000 Menschen durch Suizid [6], in der Schweiz sind es etwa 700 Menschen [8], in Österreich etwa 1200 Menschen [5]. Dazu kommen 10- bis 15-mal so viele Suizidversuche und ein Vielfaches an Menschen, die daran denken, sich umzubringen. Aufgrund dieser hohen Zahlen werden auch Abteilungen oder Sachbearbeiter in Unternehmen häufiger mit Suiziddrohungen konfrontiert – eine enorme Belastung, die viele Fragen aufwirft:
- Darf man die Polizei zu jemandem schicken, der in einer prekären Situation ist und Suizidgedanken äußert?
- Ist jemand ernsthaft in Not, oder ist die Drohung mit Suizid manipulativ?
- Verschärfe ich die Situation, indem ich die Behörden einschalte?

Für das Bedrohungsmanagement ist Suizidalität in mehrfacher Hinsicht von Bedeutung. Zum einen zeigen sich gelegentlich suizidale Tendenzen bei den Opfern

4.8 · Suizidalität

von Gewalt oder Gewaltandrohungen, insbesondere bei psychisch schwer belastender Gewalt wie Mobbing, Stalking oder sexualisierter Gewalt. Zum anderen werden auch potenzielle Täter manchmal durch suizidale Äußerungen auffällig. Wie bereits beschrieben, befinden sie sich meist in einem psychisch instabilen Zustand und sind oft nicht in der Lage, Zurückweisung, Kränkung oder Misserfolge zu kompensieren. Suizidalität gilt hier immer als Hochrisikofaktor und sollte zu unmittelbaren Maßnahmen zum Schutz der Täter, aber auch der Opfer führen. Aber auch unabhängig von einer Bedrohungslage sind suizidale Ideen oder Äußerungen von Mitarbeitenden stets ernst zu nehmen. Die Binsenweisheit „Hunde, die bellen, beißen nicht" kann hier nicht gelten. Im Gegenteil: Aus der Suizidforschung ist bekannt, dass sich die große Mehrheit von Suizidanten vor einem Versuch, sich das Leben zu nehmen, anderen anvertraut und ihre Absichten mitteilt [5].

- **Was bedeutet also Suizidalität?**

Suizidalität ist keine psychische Erkrankung, sondern die Zuspitzung einer krankhaften Entwicklung, in der Menschen keinen anderen Ausweg sehen – obwohl sie im Grunde nicht sterben wollen! Konflikte, Krisen, traumatische Erlebnisse und die Gefühle, die damit einhergehen, sind für die Betroffenen nicht mehr auszuhalten. Bis dahin durchschreiten sie mehrere Phasen, beginnend mit der bloßen Idee einer finalen Lösung. Hier äußern Betroffene oft ihre innere Not in Sätzen wie „Ich kann nicht mehr", „Am besten wäre es, ich wäre tot", „Ich bin ohnehin nur noch eine Belastung für alle". Zeichnet sich hier keine Hilfe oder Lösung des Konflikts ab, gerät ein kleiner Teil dieser Betroffenen in eine Phase der Ambivalenz. In dieser Phase bewegen sich Menschen immer tiefer in eine Art Tunnel hinein, nehmen nur noch negative Informationen wahr, und es kann zu Suizidversuchen kommen, die ihre innere Zerrissenheit widerspiegeln: Pulsaderschnitt und den Notarzt alarmieren; einen Medikamentencocktail einnehmen und jemanden informieren. Solche Handlungen sind kein Täuschungsmanöver, sondern Ausdruck der Ambivalenz: „Ich kann so nicht mehr leben, ich will aber auch nicht sterben!" Eine noch kleinere Gruppe von Menschen gerät in die Phase des Entscheidens, weil es keinen Ausweg mehr zu geben scheint. Haben sich Menschen zum Suizid entschlossen, kommunizieren sie meist nicht mehr ihre innere Not. Sie werden oberflächlich, bagatellisieren, sind kaum mehr greifbar. Im Hintergrund planen sie ihren Suizid, beschaffen Mittel dafür und nehmen Abschiedshandlungen vor. Äußerlich tritt eine trügerische Ruhe ein, sodass hier die bevorstehende Handlung nicht mehr erkannt werden kann.

Bei suizidalen Menschen sehen wir oft nur den Auslöser: Trennung, Verlust, Beschämung. Die Ursache liegt jedoch woanders. Das kann eine Traumatisierung, eine massive Selbstwertstörung oder eine chronische Erkrankung oder Belastung sein. Das Motiv zum Suizid kommt einem inneren Wunsch nach Pause, Ruhe oder Gerechtigkeit nach, manchmal auch dem Bedürfnis, einem Toten nahe zu sein. Sogar Rache kann dahinterstecken. Die tieferliegende Dynamik dieser Entwicklung ist für Außenstehende in der Regel nicht sichtbar oder nachvollziehbar.

- **Was tun im Einzelfall?**

Äußert jemand gegenüber Kollegen Suizidgedanken, ist das unbedingt ernst zu nehmen. Es wäre eine fatale Fehleinschätzung zu glauben, dass Menschen, die über die Möglichkeit, aus dem Leben zu scheiden, sprechen, diese Idee nicht in die Tat umsetzen. Wie beschrieben, ist in der Regel das Gegenteil der Fall. Direktes Adressieren ist unumgänglich: „Wir haben von Ihren suizidalen Gedanken erfahren. Denken Sie daran, sich umzubringen?" Sollte die Antwort keine klare Verneinung sein, sollte ein Notarzt hinzugezogen werden, der eine fundierte Einschätzung treffen und gegebenenfalls Maßnahmen einleiten kann. Wenn am Telefon oder im schriftlichen Kontakt von Kunden etwa Suizidgedanken geäußert werden, sollte die örtliche Polizei informiert werden.

Zwischen Selbst- und Fremdgefährdung liegt oft nur ein schmaler Grat. Die Aggression, die in der Suizidalität gegen das eigene Selbst gewendet wird, kann sich gelegentlich auch nach außen richten. Suizidalität ist also fast immer mit aggressiven Tendenzen verbunden. Äußert ein potenzieller Täter suizidale Gedanken oder ein Verhalten, das darauf hindeutet, ist dies als Hochrisikofaktor zu werten. Die Fälle sind grundsätzlich individuell und vielfältig, sodass kein allgemeingültiges Vorgehen empfohlen werden kann – bis auf zwei Maßnahmen: Suizidalität ist bei der Einschätzung zu berücksichtigen, und das potenzielle Opfer muss akut geschützt und aus der Gefährdungslage herausgenommen werden.

> **Was für Sie noch interessant sein könnte**
>
> Bei Suizidalität geht es subjektiv immer auch um ein Scheitern, mit der Konsequenz, das eigene Leben auszulöschen, was es zu einem recht intimen Thema macht. Das lässt sich allein daran ablesen, dass es auch professionellen Helfern oft schwerfällt, Suizidalität offen und direkt anzusprechen. Genau das aber ist hier erforderlich. Denn die eigene Unsicherheit und Unklarheit erweckt in den Betroffenen die Sorge, dass ihr Gegenüber mit Suizidgedanken nicht souverän umgehen kann. Hilfreich ist es, sich auf solche Gesprächssituationen vorzubereiten und Sätze wie „Denken Sie daran, sich umzubringen?" oder „Lassen Sie uns einen Arzt hinzuholen!" für sich schon einmal vorab auszusprechen. In einer tatsächlichen Situation gibt das Handlungssicherheit und führt zu einer Klarheit, die eine ohnehin belastete Situation für alle Betroffenen erleichtert.

Literatur

1. Bundesministerium der Justiz. (o. J.). *Allgemeines Gleichbehandlungsgesetz (AGG)*. von ▶ https://www.gesetze-im-internet.de/agg/. Zugegriffen: 19. Mai 2025.
2. BKA-Bundeslagebild. (2025). HÄUSLICHE GEWALT; file:///C:/Users/A300389/Downloads/HaeuslicheGewalt2023.pdf BUNDESLAGEBILD 2023.
4. Diehl, C., Rees, J., & Bohner, G. (2012). Flirting with disaster: Short-term mating orientation and hostile sexism predict different types of sexual harassment. *Aggressive Behavior, 38*, 521–531.
5. Glasl, F. (1980). Konfliktmanagement: Diagnose und Behandlung von Konflikten in Organisationen. Haupt.

Literatur

6. Horn, P. (2011). Person droht zu springen. Ein Leitfaden zur Verhandlung mit Suizidanten. *Notfall Rettungsmed, 14*, 491–496.
7. ► https://www.bfs.admin.ch/bfs/de/home/statistiken/gesundheit/gesundheitszustand/sterblichkeit-todesursachen/spezifische.html
8. ► https://www.destatis.de/DE/Themen/Gesellschaft-Umwelt/Gesundheit/Todesursachen/Tabellen/suizide.html
9. ► https://www.sozialministerium.gv.at/Themen/Gesundheit/Nicht-uebertragbare-Krankheiten/Psychische-Gesundheit/Suizid-und-Suizidpr%c3%a4vention-SUPRA.html
10. Kropp, P. R., Hart, S. D., Lyon, D. R., & Storey, J. E. (2011). The development and validation of the Guidelines for Stalking Assessment and Management. *Behavioral Sciences & the Law, 29*(2), 302–316.
11. Leymann, H. (1993). Mobbing: Psychoterror am Arbeitsplatz und wie man sich dagegen wehren kann. Rowohlt.
12. Meloy, J. R. (1999). Stalking: An old behavior, a new crime. *Psychiatric Clinics of North America, 22*(1), 85–99.
13. Meloy, J. R., & Yakeley, J. (2014). The violent true believer as a "lone wolf": Psychoanalytic perspectives on terrorism. *Behavioral Sciences & the Law, 32*(3), 347–365. ► https://doi.org/10.1002/bsl.2123
14. Meloy, J. R., & Gill, P. (2016). The lone-actor terrorist and the TRAP-18. *Journal of Threat Assessment and Management, 3*(1), 37–52. ► https://doi.org/10.1037/tam0000061
0. Mullen, P. E., Pathé, M., & Purcell, R. (2000). *Stalkers and their victims*. Cambridge, UK: Cambridge University Press.
16. Raecke, J. (1926/2013). *Der Querulantenwahn: Ein Beitrag zur sozialen Psychiatrie*. Finckenstein & Salmuth.
17. Schäfer, S., & Schulze Wessel, J. (2022). *Radikalisierung von Individuen: Ein Überblick über mögliche Erklärungsansätze* (PRIF-Report 5/2022). Hessische Stiftung Friedens- und Konfliktforschung (HSFK). ► https://www.prif.org/publikationen/publikationssuche/publikation/radikalisierung-von-individuen-ein-ueberblick-ueber-moegliche-erklaerungsansaetze.
18. Voss, H.-G. (2004): Zur Psychologie des Stalking. In: Kerner, H.-J.; Marks, E. (Hrsg.): Internetdokumentation Deutscher Präventionstag. Hannover. http://www.praeventionstag.de/content/9_praev/doku/voss/index_9_voss.html.
21. Walker, L. E. (1979). *The battered woman*. New York: Harper & Row.
22. WEISSE RING Stiftung. (o. J.). *Prävalenz von Stalking in Deutschland*. ► https://weisser-ring-stiftung.de/projekte/forschungsprojekte-und-studien/praevalenz-von-stalking-in-deutschland

Initiale Einschätzung von Drohungen

Inhaltsverzeichnis

5.1 Der Weg zur initialen Einschätzung – 70

5.2 Erste Einordnung einer möglichen Gefährdung – 71

5.3 Zehn zentrale Faktoren zur Einschätzung – 72

5.4 Modelle zur Einschätzung – 77

Literatur – 82

© Der/die Autor(en), exklusiv lizenziert an Springer-Verlag GmbH, DE, ein Teil von Springer Nature 2025
C. Brandkamp und P. Horn, *Bedrohungsmanagement*,
https://doi.org/10.1007/978-3-662-71474-4_5

Warum lohnt es sich, dieses Kapitel zu lesen?
Bei der Risikobeurteilung eines Falls möchte niemand etwas falsch machen. Das gilt für die Einschätzung von Suizidalität, in noch deutlicherem Maße aber von Fremdgefährdung, da die Auswirkungen für Unbeteiligte oder Unschuldige so gravierend sein können. Die damit verbundene Emotionalität und Angst davor, falsch zu liegen, leistet der Tendenz Vorschub, die Gefährdungseinschätzung entweder zu überschätzen und gänzlich die Finger davon zu lassen oder sie zu unterschätzen und Urteile eher intuitiv zu fällen. In diesem Kapitel möchten wir Ihnen einige Aspekte und pragmatische Modelle an die Hand geben, die Ihnen dabei helfen, initiale Einschätzungen auf eine rationale und einfach umsetzbare Weise vorzunehmen. Da wir hier im Vier-Augen-Prinzip arbeiten, sind wir gehalten, systematisch vorzugehen, und weitestgehend davor geschützt, Warnsignale zu übersehen.

5.1 Der Weg zur initialen Einschätzung

- **Der heilige Gral**

Die Einschätzung von Drohungen wird oft als heiliger Gral des Bedrohungsmanagements bezeichnet, als Geheimdisziplin, die nur wenige beherrschen. Diese Vorstellung hält sich hartnäckig und liegt u. a. in dem ewigen Konflikt zwischen Praktikern und akademisch geprägten Bedrohungsmanagern begründet. Gäbe es wirklich nur ein oder zwei Personen in einem Konzern, die in der Lage wären, Drohungen richtig einzuschätzen, wären die Leistungs- und Belastbarkeitsgrenzen schnell erreicht. Die gute Nachricht: Die Erstbewertung von Drohungen und Bedrohungslagen kann man gut erlernen. Je mehr Erfahrung, desto besser wird der Blick dafür, welche Informationen noch benötigt werden, und desto mehr muss am Ende zusammenkommen, damit eine kritische Einschätzung getroffen wird, ohne dass Risiken dabei unterschätzt werden. Um sicherzugehen, dass verschiedene Blickwinkel und Schwerpunkte berücksichtigt sind, sollten Einschätzungen im Vier-Augen-Prinzip getroffen werden. Der Austausch über einen Fall verringert das Risiko, blinden Flecken aufzusitzen oder frühere, vergleichbare Fälle als eine Art Blaupause zu nutzen und so einem *Confirmation Bias* aufzusitzen. Falls ein Austausch nicht möglich ist, hilft es, die zentralen Faktoren für eine Einschätzung zu verschriftlichen. Das zwingt zu mehr Präzision und schärft die eigenen Gedanken.

> **Gedankenimpuls**
> Einschätzungen der Gefährdung sollten im Vier-Augen-Prinzip durchgeführt werden, um das Risiko psychologischer Fallstricke zu verringern!

- **Wissen schafft Sicherheit**

Besonders in großen oder komplex aufgebauten Organisationen ist es zielführend, die Personen zu identifizieren, die zuerst mit Meldungen von Betroffenen oder Beteiligten konfrontiert sind. Wir hatten das bereits an anderer Stelle beschrieben. Diese primären Ansprechpersonen sind es, die entscheiden, was mit einer

Meldung geschieht. Daher gilt es, gerade ihnen Anhaltpunkte für eine initiale Einschätzung zu vermitteln, damit Meldungen überhaupt an das Bedrohungsmanagement weitergegeben werden. Denn die Angst, etwas falsch zu machen, ist einer der häufigsten Gründe, dass Bedrohungen oder Drohungen heruntergespielt, abgetan oder nicht ernst genommen werden. Wissen schafft hier Sicherheit:
- Wie kommt es zu Aggression und Gewalt?
- Was geschieht im Erleben der drohenden Person?
- Wie sieht eine Eskalationsdynamik aus?
- Welche Warnsignale können wir im Vorfeld erkennen?
- Was sollte uns Anlass zur Sorge geben?
- Und natürlich: Wie führt man ein Gespräch mit Betroffenen?

- **Strukturiertes Vorgehen**

Meldungen, die an das Bedrohungsmanagement weitergeleitet werden, erreichen Personen, die eine hohe Expertise in der Analyse von Fällen besitzen. Diese Teams sind oftmals in den Sicherheitsabteilungen, bei Personal oder Compliance angesiedelt. Sie verfügen aus Erfahrung und funktionellem Rückhalt in der Organisation über die Sicherheit, mit der erforderlichen nüchternen Aufmerksamkeit vorzugehen. Das bedeutet zunächst einmal, aus dem alarmistischen Modus auszusteigen, aktiv Ruhe in die Situation zu bringen und einem geordneten und strukturierten Vorgehen zu folgen und einzuordnen:
- Woher kommt die Drohung?
- Wie kam es zu der Bedrohung?
- In welchem Kontext steht die Drohung?

Vor allem gilt es zu hinterfragen: Was wissen wir? Und was wissen wir nicht? Diese Fragestellung ist eine gute Leitlinie, um ausschließlich faktenbasiert zu agieren und Mutmaßungen und Gerüchte auszublenden. Leider passiert es nicht selten, dass man der Versuchung erliegt, psychologische Annahmen und Interpretationen vorzunehmen. Das führt in der Regel zu einem *Confirmation Bias:* Man sieht nur noch das, was zur eigenen Theorie passt. Da wir selbst als Routiniers mit Fachwissen die Tendenz haben, unsere Menschenkenntnis zu überschätzen, ist das weder hilfreich, noch dient es dem strukturierten Vorgehen, das im Bedrohungsmanagement unerlässlich ist.

5.2 Erste Einordnung einer möglichen Gefährdung

- **Flüchtige und substanzielle Drohungen**

Eine erste sinnvolle Differenzierung liegt zwischen einer flüchtigen und einer substanziellen Drohung [5]. Eine ausführlichere Beschreibung der Unterschiede hatten wir in ▶ Kap. 2 besprochen. Flüchtige Drohungen werden aus einer Situation heraus geäußert. Eine Intention, jemanden zu schädigen, ist nicht erkennbar. Deutlich wird dies, wenn die Personen mit ihrer Drohung konfrontiert werden und rasch zurückrudern. In der Regel geht es darum, Dampf abzulassen oder das eigene gekränkte Ego zu entlasten. Substanzielle Drohungen sind deutlich komplexer. Sie werden meist in unterschiedlichen Kontexten oder über unterschiedliche Kanäle geäußert. Allein das deutet schon darauf hin, dass jemand nicht so rasch von seinen Drohungen ablassen wird. Substanzielle Drohungen enthalten in der Regel auch mehr Details, sowohl über die Zielperson als auch über das intendierte Vorgehen – alles Indikatoren, die ernst zu nehmen sind.

Neben einer wiederholten Ankündigung, Detailschärfe und kognitiven Verzerrungen ist bei substanziellen Drohungen auch eine deutlichere Sprache zu erkennen. Die Drohung wird in der ersten Person und im Indikativ formuliert: „Ich werde…" statt „Sie gehörten" oder „Sie sollten…". In der Neutralisierungstheorie wird das recht anschaulich beschrieben (siehe ▶ Kap. 3): Über die konkrete Formulierung der Absicht wird eine Tat innerlich vorweggenommen und Hemmnisse zur Gewaltausübung werden herabgesetzt. Kommt es hier nicht zu deutlichen Eingrenzungen oder Konfrontationen, verfestigen sich solche Fantasien.

Substanzielle Drohungen lösen nahezu immer auch ein Gefühl intensiver Sorge oder Angst beim Gegenüber aus. Angst ist grundsätzlich ein zuverlässiger Gefahrenradar, solange sie sich nicht als pathologisch oder als dauerhaftes Phänomen erweist. Nicht ohne Grund nennt Garvin de Becker sein Buch zum Umgang mit bedrohlichen Situationen „The Gift of Fear" [1], zu Deutsch „Mut zur Angst" [2] oder in einer neueren Auflage „Vertraue Deiner Angst" [3]. Der Hintergrund ist einfach: Wir nehmen deutlich mehr Informationen auf, als uns bewusst ist. Gerade aber auch die Wahrnehmungen, die unbewusst bleiben, werden mit unserer Erfahrung und unserem Wissen abgeglichen. Kommt uns etwas auffällig oder untypisch vor, löst das ein Gefühl von Unbehagen, Sorge oder eben Angst aus. Da Angst sich bei vielen Menschen darin ausdrückt, dass sich der Magen verkrampft, sprechen wir auch von einem *unguten Bauchgefühl*. Dieses Gefühl muss nicht erklärbar sein, ist aber ein wichtiger Hinweis.

Substanzielle Drohungen weisen das Potenzial einer weiteren Eskalation auf. Sie erfordern eine genauere Untersuchung, um das Risiko besser einschätzen zu können. Das bedeutet, wir benötigen Informationen zur drohenden Person, deren Vergangenheit und Beziehung zur Zielperson. Darüber hinaus müssen dynamische Faktoren berücksichtigt werden:
- Gibt es eine zunehmend intensivere Beschäftigung mit einer Tat?
- Drohen Schutzfaktoren der drohenden Person wegzubrechen?
- Werden moralische und soziale Schranken mehr und mehr abgebaut?

Eine eingehendere Einschätzung kann dann mithilfe von Checklisten und Modellen vorgenommen werden, die nachfolgend beschrieben werden.

5.3 Zehn zentrale Faktoren zur Einschätzung

Unter Berücksichtigung der meist zeitlich begrenzten Ressourcen hat es sich in der Praxis bewährt, Faktoren genauer unter die Lupe zu nehmen, die allgemein auf die unterschiedlichen Formen der instrumentellen Gewalt zutreffen. Das Risiko einer

5.3 · Zehn zentrale Faktoren zur Einschätzung

Gewalttat lässt sich hier nicht allein durch ein simples Score-System bestimmen. Die Faktoren dienen als Grundlage für eine Einschätzung – wie sie bewertet und gewichtet werden, lässt sich erst im Zusammenspiel der einzelnen Aspekte ermitteln.

> **Gedankenimpuls**
> Bei einer initialen Einschätzung geht es darum, ob ein Fall als kritisch oder eben als nicht kritisch zu bewerten ist und dementsprechend ein Fallmanagement ausgelöst werden sollte.

- **1. Fixierung**

Hinter einer ernsthaften Drohung steht immer die Absicht, jemanden zu schädigen, zu unterwerfen oder zu töten. Natürlich ist jeder gelegentlich wütend auf ein System, ein Unternehmen oder eine Organisation, sein Schicksal oder die ganze Welt. Diese Wut nimmt aber keine bedrohliche Form an, sondern bleibt vage. Erst wenn sich Zorn oder Hass auf eine bestimmte Person oder Gruppe richten, weil sie in der subjektiven Wahrnehmung verantwortlich sind für das eigene Scheitern, für eine Demütigung oder Zurückweisung, kann sich eine konkretere Fantasie entwickeln, diese Quelle des negativen Erlebens auszulöschen. Diese Fixierung ist gewissermaßen Voraussetzung für eine erhöhte Risikoeinschätzung.

- **2. Direkte Drohung**

Schweren Gewalttaten gehen in den meisten Fällen direkte Drohungen voraus. Doch oft hat die direkte Drohung eine andere Funktion als die Ankündigung einer Tat: eine Manipulation oder Einschüchterung oder die Ausübung von Macht und Kontrolle. Im Falle einer Ankündigung geht es den Tätern um die Platzierung der Wut ebenso wie um die erwartete Reaktion der potenziellen Opfer. In sehr vielen Fällen kommt es auch zu einer Ankündigung der Tat gegenüber Dritten. Die Tat wird hier gedanklich vorweggenommen, ebenso wie die Genugtuung. In einigen Modellen wird dies auch als *Leakage* [12] bezeichnet. Mittlerweile zeigt sich, dass schwere Gewalttaten erst so kurz vor der Tat angekündigt werden, sodass kein aktives Eingreifen durch Behörden mehr möglich ist. Dies ist dem Wissen der Täter um Hintergrundanalysen sowie ihrem Bestreben geschuldet, nicht aufzufliegen. Nichtsdestotrotz sind Täter nur selten in der Lage, ihre Absicht und Pläne gänzlich für sich selbst zu behalten.

- **3. Konflikt mit dem späteren Opfer**

Zu fast jeder Tat gibt es eine Vorgeschichte. Bei häuslicher Gewalt ist das offensichtlich, aber auch Stalking-Fälle beginnen vor dem offensiven Nachstellen, ungeachtet dessen, ob die Beziehung real oder fantasiert ist. Der Konflikt liegt meist in der Erwartung und Zurückweisung. Im Arbeitskontext ist der Clash im Spannungsfeld aus Ausgeliefertsein und Macht, Unterwerfung und Kontrolle begründet und eskaliert zum Beispiel bei Kündigung oder Zurücksetzungen. Zurückweisungen, Ohnmachtserleben und erlebte Bloßstellung bringen das narzisstische Gleichgewicht der drohenden Person ins Wanken, und sie versucht durch Drohungen, das Selbstbild zu korrigieren. Hält sie die Drohung über längere Zeit aufrecht, wird deutlich, dass die Kränkung, die narzisstische Verletzung nicht kompensiert oder gelöst werden kann. In der Regel sehen wir hier dann auch eine Tendenz zur Fixierung auf eine Person. Wesentlich ist die Betrachtung der Umstände und des Kontextes und dementsprechend auch der Nähe zwischen Täter und Opfer. Hier sprechen wir von einem „intimacy effect" [4]: je höher der Grad an Intimität, desto größer das Risiko.

- **4. Annäherung und Grenzüberschreitungen**

Eine elementare Frage lautet: Ist die drohende Person in der Lage, an die Zielperson heranzukommen und Gewalt auszuüben? Lässt sich für den potenziellen Täter überhaupt herausfinden, wo sich seine Zielperson gerade aufhält? Zeigt er die Bereitschaft, näher an die Zielperson heranzukommen? Der Versuch einer Annäherung deutet nicht nur auf eine intensivere Beschäftigung hin, sondern auch auf die Fähigkeit und Intention, dem potenziellen Opfer zu begegnen und letztlich auch Gewalt auszuüben. Annäherungen wie auch bloße Auskunftsersuchen sind entsprechend als Warnsignale zu werten. Kommt es hier bereits zu Grenzüberschreitungen – etwa direkte Ansprache, Beleidigungen oder Sachbeschädigung –, ist von einem deutlich erhöhten Risiko auszugehen.

- **5. Rechtfertigung**

Die allermeisten Menschen haben eine instinktive Hemmschwelle, Gewalt auszuüben. Um sie zu überwinden, braucht es eine Rechtfertigung: die Kündigung, die Degradierung, die Bloßstellung, die Anzeige, die unterlassene Hilfe, der nicht gewährte Kredit oder die verweigerte Auszahlung einer Police – Gründe also, die für eine missliche Lage oder das eigene Scheitern herangezogen werden. Durch die bereits beschriebenen Neutralisierungsprozesse (vgl. ▶ Kap. 3) kommt es zu einer Legitimierung, dem anderen das Gleiche anzutun und Rache zu üben. Bei Menschen mit ausgeprägten psychopathischen Zügen oder bei psychisch schwer erkrankten Menschen, etwa in einer floriden (aktiven) Psychose, ist keine Legitimierungsarbeit notwendig. Und doch werden hier in aller Regel Rechtfertigungen einer intendierten Tat benannt und geäußert. Sie sind ein wichtiger Faktor in der Beurteilung der Risikolage.

- **6. Historie von Gewalt**

Das Verhalten von Menschen in der Vergangenheit ist einer der besten Prädikatoren für zukünftiges Verhalten. Wer bereits die Tendenz gezeigt hat, Konflikte mit Gewalt zu lösen, tendiert auch weiterhin zu diesem Weg. Wer die persönliche und körperliche Integrität von Menschen einmal verletzt hat, hat deutlich geringere Hemmungen, erneut Gewalt anzuwenden. Hinzu kommen meist auch die offensichtlich geringe Impulskontrolle und Fähigkeit, Spannungen innerlich auszuhalten und zu verarbeiten. Auch Menschen, die Gewalt erfahren oder miterlebt haben, tendieren dazu, ebenfalls tätlich zu werden, weil sie Gewalt als probates Mittel zur Konfliktlösung kennenlernen mussten. Aus einer psychologischen Perspektive werden Ohnmachtsgefühle, die aus der eigenen Traumatisierung herrühren, durch die Ausübung von Macht und die Traumatisierung anderer im Zaum gehalten.

5.3 · Zehn zentrale Faktoren zur Einschätzung

- **7. Psychische Labilität**

In der öffentlichen Berichterstattung werden nach schweren Gewalttaten oft Spekulationen über eine psychische Erkrankung des Täters ins Spiel gebracht, um eine Erklärung für dieses Verbrechen zu finden. Tatsächlich lässt sich nur ein kleiner Teil der Gewalttaten auf psychische Erkrankungen zurückführen [6], dann insbesondere im Zusammenhang mit psychotischen oder bipolaren Störungen, spezifischen Persönlichkeitsstörungen und Abhängigkeitserkrankungen. Abgesehen von diagnostizierbaren psychischen Erkrankungen weisen spätere Täter allerdings oftmals eine deutliche psychische Labilität auf. Darunter fallen Selbstwertstörungen, Schwierigkeiten in der Emotionsregulation, Impulsivität, rigides und festgefahrenes Denken, hohe Frustration oder soziale Isolation, die es allesamt erschweren, von Wut und Groll abzulassen. Stattdessen bleiben sie in ihrer Wut gefangen und kaprizieren sich auf die Zurückweisung oder Kränkung.

- **8. Suizidalität**

Suizidalität ist die Zuspitzung einer krisenhaften Situation, in der Menschen bestimmte Situationen oder Gefühle nicht mehr aushalten und sich auch nicht mehr als handlungsfähig erleben. In dieser Zuspitzung geraten sie zunehmend in eine Art Tunnelblick und können nur mehr negative Informationen wahrnehmen. Das Gefühl, in die Ecke gedrängt, ohnmächtig und ausgeliefert zu sein, verstärkt virulente Gefühle von Wut über Hass hin zu Vernichtungsfantasien. Grundsätzlich wenden sich Aggressionen in der Suizidalität gegen das eigene Selbst, in Form von Selbstzweifeln, Selbstbeschuldigungen und Selbsthass. Aggressive Tendenzen können sich allerdings auch wieder nach außen wenden. Taten wirken für die Betroffenen dann wie ein letzter Ausweg. In dem Erleben, sie hätten kaum mehr etwas zu verlieren, wird Suizidalität in Zusammenhang mit Drohungen gegenüber anderen zu einem Hochrisikofaktor.

- **9. Recherche / Weg zur Gewalt**

Der Weg von der Absicht zur Umsetzung der Schädigung eines Menschen kommt nicht ohne Recherche und Planung aus. Wo kann ich mit dem späteren Opfer zusammentreffen? Welche Gelegenheit bietet sich in der Routine des späteren Opfers für einen Angriff? Welche Sicherheitsmaßnahmen gibt es, die ich überwinden muss? Eine virtuelle Recherche reicht hier in der Regel nicht aus. Daher tauchen Täter im Umfeld ihres späteren Opfers auf und werden dabei auffällig: grundloses Auskunftsbegehren im Umfeld des späteren Opfers wie Fragen nach Aufenthaltsorten und Plänen der Zielperson sowie Ausspähen von Routinen und der Orte, an denen sich das spätere Opfer aufhält. In der Aufklärung (Counter-Surveillance) werden Täter hierbei rasch auffällig. Oft wird Personen aus dem Umfeld des Opfers erst im Nachgang einer Tat klar, wo und wie oft der Täter schon im Vorfeld in Erscheinung getreten ist.

- **10. Affinität und Zugang zu Waffen**

Natürlich kann ein einfaches Küchenmesser genauso zur Tatwaffe werden wie viele andere Alltagsgegenstände auch. Nichtsdestotrotz beschäftigen sich spätere

Täter meist intensiv mit dem Thema Waffen. Sie sind ein Machtsymbol, wirken also jener Kränkung und Minderwertigkeit entgegen, in der sich Menschen als ohnmächtig erleben. Waffen sind emotional stark aufgeladen. Auch deshalb zeigen sich Täter im Vorfeld oft mit ihren Macheten, Schusswaffen, Messern oder anderen Tatwerkzeugen in sozialen Medien oder erwähnen diese in Gesprächen. Sportschützen und Waffensammler sind zunächst ebenfalls einer Risikogruppe zuzurechnen.

> **Gedankenimpuls**
> Erst das Aufeinandertreffen von ungünstigen Faktoren führt zu einer kritischen Einschätzung. Nicht oder nur teilweise erfüllte Aspekte können als zukünftige rote Linien definiert werden.

Für sich genommen stellt keiner der Faktoren ein unbedingtes Risiko dar. Psychische Instabilität, der Besitz einer Sportwaffe, ein Expartner, der direkt nach einer Trennung noch Kontakt sucht, oder frühere Körperverletzungsdelikte bedeuten noch keine unmittelbare Gefährdung für andere. Auch eine direkte Drohung, zumal im Affekt ist kein hinreichendes Indiz für ein bevorstehendes Strafdelikt. All diese Aspekte sind im Kontext und Zusammenspiel mit anderen Risikofaktoren und der Gesamtsituation zu sehen. Die erwähnten Aspekte helfen, ein Bild von der Person und ihrer Dynamik zu bekommen und zu erkennen, ob sie sich auf dem Weg zur Gewalt befindet oder eben nicht. Bei der Betrachtung des Gesamtbildes ist es wichtig, auch immer offensichtlich fehlende Informationen zur Einordnung in ein Gesamtbild zu beachten.

- **Angst als moderierender Faktor**

Nicht nur die Beschäftigung mit potenziellen Tätern gehört zur initialen Einschätzung, auch die emotionale Reaktion, insbesondere die von Angst und Sorge. Wenn Betroffene oder deren Umfeld sich besorgt zeigen, ist das ein wichtiges Signal für mögliche Gefahren und Grund genug, dem Fall intensiver nachzugehen. Selbstredend spielen persönliche Erfahrungen, Fähigkeiten und die Persönlichkeit der Betroffenen bei der Einordnung eine Rolle. Deshalb muss genau hinterfragt werden, woher die Angst kommt, wer sonst noch beunruhigt ist und wie sich diese Gefühle zeigen. Es gibt oft genug Fälle, bei denen erst nach intensiver Befragung Warnsignale zu Tage treten, die zuvor als nicht relevant und berichtenswert erschienen. Auch das Gegenteil ist möglich, wenn Menschen Dinge erlebt haben, die sich mit der aktuellen Situation emotional überlappen und eine Überreaktion zeigen.

> ▶ **Fallbeispiel**
> *In einem Krankenhaus kündigt ein Chefarzt eine Reorganisation seines Bereichs an. Die Mitarbeitenden reagieren mit Unmut, ein Krankenpfleger schreibt in die Dienst-Chatgruppe: „Sagt mir, wo ich den Typen finde, dann gehe ich zu ihm und bringe ihn um!" Auf den ersten Blick wirkt diese Drohung eher flüchtig, impulsiv. Die Stationsleitung meldet die Todesdrohung und erzählt beinahe nebenbei, dass einige ihrer Mitarbeitenden sich*

vom Dienst abgemeldet hätten. Auch in anderen Berufsgruppen kursiert eine ausgeprägte Angst. Erst durch intensives Nachfragen kommt heraus, dass jener Krankenpfleger seit geraumer Zeit immer wieder ein aggressives und höchst impulsives Verhalten an den Tag gelegt, bereits Kolleginnen beleidigt, körperlich bedrängt und massiv bedroht hatte. Auch hatte er in Pausen seine Tötungsfantasien gegenüber dem Chefarzt so plastisch geschildert, dass sich seine Kollegen aus Angst zurückgezogen oder krankgemeldet hatten. ◄

5.4 Modelle zur Einschätzung

Zusätzlich zur beschriebenen Checkliste mit den zehn zentralen Faktoren gibt es eine Reihe von praktikablen Modellen, die eine erste Einschätzung der Gefährdungslage erlauben. Die Modelle unterscheiden sich in der Ausrichtung (Formen und Schwere der Gewalt) und Umsetzung einzelner Aspekte. Inhaltlich sehen wir naturgemäß immer wieder Überschneidungen. Im Folgenden stellen wir die gängigsten Modelle vor, die sich in der täglichen Arbeit mit Bedrohungsfällen bewährt haben.

- **Vorweg: Das 10-for-10-Prinzip**

Sie werden im Bedrohungsmanagement mit Situationen konfrontiert, in denen alle Beteiligten unter hoher Anspannung stehen und ein hoher Handlungsdruck entsteht. Diesem emotionalen Sog zu widerstehen und einen Schritt zurückzutreten, um die Lage einzuordnen, ist sicherlich eine der wichtigsten Aufgaben, um rational und systematisch vorzugehen. Aus der Notfallmedizin stammt das *10-for-10-Prinzip*, was im Kern bedeutet, sich 10 Sekunden Zeit zu nehmen und sich einen Überblick zu verschaffen, um nicht 10 Minuten lang das Falsche zu tun. Es lohnt sich, diesen Moment des Innehaltens zur Routine zu machen, um psychologischen Fallstricken wie operativer Hektik, Kompetenzschutz oder Dringliches vor Wichtigem vorzubeugen. Leitfragen könnten dabei sein:
— Was ist passiert?
— Seit wann geht das?
— Wer sind die Beteiligten?
— In welchem Kontext ist der Vorfall geschehen?
— Was wissen wir, und was wissen wir (noch) nicht?
— Welche Ressourcen benötige ich?
— Wie werde ich vorgehen?

- **Das JACA-Modell**

Eines der gängigsten Modelle, das auch mit geringen zeitlichen Ressourcen angewendet werden kann, ist das JACA-Modell von Garvin de Becker [1]. Die Buchstaben des Akronyms stehen für *Justification* (Rechtfertigung), *Alternatives* (Alternativen), *Consequences* (Konsequenzen) und *Ability* (Fähigkeit). Dieses Modell ist aus der Erfahrung der Autoren überaus zweckmäßig und zielführend, obgleich nicht wissenschaftlich hergeleitet, was im akademischen Umfeld des Bedrohungsmanagements bemängelt wird. In der Praxis erweist es sich als hocheffektiv, weil es die tatsächlich relevanten dynamischen Faktoren abbildet. Es lässt eine Einschätzung zu, wie sehr eine drohende Person von der Wut oder Aggression in Richtung Gewalt vorangeht. Die einzelnen Aspekte sind hier logischerweise aus der Sicht des Täters zu bewerten.

▪▪ Justification
Menschen, die gewalttätig werden, benötigen einen Grund, der ihre Tat legitimiert. Die Rechtfertigung finden sie darin, dass ihnen – aus ihrer Sicht – Leid zugefügt wurde, sie sich zurückgewiesen, beschämt oder in ungerechtfertigter Weise degradiert fühlen. In ihrer Wahrnehmung ist eine Gewalttat eine angemessene Reaktion auf diese Ungerechtigkeit. Die Legitimierung von Gewalt erfolgt über Neutralisierungsprozesse (vgl. ▶ Kap. 3). Ob eine subjektive Rechtfertigung vorliegt, lässt sich etwa erkennen an:
- hoher persönlicher Betroffenheit
- Feindseligkeit gegenüber dem Opfer
- Entwürdigung des Opfers
- Schuldzuweisungen und Täter-Opfer-Umkehr
- intensivem Wunsch nach persönlicher Rache („Sie haben mein Leben zerstört, deshalb zerstöre ich auch Ihr Leben")

Die Rechtfertigung einer Tat sehen wir auch bei Menschen, die aufgrund ihrer Struktur keine Neutralisierungsprozesse durchlaufen müssen, um Aggressionshemmungen abzubauen, wie etwa psychotische Menschen oder Menschen mit psychopathischen Zügen.

▪▪ Alternatives
Demütigungen oder erlebte Ungerechtigkeiten sind nicht nur schmerzhaft für Menschen, sie lösen üblicherweise auch schwer erträgliche Ohnmachts- und Minderwertigkeitsgefühle aus. Wut und Aggression wirken dem entgegen. Rachefantasien ermöglichen es, die Kontrolle über das eigene Leben und die eigenen Emotionen zurückzugewinnen. In abgemilderter Form ist das menschlich, und die meisten Menschen lassen dann auch wieder davon ab, finden andere Möglichkeiten, sich zu regulieren oder die erlebte Ungerechtigkeit zu kompensieren. Oder sie klären die missliche Situation in „sozial verträglicher" Form, etwa mithilfe einer Beratung durch einen Betriebsrat, durch ein juristisches Vorgehen oder eine Verlagerung der Aufmerksamkeit auf andere Dinge oder Personen. Wenn solche Optionen wegbrechen oder aufgebraucht sind und Gefühle der Ohnmacht wieder stärker aufsteigen, spitzt sich die Lage zu. Ab einem gewissen Punkt fehlt es ihnen schlicht an Alternativen zur Gewaltanwendung, um den inneren Konflikt zu bewältigen.

▪▪ Consequences
Menschen, die es eilig haben und von einer roten Ampel aufgehalten werden, überlegen sich gelegentlich, die Straße trotzdem zu überqueren. Fühlen sie sich von anderen beobachtet oder befürchten eine Strafe, tendieren sie meist

5.4 · Modelle zur Einschätzung

dazu, doch stehen zu bleiben. Soziale oder juristische oder einfach negative Konsequenzen sind ein deutliches Hemmnis für Grenzüberschreitungen. In noch deutlicherem Maße trifft dies für die Anwendung von Gewalt zu. Hier sind die Konsequenzen erheblich und betreffen fast alle Lebensbereiche. Menschen, die nichts mehr zu verlieren haben oder bereit sind, die Konsequenzen einer Tat in Kauf zu nehmen, stellen daher ein besonderes Risiko dar. Das trifft auch für Suizidalität und ein *lose-lose*-Denken zu, also wenn man für den maximalen Schaden einer Person auch den eigenen Tod einkalkuliert. Dieser Aspekt ist besonders relevant, wenn sich der potenzielle Täter über die Konsequenzen im Klaren ist, damit rechnet und sie in Kauf nimmt.

▪▪ Ability

Egal, welche Rachefantasien Menschen haben, sie müssen auch in der Lage sein, diese in die Tat umzusetzen. Die Fähigkeit zur Gewaltanwendung bezieht sich dabei auf zwei Aspekte. Der erste: Zugang zum potenziellen Opfer. Das beginnt bei der Kenntnis von dessen Aufenthaltsorten und Routinen, der Möglichkeit, an diese Orte zu kommen und auf die Zielperson zu treffen, und der Fähigkeit, gegebene Sicherheitsvorkehrungen zu überwinden. Bei Tötungsabsichten schließt das auch den Zugang und die Handhabung von Waffen mit ein. Der zweite Aspekt: Gewaltanwendung setzt die Fähigkeit voraus, eine innere Hemmung zu überwinden. Dafür müssen z. B. Empathie-Erleben oder Regelkonformität außer Kraft gesetzt werden. Bei einer psychopathischen Grundstruktur sind die Voraussetzungen dafür eher gegeben, aber auch Menschen ohne psychopathische Züge können ihre Hemmung überwinden, wenn sie eine Tat legitimieren (siehe oben) oder oft genug imaginieren und durchspielen. Indem sie ihre Fantasien zum Beispiel in der Kommunikation mit anderen „erproben" und keine negative Resonanz erzeugen oder sogar befeuert werden, können sie ihre Hemmschwelle herabsetzen. Das Zusammenspiel von technisch-operativer Fähigkeit und psychischer Fähigkeit eines Täters spielt für die Einschätzung also eine besondere Rolle.

Auch im JACA-Modell gibt es keine Möglichkeit, die einzelnen Aspekte zu scoren und einen kritischen Wert zu ermitteln. Zeigen sich keine oder nur einzelne schwache Hinweise auf die vier Aspekte, so kann davon ausgegangen werden, dass aktuell keine Gefährdung von der drohenden Person ausgeht. Die Einschätzung der Gefährdung ist allerdings nie statisch. Eine veränderte Lage oder weitere Informationen erfordern zwingend eine erneute Einschätzung.

Bei einer Erstbewertung geht es darum, einen Indikator zu haben, um einen Fall weiterzuverfolgen. Eine ausdifferenzierte Evaluation ist daher hier nicht erforderlich.

▪ Warnverhalten Typologie

Dieses Modell von Reid Meloy und Jens Hoffmann [14] identifiziert acht Faktoren, die ein Warnverhalten beschreiben, das eine Person auf dem Weg zu schweren zielgerichteten Gewalttaten zeigt. Anders als im JACA-Modell erfolgt hier eine Bewertung der einzelnen Aspekte aus der Sicht des Bedrohungsmanagers.

- **1. Weg zur Gewalt**

Auf dem Weg zur Gewalt gehen Personen in der Regel strategisch, geplant und zielorientiert vor. Dabei werden sie meist auffällig. Selbst wenn ihnen die Zielperson vertraut ist, Routinen und Aufenthaltsorte bekannt sind, braucht es im Vorfeld einer Tat zusätzliche Nachforschungen, Vorbereitung und Planung. Dieses Beobachten und Ausspähen machen die späteren Täter sichtbar – erst recht, wenn das Opfer nicht aus ihrem Umfeld stammt und sie unter ungewöhnlichen Vorwänden eine Kontaktaufnahme zu erreichen versuchen. Je weiter jemand auf dem Weg zu Gewalt fortschreitet, desto offensiver ist die Annäherung und desto wahrscheinlicher sind auch Probehandlungen, um zu testen, ob die bisherigen Planungen tauglich sind. Ebenfalls auffällig: die stetige Aufrüstung, das Besorgen von Waffen und ein intensives Training.

- **2. Fixierung**

Die Fixierung auf ein potenzielles Opfer wurde weiter oben schon beschrieben. Fixierung ist ein notwendiger Faktor, der im Vorfeld einer Tat in Äußerungen oder im Verhalten offensichtlich wird. Wie bei einem Raubtier, das seine Beute sucht, ist auch der Täter auf ein spezifisches Ziel fixiert. Erst die zielgerichtete Aggression und Wut ermöglichen es, einen Plan zu entwickeln, der strategisch und kontrolliert ist. Im Jagdmodus agieren auch Menschen entschieden, fokussiert und bestimmt.

- **3. Identifizierung**

Die Identifizierung mit anderen Tätern unterstützt die drohende Person in ihrem Vorhaben und lässt die Genugtuung und den Ruhm einer Tat innerlich vorwegnehmen. Bei schweren zielgerichteten Gewalttaten spielen häufig auch Jahrestage oder ein besonderes Datum einer geplanten Tat eine spezielle Rolle. Identifizierung lässt sich auch an einem veränderten Erscheinungsbild erkennen: Kleidung, Frisur, Gegenstände, Auftreten.

- **4. Neuerliche Aggression**

Im Verlauf der Planung und Vorbereitung kommt es oft zu einer sogenannten neuerlichen Aggression. Solche Grenzüberschreitungen finden häufig auch gegenüber anderen, unbeteiligten Personen statt. Anzunehmen ist, dass sich spätere Täter in einer Aggressionsspirale befinden und ihre Fähigkeit zur Überwindung von Hemmungen zur Gewaltanwendung an anderen Personen ausprobieren oder sich eines überbordenden Aggressionsstaus entledigen müssen.

- **5. Energieschub**

Vor der Tat kommt es zu einer höheren Frequenz von Kontaktaufnahmen, Annäherungen oder grenzverletzendem Verhalten. Auch Manipulationen an Gebäuden oder Fahrzeugen bzw. ein deutlich aggressiveres Auftreten gegenüber der Zielperson oder deren Umfeld sind Anzeichen für eine intensivere Beschäftigung mit dem späteren Opfer und weisen auf eine Verschärfung der Dynamik hin.

5.4 · Modelle zur Einschätzung

- **6. Leakage**

Ähnlich wie bei suizidalen Entwicklungen kommt es auch bei Fremdgefährdungen zu Äußerungen über eine bevorstehende Tat. Leakage, also das Kommunizieren an Dritte, kann unterschiedliche Funktionen haben, die von der Suche nach Bestätigung über die Vorwegnahme von „Ruhm" bis hin zu einem Hilferuf reichen. Wie bereits weiter oben beschrieben, zeigt sich in den letzten Jahren allerdings eine Tendenz von Tätern, Äußerungen, die das Risiko einer Vereitelung ihres Plans mit sich führen, zu vermeiden.

- **7. Letzter Ausweg**

Wenn alle anderen Optionen wegbrechen, mit der erlebten Ungerechtigkeit umzugehen oder wieder Gerechtigkeit zu erfahren, spricht man von einem letzten Ausweg. Hier zeigen sich weitestgehende Überschneidungen mit dem Aspekt *Altenatives* im JACA-Modell.

- **8. Direkte Drohung**

Drohungen, die in eine Tat münden und im Vorfeld geäußert werden, sind meist klar, eindeutig und unmissverständlich (vgl. ▶ Kap. 2). Solche Drohungen müssen nicht notwendigerweise gegenüber der Zielperson direkt, sondern können auch an Dritte oder in sozialen Medien geäußert werden.

Auch bei diesem Modell gilt: Wenn sich keine oder nur schwache Hinweise auf das Vorliegen der benannten Warnverhalten-Faktoren zeigen, ist keine erhöhte Gefährdungslage anzunehmen. Zeigen sich hingegen Hinweise auf diese acht Faktoren, ist ein Fallmanagement auszulösen. Über weitere spezifischere Modelle sowie das Erfassen der Persönlichkeitsstruktur, eine Verhaltensanalyse sowie intensivere Analyse von biographischen, dynamischen und klinischen Faktoren können präzisere Aussagen getroffen und gegebenenfalls rote Linien definiert werden (▶ Kap. 8).

- **Weitere Modelle und Verfahren**

Die drei beschriebenen Instrumente sind für die Praxis ziel- und zweckmäßig. Darüber hinaus gibt es noch etliche weitere Möglichkeiten für eine erste Einschätzung, die wir zur Komplettierung erwähnen wollen: HCR-20 [7] etwa beschreibt biographische, klinische und dynamische Faktoren, die in eine Einschätzung einfließen. Die Berücksichtigung aller drei Bereiche ist sehr hilfreich und verdeutlicht, dass eine tiefergehende Analyse über die Verhaltensebene hinausgehen sollte. ODARA [9] eignet sich sehr gut zur Einschätzung von häuslicher Gewalt und wird in abgewandelter Form etwa von der Kantonspolizei Zürich zur initialen Beurteilung verwendet. Mit diesem Instrument kann auch ein kritischer Wert ermittelt werden, der auf das Vorliegen einer Risikolage hindeuten kann. OCTAGON [8] ist ein recht komplexes Modell, das deutlich mehr Informationen benötigt und entsprechend auch mehr Zeit in Anspruch nimmt, um aussagekräftig zu sein. Es eignet sich insbesondere für ein nachgeordnetes Fallmanagement. Der WAVR-21 [15] ist ein umfangreicheres Instrument mit 21 Items, das sich zur Bewertung von Gewalt am Arbeitsplatz und zielgerichteter Gewalt verwenden lässt.

Auch hier sollte eine Schulung dem Einsatz des Instruments vorangehen. Weitere Verfahren, die für spezifische Formen der Gewalt wie Stalking (z. B. SAM [10] oder SRP [11]) oder Radikalisierung (TRAP-18 [13]) relevant sind, sollten im Fallmanagement von entsprechenden Risikosituationen zur Anwendung kommen.

❓ Was für Sie noch von Bedeutung sein könnte

Ob Fälle in einer initialen Einschätzung als kritisch oder eben nicht kritisch zu betrachten sind, ist bei einem faktenbasierten und systematischen Vorgehen in der Regel eindeutig. Nicht zwangsläufig kommt es allerdings zu einer gleichen Bewertung einzelner Faktoren in einem Erstbewertungsteam, auch wenn die Beurteilung auf derselben Informationslage beruht. Unterschiedliche Betrachtungen, die sich meist nur in Nuancen widerspiegeln, sollten nicht problematisiert werden. Im Gegenteil: Sie bieten den Vorteil einer ausdifferenzierteren Ausarbeitung der Strategie, weil unterschiedliche Perspektiven und Gewichtungen mitberücksichtigt werden.

Literatur

1. de Becker, G. (1997). *The gift of fear: Survival signals that protect us from violence*. Little, Brown and Company.
2. de Becker, G. (2001). *Mut zur Angst. Wie Intuition uns vor Gewalt schützt*. Fischer-Taschenbuch-Verlag.
3. de Becker, G. (2017) *Vertraue deiner Angst. Wie unsere Intuition uns vor Gewalt schützt*. mvgverlag.
4. Calhoun, F., & Weston, S. (2015). Perspectives on threat management. *Journal of Threat Assessment and Management, 2*(3–4), 258–267.
5. Cornell, D. (2006), Student threat assessment. In E. Gerler (Hrsg.), *Handbook of school violence*. Routledge.
6. DeAngelis, T. (2022, July 11). Mental illness and violence: Debunking myths, addressing realities. *Monitor on Psychology, 52*(3). ▶ https://www.apa.org/monitor/2021/04/ce-mental-illness.
7. Douglas, K. S., Hart, S. D., Webster, C. D., & Belfrage, H. (2013). *HCR-20: Assessing risk for violence* (3. Aufl.). Mental Health, Law and Policy Institute, Simon Fraser University.
8. Endrass, J., & Rossegger, A. (2020). *Octagon-Intervention: Interdisziplinäres Bedrohungsmanagement*. Schweizerischer Berufsverband für Angewandte Psychologie (SBAP).
9. Gerth, J., Rossegger, A., Urbaniok, F., & Endrass, J. (2014). Das Ontario Domestic Assault Risk Assessment (ODARA) – Validität und autorisierte deutsche Übersetzung eines Screening-Instruments für Risikobeurteilungen bei Intimpartnergewalt. *Fortschr Neurol Psychiatr, 82*(11), 616–626.
10. Kropp, P. R., Hart, S. D., Lyon, D. R., & Storey, J. E. (2011). The development and validation of the Guidelines for Stalking Assessment and Management. *Behavioral Sciences & the Law, 29*(2), 302–316.
11. MacKenzie, R., McEwan, T. E., Pathe, M., James, D. V., Ogloff, J. R., & Mullen, P. E. (2009). *Stalking risk profile: Guidelines for the assessment and management of stalkers*. Monash University
12. Meloy, J. R., Hoffmann, J., Guldimann, A., & James, D. (2012). The role of warning behavior in threat assessment: An exploration and suggested typology. *Behavioral Sciences & the Law, 30*, 256–279.
13. Meloy, J. R., & Gill, P. (2016). The lone-actor terrorist and the TRAP-18. *Journal of Threat Assessment and Management, 3*(1), 37–52.
14. Meloy, J. R., et al. (2021). Warning Behavior. In: Meloy, J. R., & Hoffmann, J. (Hrsg.). *International handbook of threat assessment* (2nd ed.). Oxford University Press.
15. White, S. G., & Meloy, J. R. (2016). *The WAVR-21 – Workplace assessment of violence risk* (3rd ed.). ▶ https://wavr21.com.

Erstkontakt mit dem Melder

Inhaltsverzeichnis

6.1 Ziel des Gesprächs – 84

6.2 Der erste Anruf – 86

6.3 Erstes persönliches Treffen – 89

6.4 Nachbereitung des Gesprächs – 91

Literatur – 92

© Der/die Autor(en), exklusiv lizenziert an Springer-Verlag GmbH, DE, ein Teil von Springer Nature 2025
C. Brandkamp und P. Horn, *Bedrohungsmanagement*,
https://doi.org/10.1007/978-3-662-71474-4_6

Warum lohnt es sich, dieses Kapitel zu lesen?

Jeder Sachverhalt, egal wie dramatisch, beginnt mit dem Erstkontakt zum Hinweisgeber. Ohne Meldung gibt es keine aktive Fallarbeit. Was zunächst nach einem recht einfachen Schritt klingt, ist in der Praxis sowohl für den Melder als auch oftmals für das Bedrohungsmanagement herausfordernd: Ein Gespräch, in dem sich die Gesprächspartner nicht kennen und in dem heikle Inhalte zumindest für eine Seite im Raum stehen, ist oft von Anspannung und innerer Unruhe geprägt – umso herausfordernder ist es, dabei dennoch alle Inhalte, Worte sowie nonverbale Signale wie Gestik und Mimik aufmerksam zu erfassen. Daher widmen wir diesem Thema ein ganzes Kapitel.

- **Einleitung**

Melder sind oft in einer Ausnahmesituation, unabhängig davon, ob sie persönlich betroffen oder besorgt um eine Person im nahen Umfeld sind. Für die meldende Person gibt es in der Regel keinen weiteren Lösungsweg, als den Kontakt zum Bedrohungsmanagement aufzunehmen. Andere Optionen werden nicht gesehen, sind ausgeschlossen oder bereits gescheitert. Es ist für sie eine emotional belastende Situation, die oft mit einer Unmittelbarkeit, aber auch Angst und Verzweiflung einhergeht. Zweifel, Scham und Verunsicherung prägen den Einstieg in das Gespräch.

6.1 Ziel des Gesprächs

In diesem ersten Gespräch stehen drei zentrale Aspekte im Fokus: die Prüfung eines möglichen sofortigen Handlungsbedarfs, der Aufbau einer wertschätzenden und vertrauensvollen Atmosphäre sowie die Klärung der Zuständigkeit. Sie fragen sich vielleicht: „Und was ist mit der Informationsgewinnung?" – Wenn diese drei Punkte erfüllt sind, erhalten Sie alle relevanten Informationen, sei es in diesem ersten Gespräch oder in den darauffolgenden Gesprächen. Der Melder wird Ihnen alles mitteilen, was für die weitere Vorgehensweise wichtig ist.

1. **Einschätzung einer möglichen Eigen- und Fremdgefährdung**
   Im Erstgespräch empfehlen wir Ihnen, auch bei nur wagen Hinweisen zu prüfen, ob eine unmittelbare Gefahr für den Betroffenen oder für andere Personen besteht. Dies ist essenziell, um akute Bedrohungen direkt identifizieren und Maßnahmen einleiten zu können. Das Bedrohungsmanagement ist zwar auf präventive und längerfristige Strategien ausgerichtet und nicht für akute Gefährdungslagen vorgesehen, jedoch kann es vorkommen, dass Hinweisgeber sich auch an das Bedrohungsmanagement wenden, wenn sie eine solche unmittelbare Gefahr erkennen. Die Herausforderung besteht darin, dass Hinweisgeber nicht immer zwischen langfristiger Bedrohung und akuter Gefahr differenzieren können. Daher ist es wichtig, eine erste grobe Einschätzung vorzunehmen und gegebenenfalls weitergehende, schnelle Hilfe einzuleiten.

2. **Aufbau einer sicheren vertrauensvollen Verbindung**
   Der erste Eindruck zählt. Das gilt für das erste Date ebenso wie für das erste Treffen mit einem Melder. Ihr Erfolg hängt stark vom Verhältnis zwischen

6.1 · Ziel des Gesprächs

dem Hinweisgeber und Ihnen ab. Im Erstgespräch geht es darum, Ängste, Bedenken und Hemmungen abzubauen, Vertrauen aufzubauen, Barrieren zu überwinden.

Es ist mehr als nur vorurteilsfrei, die Hinweise und Informationen aufzunehmen. Das eigene Wertesystem stimmt nicht immer mit den Werten und daraus abgeleiteten Handlungen des Hinweisgebers überein. In Zwischentönen wird unsere eigene Haltung deutlich, wenn wir gestresst sind, keine Zeit haben oder von einem Fall genervt sind, weil er gar nicht in unser Ressort fällt oder wir schon sehen, wie aufwendig das wird. Es geht darum, wieder und wieder zu reflektieren: über die eigene Rolle und Verantwortung und die eigenen Aufgaben und Ziele. Dann können wir auch offen und ohne Bewertungsdruck in Gespräche gehen. Erst dann können wir in die so wichtige Haltung kommen, dem Gegenüber eine aktive Aufmerksamkeit zu schenken und eine Atmosphäre der Sicherheit und des Vertrauens zu schaffen.

Was bedarf es noch dazu? Präsenz, aktives Zuhören und Empathie. Einen Zustand oder eine Atmosphäre schaffen, in dem sich der Melder verstanden und wohl fühlt, um dadurch offener und ehrlich über Wahrnehmungen und Beobachtungen zu sprechen. Was es nicht bedarf: Mitleid.

Je stärker diese zwischenmenschliche Resonanz, desto größer die Wahrscheinlichkeit, dass der Hinweisgeber auch wichtige Details anspricht, die zur Einschätzung des Bedrohungsgrades beitragen können.

> **Gedankenimpuls**
> Der erste Eindruck zählt – auch im Kontakt mit dem Melder!

3. **Klärung der Bedrohung und Zuständigkeitsprüfung**
   Der dritte wesentliche Schritt im Erstgespräch ist das Herausarbeiten des tatsächlichen Bedrohungshintergrunds. Es geht darum festzustellen, ob es sich um eine relevante Bedrohung handelt, die in Ihren eigenen Zuständigkeitsbereich fällt. Hierzu gehört eine Einschätzung, ob die Situation den klassischen Aufgaben des Bedrohungsmanagements entspricht oder ob andere Stellen wie beispielsweise der Notdienst zuständig sind. Wenn eine Meldung nicht in Ihren originären Zuständigkeitsbereich fällt, wäre es für den Hinweisgeber eine erhebliche Hürde, selbst eine erneute Meldung bei der richtigen Stelle zu machen. Deshalb sollten Sie – natürlich mit Zustimmung des Hinweisgebers – die Kommunikation und Weiterleitung an die zuständige Stelle übernehmen. So kann sichergestellt werden, dass die Meldung zeitnah und effizient bearbeitet und der Hinweisgeber entlastet wird. Falls Sie nicht zuständig sind, ist es auch in Ihrem Interesse, die Angelegenheit an die richtige Stelle weiterzuleiten – zu Ihrem Schutz, da dort die entsprechenden Kompetenzen liegen und das Mandat verankert ist.
   Immer wieder werden auch Meldungen durch Führungskräfte oder die Personalabteilung an das Bedrohungsmanagement herangetragen. Dabei ist häufig der tatsächliche Sachverhalt unklar, in vielen Fällen wird nicht detailliert kommuniziert, aus Angst den Datenschutz zu verletzen oder zu viele Informationen

preiszugeben. Auch hier ist eine große Unsicherheit Ursache für die Zurückhaltung.

Für den Melder ist die Hürde, Kontakt aufzunehmen, häufig sehr groß. Meldungen beinhalten oft persönliche und intime Informationen. Dem Informationsgeber ist es manchmal peinlich, beschämend oder auch beängstigend, diese Inhalte zu teilen. Daher ist es für den Melder von großer Bedeutung zu wissen, mit wem er diese sensiblen Informationen teilen wird. Erstmeldungen sind nahezu immer von der großen Angst begleitet, nicht ernst genommen zu werden.

Bevor Melder den ersten Schritt wagen, plagen sie verschiedenste Fragestellungen:
- Ist das, was ich wahrnehme, sehe, spüre, wirklich so bedrohlich?
- Bin ich an der richtigen Stelle mit meiner Meldung?
- Werde ich ernst genommen?
- Was passiert nach meiner Meldung mit meinen Informationen?
- Wer erfährt davon? Mein Vorgesetzter? Der Täter?

Um diese Zweifel zu reduzieren, helfen umfassende Informationen über das Bedrohungsmanagement, den Ablauf des Erstkontakts und zu den Personen, die den Erstkontakt aufnehmen. Je konkreter sich der Hinweisgeber vorstellen kann, wie das Gespräch ablaufen könnte, umso niedriger ist die Hürde, diesen ersten Schritt der Kontaktaufnahme zu gehen. Je mehr Informationen über die Bedrohungsmanager bekannt sind, z. B. Namen, Gesichter, Erreichbarkeiten, Ablauf des Erstkontakts, Datenschutzgrundlagen, umso leichter ist es für den Melder, Kontakt aufzunehmen.

6.2 Der erste Anruf

Telefonische Gespräche sind besonders vorteilhaft, wenn es um sensible oder vertrauliche Themen geht. Es gibt umfangreiche Untersuchungen, die zeigen, dass das Telefonieren eine persönlichere Atmosphäre schaffen kann und die Bereitschaft zur Offenheit fördert (Hauptstelle für Suchtfragen e. V., 2019). Gerade in Situationen, in denen Vertrauen eine große Rolle spielt, bietet das Telefon eine Form der Diskretion, die oft besser geeignet ist als andere Kommunikationsmittel. Der persönliche Charakter eines Telefongesprächs ermöglicht es den Gesprächspartnern, sich freier auszudrücken, ohne sich durch visuelle Eindrücke abgelenkt oder beeinflusst zu fühlen. Gleichzeitig ist es jedoch entscheidend, dass die Person am anderen Ende der Leitung nicht anonym bleibt. Es sollte eine gewisse Vorstellung davon geben, wer der Gesprächspartner ist.

> **Gedankenimpuls**
> Ein klares Bewusstsein über die eigene Rolle ist essenziell!

Sie sind der Gesprächspartner am anderen Ende der Leitung. Für Sie gibt es in der Regel keine Möglichkeit, sich auf das Gespräch vorzubereiten, weder auf die

Personen noch auf die Inhalte. Umso wichtiger ist es, dass Sie sich Ihrer Rolle bewusst sind, um diese auch einnehmen zu können:
- Was wird von mir erwartet?
- Was erwarte ich selbst von mir?
- Was ist meine primäre Aufgabe?
- Welche Möglichkeiten und Grenzen sind damit verbunden?

- **Der Einstieg**

Die ersten Worte und Sätze sind oft entscheidend. Und auch das, was nicht gesagt oder kommuniziert wird. Es zählt also der „erste Eindruck". Fühlt sich ein Melder im ersten Moment von Ihnen nicht angenommen, gibt es oft keine zweite Chance für Vertrauen, Offenheit, Akzeptanz. Statt mit den üblichen Vorstellungsrunden zu beginnen, gilt es das Eis zu brechen, dem Hinweisgeber Sicherheit zugeben, dass er mit seiner Meldung an der richtigen Stelle angekommen ist, dass es keine Vorverurteilung gibt. Im Gegenteil: dass ihm die volle urteilsfreie Aufmerksamkeit gehört, dass Interesse an den Inhalten und noch mehr an der Person besteht.

In unzähligen Situationen haben wir zunächst das Bedrohungsmanagement, die Rolle, das Vorgehen sowie die dann folgenden Schritte beschrieben, während der Gesprächspartner zunächst „im Dunkeln" blieb und erst im weiteren Verlauf des Telefonats Informationen über sich preisgab.

> ▶ **Fallbeispiel**
>
> » *„Guten Morgen, ich möchte meinen Namen nicht nennen."* Eine Führungskraft meldet sich. *Ich habe eine Mitarbeiterin, die Hilfe benötigt. Ich habe der Mitarbeiterin versprochen, niemanden davon zu erzählen, brauche aber Hilfe…"*
>
> So könnte eine mögliche Antwort aussehen
>
> » *„Bevor Sie starten, möchte ich Ihnen kurz die wichtigsten Punkte für unser Gespräch erläutern. Alles, was Sie mir berichten, wird streng vertraulich behandelt. Ich muss niemanden über unser Gespräch informieren. Ich mache mir ein paar Notizen zu unserem Gespräch, die streng vertraulich abgelegt werden. Es werden keine automatischen Schritte eingeleitet, sofern Sie mir nicht von einer Straftat oder von einer akuten Gefahrensituation berichten. …"* ◀

- **Wesentliche Inhalte und Vorgehensweise**

Im Erstkontakt wie auch in allen weiteren Gesprächen ist es wichtig, den Meldern genau zuzuhören. Nicht immer teilen Sie die Meinung und das Wertesystem ihres Gesprächspartners, dennoch ist es wichtig, diesem Menschen aktiv Ihre volle Aufmerksamkeit zu schenken und ihn nicht zu beurteilen oder gar zu verurteilen. Eigene Belastungen, Bedürfnisse oder Triggerpunkte haben zu diesem Zeitpunkt in den Hintergrund zu treten. Ihre einzige und ausschließliche Rolle ist es jetzt, möglichst viele Informationen aufzunehmen. Versuchen Sie den Menschen mit seinen Bedürfnissen und Ängsten zu verstehen.

Eine erste Studie (Brandkamp, 2024) zum Erstkontakt hat vier wesentliche Informationsfelder identifiziert, die eine besondere Bedeutung haben:

1. **Wie ist die Beziehung zwischen Täter und Opfer? Freunde, Kolleginnen, Vorgesetze, Kunde, Expartner?**
   Aus unseren Erfahrungen heraus lassen sich diese Informationen sehr leicht eruieren, z. B. durch die Frage: „Sind Sie beide Mitarbeitende bei uns?" oder auch „Woher kennen Sie sich?" Die Beziehung zwischen möglichem Opfer und potenziellem Täter ist eine wichtige Information für die Zuverlässigkeit der Information. Insbesondere Beziehungen zwischen Sachbearbeiter und Kunde sowie Beschäftigte untereinander ohne Abhängigkeitsbeziehung hatten der Studie zufolge eine hohe Verifizierungsrate, d. h., die Meldung hat sich im weiteren Verlauf der Bearbeitung als richtig herausgestellt. Je persönlicher die Beziehung zwischen Täter und Opfer, desto größer ist oft die emotionale Wirkung einer Drohung, das Risiko einer möglichen Tat und die Komplexität der Täter-Opfer-Dynamik.

2. **Gab es im Zusammenhang mit diesem Sachverhalt bereits direkte oder indirekte Drohungen?**
   Diese Frage klingt zunächst so, als müsste der Melder darauf direkt eine Antwort haben. Wenn dem so ist, ist die Drohung oft der Auslöser für die Meldung. In der Mehrzahl der Fälle stellt es sich komplizierter dar. Denn nicht immer können die Melder klar einordnen, ob oder wann eine Drohung ausgesprochen wurde, auch dann nicht, wenn sie selbst die Betroffenen sind. Dennoch bleibt es wichtig, danach zu fragen, ob die meldende Person von direkten oder indirektne Drohungen weiß. Selbst ein „wahrscheinlich" sollte Sie hellhörig machen.
   Bereits im Kapitel Ersteinschätzung sind wir auf die Wichtigkeit von direkter oder indirekter Drohung eingegangen. Wer donnert, schlägt selten zu, wird oft gesagt. Es gilt das Gegenteil: Bei Suizid oder Fremdgefährdung zeigt sich nahezu immer eine Kommunikation in Form von Drohungen oder Ankündigungen im Vorfeld.

3. **Gibt es Hinweise auf Stressfaktoren des Opfers, z. B. finanzielle Sorgen, Verlust von sozialen Kontakten, gesundheitliche Belastungen oder Stress am Arbeitsplatz?**
   Dahinter steckt eine Vielzahl von belastenden Punkten, die das Opfer selbst und auch außenstehende Personen wahrnehmen und berichten können. Fragen Sie konkret nach den Punkten: Gibt es noch Freunde, Familie oder Hobbys, denen die Person nachgeht? Besucht er einen Sportverein, oder trifft er sich manchmal mit Kollegen zum Mittagessen? Sind Ihnen finanzielle Schwierigkeiten bekannt? Auch wenn man nicht über Geld spricht, ist oft bekannt, ob ein Haus, eine Wohnung, ein Auto ge- oder verkauft wurde, Elternteile im Pflegeheim sind oder andere finanzielle Herausforderungen bestehen. Und auch Fragen zur eigenen bzw. zur Gesundheit des Opfers sind wichtig. Sowohl Führungskräfte als auch die Personalabteilung können Hinweise aufgrund von häufigen Fehlzeiten erkennen. Je mehr diese Belastungen kumulieren, umso erdrückender ist die Situation für die Person.

Es ist davon auszugehen, dass die Bedeutung dieser Stressfaktoren auch für den Täter gilt. Je aussichtsloser die Situation für den Täter ist oder für ihn erscheint, desto höher ist auch der Handlungsdruck, und umso wahrscheinlicher ist die Umsetzung der angekündigten Tat. Die Datenbasis der Studie konnte das weder bestätigen noch widerlegen.

4. **Warum kontaktieren Sie uns als Bedrohungsmanagement gerade jetzt, nicht gestern, nicht morgen, nicht nächste Woche? Gab es ein Ereignis in den letzten 24 Stunden, in der letzten Woche oder gibt es in den nächsten Tagen ein Ereignis, das Sie besorgt?**

Die Intention des Melders, Kontakt mit dem Bedrohungsmanagement aufzunehmen, kann unterschiedliche Gründe haben. Häufig gibt es einen konkreten Auslöser für die Meldung. Angst oder vergangene Ereignisse, die in belastender Weise nachwirken, sind oftmals Treiber für die Kontaktierung des Bedrohungsmanagements.

Je näher der Auslöser für die Meldung zeitlich zur Meldung liegt, umso brisanter ist der Sachverhalt. Das gilt für vergangene ebenso wie für zukünftige Ereignisse.

▶ **Fallbeispiel**

Sie erhalten folgenden Anruf:

» *Die Stimme am Telefon ist leise. Es ist Tina. Sie berichtet, dass es früher mal zu häuslicher Gewalt durch ihren Partner kam. Er hat eben die Wohnung verlassen. Sie kennen Tina, Sie haben sie aber schon länger nicht gesehen. Tina meldet sich nie von sich aus, dennoch haben Sie das Gefühl, dass Sie eine der wenigen Kontaktpunkte sind. Tina bittet um Hilfe, weiß aber leider nicht, wie diese aussehen soll.* ◀

In diesem Beispiel können Sie wichtige Hinweise erkennen bzw. konkret erfragen:
1. Es besteht eine persönliche Paarbeziehung zwischen Täter und Opfer.
2. Tina vertraut Ihnen, daher können Sie sie fragen, ob ihr Partner damit gedroht hat, ihr etwas anzutun, wenn er zurückkommt.
3. Es gibt Hinweise auf Stressfaktoren des Opfers, Isolierung zumindest im beruflichen Kontext.
4. Tina wird Ihnen sicherlich erzählen, warum sie gerade jetzt anruft. Was ist passiert, bevor ihr Partner die Wohnung verlassen hat?

6.3 Erstes persönliches Treffen

Manchmal möchte Ihr Melder sich mit Ihnen persönlich treffen. Dahinter steht der Wunsch sicherzugehen, dass die Informationen bei Ihnen richtig ankommen, er sicher gehen kann, dass Sie verstehen und ernst nehmen, was er sagt. Angst, Unsicherheit oder auch das Bedürfnis nach umfassender Aufmerksamkeit können Treiber für einen persönlichen Termin sein.

Persönliche Erstkontakte sollten im Vorfeld durchdacht werden. Hierbei geht es nicht um lange intensive Vorbereitungen, eher ein gedankliches Durchspielen der anstehenden Situation:
- Mit wem treffe ich mich?
- Was ist die Intention?
- Was erhofft sich diese Person von diesem Treffen?
- Wie finden wir zusammen?
- Was sagt mein Bauchgefühl?

> **Gedankenimpuls**
> Ihr Bauchgefühl ist ein sehr wertvolles Instrument. Ignorieren Sie es nicht!

Ihr Gesprächspartner wird Ihnen wahrscheinlich sehr vertrauliche Informationen übermitteln wollen, die vielleicht mit eigenen negativen Erfahrungen oder Bedenken einhergehen. In manchen Gesprächen fließen Tränen, sowohl bei Frauen als auch bei Männern.

Insbesondere wenn der Melder Ihnen von Sorgen um einen Kollegen berichtet oder er Repressalien aufgrund der Kontaktierung des Bedrohungsmanagements erwartet, besteht der Wunsch nach einem Treffpunkt, der für das soziale Umfeld nicht bekannt ist oder der zumindest nicht einsehbar ist. Suchen Sie daher bei der Wahl der Örtlichkeit einen Raum, der etwas Privatsphäre ermöglicht, Sie aber zugleich nicht komplett von der Öffentlichkeit abschirmt. Sie kennen weder den Melder noch seine Intention, daher sollten Sie auch an Ihren eigenen Schutz denken. Ihr eigenes Büro, in dem persönliche Dinge von Ihnen zu finden sind, ist keine ideale Örtlichkeit. Es schafft zwar eine vertrauensvollere Atmosphäre, birgt aber das Risiko, dass der Melder dies als Einladung für eine persönliche Beziehung zu Ihnen versteht.

Neben dem Ort ist auch die Zeit ein Parameter. Ein Freitagnachmittag hilft dem Melder, die Last vor dem Wochenende abzuwerfen. Sollte die Meldung allerdings die Organisation von sofortigen Maßnahmen erfordern, ist der Vormittag eines anderen Werktags wesentlich günstiger.

Mehr als im Telefonat hat der Melder im persönlichen Gespräch das Bedürfnis zu reden. Nehmen Sie sich Zeit für diesen Termin. Wählen Sie das Zeitfenster, wenn möglich, so, dass es nicht sofort an andere Termine grenzt. Wir haben die Erfahrung gemacht, dass gerne Termine zu Randzeiten, also morgens sehr früh oder abends nach Beendigung der Arbeitszeit vorgeschlagen werden. Diese Termine können leicht ausufern. Das „Feierabendbier" mit einem Hinweisgeber ist selbstredend ein No-Go.

- **Abschluss des Gesprächs**

Nicht immer ist es einfach, ein Gespräch zu beenden. Manchmal sind Melder sehr froh, endlich reden zu können. Vieles hat sich aufgestaut und möchte jetzt raus. Es ist wichtig, die Balance zu finden zwischen vertrauensvollem, kompetentem Zuhörer und treuestem Freund oder Therapeut. Ihre Rolle in dieser Beziehung sollte keine persönliche Rolle werden, auch wenn Ihr Gegenüber das vielleicht anders einschätzt. Sie entscheiden über die weiteren Schritte nicht aufgrund von Sympathie oder Antipathie, sondern auf der Basis von Fakten und daraus abgeleiteten Szenarien. Sie können nicht die Therapeutenrolle einnehmen. Es ist wichtig für Sie und die Beziehung zum Melder, hier eine Grenze zu ziehen. „Es ist wichtig, dass Sie weiter darüber sprechen. Lassen Sie uns schauen, wie wir für Sie den richtigen Ansprechpartner finden." In vielen Organisationen gibt es für die Mitarbeitenden eine psychologische Anlaufstelle. Binden Sie diese frühzeitig mit ein.

Beenden Sie das Gespräch grundsätzlich mit einem Ausblick auf die nächsten Schritte und wann Sie wieder auf den Melder zugehen werden. Versichern Sie Ihrem Gegenüber, dass er über alle weiteren Schritte informiert wird, dass er Teil des Prozesses ist und nicht nach Abgabe der Meldung außen vor bleibt.

Versichern Sie sich, dass es keine Risiken einer akuten Eigen- oder Fremdgefährdung gibt, die das Einleiten von Maßnahmen erfordern. Für uns ist es zur Routine geworden zu fragen: „Wie geht es Ihnen jetzt, und was machen Sie nach diesem Gespräch?" Am Ende eines Gesprächs sollte der Melder das Gefühl mitnehmen, verstanden worden zu sein, sein Anliegen platziert zu haben, ein gutes Gespräch in einer wertschätzenden Atmosphäre geführt zu haben.

Äußert Ihr Gesprächspartner eine akute Eigengefährdung, ist schnelles und umsichtiges Handeln erforderlich. Verständigen Sie in diesem Fall den Notarzt und bleiben Sie unbedingt an der Seite der Person bis professionelle Hilfe eintrifft. Lassen Sie sie in dieser schwierigen Wartezeit nicht allein – Ihre Nähe und Präsenz können beruhigend wirken und Sicherheit geben. Gerade in dieser emotional herausfordernden Situation ist es von großer Bedeutung, die Person im Blick zu behalten.

Sobald der Notarzt eintrifft, wird er gezielte Fragen zum Zustand Ihres Gesprächspartners stellen und die notwendigen weiteren Schritte in die Wege leiten. Ihre Aufgabe besteht dann darin, falls erforderlich, nahestehende Angehörige zu informieren und gegebenenfalls weitere Unterstützung zu organisieren.

Es ist verständlicherweise belastend, eine Person, mit der Sie gerade intensiv gesprochen haben, in den Rettungswagen begleitet zu sehen. Erinnern Sie sich in diesem Moment daran, dass Sie alles getan haben, um die Person bestmöglich zu unterstützen und in Sicherheit zu wissen. Ihr Engagement hat dazu beigetragen, dass die Person nun in die nötige professionelle Obhut übergeben wird, wo sie die Hilfe erhält, die sie braucht.

6.4 Nachbereitung des Gesprächs

Nach Abschluss des Erstgesprächs ist es hilfreich, sich ein paar Minuten Zeit für eine gezielte Reflexion zu nehmen. Diese bewusste Nachbereitung ermöglicht es, die Eindrücke und Informationen aus dem Gespräch zu verarbeiten und potenziell wichtige Details zu erkennen, die im Gespräch vielleicht unbemerkt geblieben sind. Überlegen Sie:

- Haben Sie die Botschaften des Melders klar und vollständig verstanden?
- Welche Emotionen oder Haltungen konnten Sie bei ihm wahrnehmen?
- Wie hat er auf Sie gewirkt?

Neben der inhaltlichen Analyse kann es hilfreich sein, auch das eigene Bauchgefühl einfließen zu lassen und es schriftlich festzuhalten. Häufig spiegeln solche spontanen Empfindungen relevante Hinweise wider, die erst später Bedeutung gewinnen.

Direkte Notizen, am besten unmittelbar nach dem Gespräch, sind hierbei besonders wertvoll, da sie die genauen Worte und Formulierungen des Melders festhalten, bevor die Erinnerung verblasst. Beim erneuten Lesen fallen oft kleine Details oder Zwischentöne auf, die zuvor übersehen wurden, aber wichtige Hinweise auf die Ernsthaftigkeit oder Dringlichkeit der Lage geben können. Bei der Dokumentation ist wichtig, nicht einfach den gerade zur Hand liegenden Notizblock zu nutzen, sondern sicherzustellen, dass diese Informationen geschützt werden.

Darüber hinaus ist es ebenso wichtig, die eigenen emotionalen Reaktionen auf das Gespräch zu reflektieren. Fragen Sie sich, wie Sie sich persönlich fühlen und ob bestimmte Aspekte Sie stärker belastet haben. Die Fähigkeit, eine gesunde Balance zwischen emotionaler Distanz und empathischem Vertrauen aufzubauen, ist entscheidend für eine nachhaltige Tätigkeit im Bedrohungsmanagement. Dies erfordert eine bewusste Selbstwahrnehmung und regelmäßige Abgrenzung, um langfristig professionell und stabil in der Rolle agieren zu können.

❯ Gedankenimpuls
Behalten Sie Ihre eigene mentale Balance und Resilienz im Blick!

❓ Was für Sie noch von Bedeutung sein könnte
Die Kultur und Sozialisierung eines Menschen beeinflussen sein Verhalten im Erstkontakt. Betroffene, die in Kulturen mit kollektivistischer Orientierung sozialisiert wurden, in denen das „Wir" Vorrang vor dem „Ich" hat, tendieren häufig zu einer eher zurückhaltenden Kommunikation. Gleiches gilt für Menschen, die belastende Erfahrungen in Beziehungen gemacht oder einen Vertrauensmissbrauch erlebt haben. Hilfreich ist es dabei, nicht nur sich selbst Zeit zu nehmen, sondern auch dem Gegenüber Zeit zu geben, auf die oft schwierigen Fragen zu antworten.

Literatur

1. Brandkamp, C. (2024). *The importance of the first contact - Key questions for and information from the first contact with the reporter of an issue.* (unveröffentlichte Masterarbeit) Universität Konstanz.
2. Deutsche Hauptstelle für Suchtfragen e.V. (2019). *Manual für die Beratung am Telefon.* DHS. ▶ https://www.dhs.de/fileadmin/user_upload/pdf/Broschueren/Manual_fu%CC%88r_die_Beratung_am_Telefon_BFREI.pdf.

Informationsgewinnung

Inhaltsverzeichnis

7.1 Relevante Informationen: Was wirklich zählt? – 94

7.2 Informationsrecherche: Wie gehe ich vor? – 98

Literatur – 101

© Der/die Autor(en), exklusiv lizenziert an Springer-Verlag GmbH, DE, ein Teil von Springer Nature 2025
C. Brandkamp und P. Horn, *Bedrohungsmanagement*,
https://doi.org/10.1007/978-3-662-71474-4_7

Warum lohnt es sich, dieses Kapitel zu lesen?

In Ihrer Funktion im Bedrohungsmanagement arbeiten Sie auf der Grundlage von Fakten und daraus abgeleiteten Szenarien. Informationen sind Ihre Rohstoffe. Wie bei allen Rohstoffen geht es auch bei Ihren Informationen um einen bewussten Umgang mit ihnen. Die Informationsgewinnung steht dabei im Spannungsfeld zwischen begrenzten zeitlichen Ressourcen, dem Wunsch nach einer möglichst umfassenden Datengrundlage, der mit der Datenerhebung einhergehenden möglichen Beeinflussung des Sachverhalts und dem datenschutzrechtlichen Rahmen. Da Informationen und deren Gewinnung von so grundlegender Bedeutung sind, widmen wir diesem Thema ein eigenes Kapitel. In diesem Kapitel beantworten wir die Frage, welche Informationen Ihnen helfen, die Situation und Personen einzuschätzen und wie Sie Zugang zu diesen erhalten.

- **Einleitung**

Informationsgewinnung ist im Bedrohungsmanagement ein kontinuierlicher Prozess. Von der Ersteinschätzung, der stetigen Neueinschätzung auf Basis neuer Informationen, der laufenden Überprüfung der Wirksamkeit von Maßnahmen bis hin zum Abschluss eines Falls ist der Zugriff auf aktuelle und relevante Informationen unerlässlich.

Im Management von Sachverhalten arbeiten Sie immer mit unvollständigen Informationen. Häufig sind nicht alle gewünschten Daten verfügbar, sei es aufgrund fehlender Quellen oder eingeschränkten Zugangs. Zudem bleiben oft nicht genügend Zeit und Ressourcen, um sämtliche relevanten Informationen zu beschaffen und zu analysieren. Entscheidungen müssen trotz dieser Lücken getroffen werden, wodurch ein gewisses Maß an Unsicherheit unvermeidlich ist.

Da Zeit in der Regel ein limitierender Faktor ist, sollten Sie vor der Recherche überlegen, welche Informationen Ihnen weiterhelfen.

> ▶ **Fallbeispiel**
>
> *Sie haben von einer Führungskraft die Information erhalten, dass ein junger Mitarbeiter einem Kollegen im Team gesagt haben soll: „Du stehst auch auf meiner Todesliste." Die Kollegen haben Angst, da sie dem Mitarbeiter alles zutrauen. Er hat in der Vergangenheit wohl häufiger Probleme mit Gewalt gehabt. Wie gehen Sie jetzt vor?* ◀

7.1 Relevante Informationen: Was wirklich zählt?

- **Bedeutung von vergangenem Verhalten**

Das Verhalten einer Person in der Vergangenheit bietet oft wertvolle Einblicke in ihren Persönlichkeitsstil und ihre grundlegenden Motive [3]. Beobachtungen aus verschiedenen sozialen Kontexten – sei es im Umgang mit Kollegen, Vorgesetzten, Bekannten oder im Freundeskreis – können dabei helfen, konsistente Muster zu erkennen. Erfahrungen, die in der Vergangenheit gemacht wurden, hinterlassen oft nachhaltige Eindrücke, die das zukünftige Handeln beeinflussen. Wie eine Person beispielsweise Konflikte löst, Verantwortung übernimmt oder mit

Kritik umgeht, gibt Hinweise darauf, ob sie eher kooperativ, dominant, zurückhaltend oder impulsiv handelt. Besonders aufschlussreich ist das Verhalten in affektgeladenen Situationen, da hier unbewusste Reaktionsmuster und emotionale Impulse zutage treten, die einen Rückschluss auf die Persönlichkeit zulassen. Wissen über den Persönlichkeitsstil und die Persönlichkeitsstruktur ist wichtig für die Einschätzung im Fallmanagement. Genauer werden wir darauf in ▶ Kap. 8 eingehen. Sind Personen in der Vergangenheit bereits durch aggressives oder gewalttätiges Verhalten aufgefallen, so ist das ein Hinweis darauf, dass dies in ähnlichen Situationen erneut vorkommen kann. Aber auch stark impulsives Verhalten, mangelnder Respekt und gegenseitiges Antreiben zu Gewalt können als Anzeichen für spätere Gewaltbereitschaft gesehen werden [10].

Menschen aus dem nahen Umfeld, Kollegen, Vorgesetzte oder Freunde, können Auskunft über Verhaltensweisen in affektaufgeladenen Interaktionen geben. Dieses Wissen ist besonders wertvoll für die Einschätzung und Strategieplanung im Fallmanagement.

> **Gedankenimpuls**
> Vergangenes Verhalten ist der beste Prädiktor für zukünftiges Verhalten!

- **Bedeutung der Sprache**

Neben dem Verhalten spielt auch die Sprache eine zentrale Rolle. Wortwahl, Satzstruktur, Tonfall sowie Sprachtempo und auch nonverbale Signale geben Ihnen Anhaltspunkte auf den Sprecher und spiegeln oft seine innere Haltung wider. Menschen, die sich durch präzise und empathische Kommunikation auszeichnen, zeigen oft ein hohes Maß an sozialer Intelligenz, während unüberlegte oder aggressive Äußerungen auf innere Konflikte oder auf eine hohe Impulsivität hindeuten können. Das Sprachtempo und der Tonfall deuten darauf hin, ob eine Person selbstbewusst, unsicher, begeistert oder besorgt ist.
- Ist der Sprachstil eher sachlich oder emotional?
- Ist die Sprache eher von Gefühlen oder Fakten geprägt?
- Wie sind die Wortwahl und der Tonfall?
- Hat er eine klare und strukturierte Sprache, der man gut folgen kann?

Insbesondere bei Drohungen sollten wir noch genauer auf die Sprache achten. Auch hier liefern Stil, Wortwahl und sprachliche Fehler wichtige Hinweise auf den Schreiber oder Sprecher. Auffälligkeiten in der Sprache wie ungewöhnliche Sprachmuster oder inkonsistente Aussagen können Hinweise auf einen mental beeinträchtigten Verfasser geben. Werden viele Abschwächungen und Konjunktive verwendet, deutet das auf eine geringe Ernsthaftigkeit hin [4].

> **Gedankenimpuls**
> Sprache gibt Aufschluss über den Aggressionsgrad und die kognitiven Fähigkeiten!

Neben Sprache dienen das persönliche Auftreten, die Körperhaltung, Kleiderwahl und Accessoires als bedeutende Informationsquellen. Diese sollten in Ihre Überlegungen mit einbezogen werden.

■ **Informationssuche im digitalen Zeitalter**

Im digitalen Zeitalter liefern OSINT (Open Source Intelligence) und SMINT (Social Media Intelligence) zusätzliche Perspektiven. Die öffentliche Selbstdarstellung in sozialen Medien offenbart nicht nur das Selbstbild einer Person, sondern auch, wie sie von anderen wahrgenommen werden möchte [5]. Welche Inhalte geteilt, gelikt oder kommentiert werden, gibt Auskunft über Werte, Interessen und Prioritäten. Gleichzeitig können Unstimmigkeiten zwischen der realen und der digitalen Persona auf Unsicherheiten oder gezielte Imagegestaltung hindeuten. So ergibt sich durch die Kombination all dieser Beobachtungen ein facettenreiches Bild, das Rückschlüsse auf die Motivationen, das Selbstverständnis und die Beziehungen einer Person ermöglicht.

Bei Ihren Recherchen erhalten Sie zahlreiche historische (unveränderliche) wie auch dynamische (veränderliche) Faktoren. Historische Daten sind: Vorgeschichte von Gewalt sowie Gewalterfahrungen in der Kindheit, früherer Substanzmissbrauch, Probleme in der Schule oder am Arbeitsplatz ebenso wie psychische Grundstruktur und dissoziales Verhalten oder instabile Beziehungen in der Vergangenheit. Diese Faktoren können als Prädiktoren für zukünftiges Verhalten dienen. Zu den dynamischen Faktoren zählen (intime) Beziehungen, realistische Pläne, aktuelle Konflikte, Umgang mit Stress sowie Aktivitäten und Interessen. Weitere bedeutende dynamische Faktoren sind die Verfügbarkeit von Waffen und aktueller Konsum von Substanzen. Eher selten stoßen wir bei der OSINT-Recherche auf klinische Faktoren, es sei denn, eine Person ist sehr aktiv in den entsprechenden Foren. Gleichwohl erhalten wir Hinweise auf die psychische Verfassung. Hierzu zählen z. B. Impulskontrolle, Affektregulation, Introspektionsfähigkeit sowie Suizidalität. Die dynamischen Faktoren sind die Variablen, die bei der stetigen Neubewertung betrachtet werden.

■ **Bedürfnisse als Handlungstreiber**

Menschen handeln aus ihrer subjektiven Sicht immer rational. Das Handeln dient der Befriedigung von Bedürfnissen bzw. dem Ausgleich eines Mangels. Psychologische Grundbedürfnisse sind essenzielle Bedürfnisse, die das menschliche Wohlbefinden und die soziale Interaktion prägen. Dazu gehören das Bedürfnis nach Bindung und Zugehörigkeit, Selbstwert und Wichtigkeit, Kontrolle und Autonomie, Sinneslust und Frustrationsvermeidung. Zu den grundlegenden Bedürfnissen zählen auch Sicherheit und Orientierung. Diese Bedürfnisse sind tief in unserer Psyche verankert und beeinflussen unser Verhalten, unsere Emotionen und unsere sozialen Interaktionen. Bei der Informationsgewinnung gilt es einen besonderen Blick darauf zu werfen, inwiefern Grundbedürfnisse gerade verletzt werden oder ins Wanken geraten.

- Ist das soziale Netzwerk der drohenden Person noch tragfähig?
- Spielt er noch eine Rolle in seinem sozialen Umfeld, z. B. in seinem Verein?
- Ist er Teil von gemeinsamen Teamveranstaltungen?
- Gibt es ein intaktes Familienleben?

- **Motive einer Drohung**
Um das Motiv einer Drohung zu verstehen, sind die Analyse des Kontextes sowie die Beziehung zwischen Täter und möglichem Opfer entscheidend. Dabei spielen Informationen über formale Beziehungen zu Kollegen, Vorgesetzten oder Auszubildenden ebenso eine Rolle wie informelle Verbindungen zu Freunden, Familie, Nachbarn oder Bekannten. Und auch Beziehungen über soziale Netzwerke, Messenger-Dienste oder Online-Spiele sind von Bedeutung. Beziehungen können durch Abhängigkeiten, Rivalitäten, Neid oder auch Nähe und Sympathie geprägt sein. Entsprechend sind sie als Schutz- oder Risikofaktoren zu bewerten.

Wichtig ist zudem, wie häufig, wo und unter welchen Umständen Täter und potenzielles Opfer aufeinandertreffen. In welchem konkreten Kontext wurde die Drohung ausgesprochen? Je mehr Sie über die spezifische Situation erfahren, in der die Drohung geäußert wurde, desto klarer lässt sich das Gesamtbild einordnen und ein mögliches Motiv erkennen. Darauf wurde bereits in ▶ Kap. 2 eingegangen. Wesentlich ist hier, Informationen zu gewinnen, die Rückschlusse auf die Motive geben können [1]:
1. Etwas erreichen wollen
2. Wut ablassen [2]
3. Macht ausüben [6, 11]
4. Angst einjagen oder einschüchtern
5. Unter Kontrolle bringen [9]
6. Tat ankündigen

Befindet sich jemand auf dem Weg zur Gewalt, so gibt es im Vorfeld Anzeichen, die im Umfeld wahrgenommen werden können. Diese sogenannten „Pathway Warning Behaviors" [7] beinhalten: Recherche, Planungshandlungen und Vorbereitungen. Befindet sich der potenzielle Täter in dieser Phase der ersten Überlegungen, wird er Informationen sammeln, sich intensiv mit der Zielperson auseinandersetzen, beobachten, ausspionieren. Gewalt wird hier schon als eine Option erwogen. Rachefantasien und der Wunsch nach Genugtuung spielen dabei eine entscheidende Rolle. Wird der Weg zur Gewalt fortgesetzt, kommt es zu konkreten Probehandlungen und Vorbereitungen wie das Beschaffen von Waffen oder Schießübungen. Solche Beobachtungen werden gelegentlich von den Betroffenen und ihrem Umfeld gemacht und so weiterkommuniziert. Damit es nicht retrograd zu einem Zusammenlaufen von Informationen kommt, wie häufig nach schweren Gewalttaten, ist es wichtig, die betroffenen Personen und deren Umfeld zu sensibilisieren und zu ermutigen, auffälliges Verhalten zu melden.

Bisher haben wir nach Faktoren geschaut, die das Gefährdungspotenzial erhöhen. Es ist auch wichtig, die andere Seite, stabilisierende und schützende Faktoren, zu betrachten: Was hält den potenziellen Täter davon ab, seine Gedanken zu konkretisieren und auf dem Weg zur Gewalt voranzuschreiten? Was hält ihn von einer Tat ab? Halten ihn Beziehungen, Zukunftspläne oder die Beziehung zu den eigenen Kindern von einer Tat ab? Auch hier ist die wertvollste Quelle das nahe Umfeld.

- **Opfer im Fokus**

Neben Informationen über die drohende Person ist es wichtig, Informationen über das potenzielle Opfer zu gewinnen. Dies ist von besonderer Bedeutung, da der Zustand des Opfers die Möglichkeiten für Veränderungen einschränken kann. Dabei helfen folgende Fragen:

- Wie vulnerabel ist das Opfer?
- Wie sehen die Kontaktpunkte zwischen möglichem Täter und Opfer aus?
- Gibt es einen gemeinsamen Arbeitsplatz, oder gibt es gar gemeinsame Kinder?
- Existieren Überschneidungen bei Freizeitaktivitäten, z. B. ein gemeinsamer Tennisclub?
- Wie ist die räumliche Distanz zwischen den Wohnorten?
- Gibt es einen neuen Lebenspartner und, wenn ja, wie geht dieser mit der Situation um?
- Können Personen im nahen Umfeld selbst gefährdet sein und so zu Zielpersonen werden?

Die physische Verfassung des oder der möglichen Opfer ist für Sie als Bedrohungsmanager von großer Bedeutung. Wie Fallstrategien umgesetzt werden können, hängt häufig von der Kooperation, den Fähigkeiten und der psychischen Verfassung der Opfer ab, Konsequenzen durchzusetzen, ohne mögliche Schuldgefühle auszulösen, ein sicherheitsgerechtes Verhalten und situative Aufmerksamkeit zu zeigen, sich an die gemeinsam erarbeiteten Fallstrategien zu halten und nicht aus einer Emotionalität unabgestimmtes Vorgehen oder in alte Verhaltensmuster zurückzufallen, um nur ein paar Anforderungen zu nennen.

7.2 Informationsrecherche: Wie gehe ich vor?

Grundsätzlich stehen Ihnen für die Informationsrecherche vier Möglichkeiten zur Verfügung: Interviews, Online-Recherche, Verhaltensbeobachtungen oder Zugriff auf Unterlagen. Alle Informationen, die Sie durch einfache Recherche ohne Befragung von Ihrem Schreibtisch innerhalb weniger Minuten erledigen können, sollten Sie vornehmen. Seien Sie dabei umsichtig und vermeiden Sie es, selbst Spuren zu hinterlassen – zum Beispiel auf Social-Media-Plattformen.

Bevor Sie auf weitere Personen zugehen, empfehlen wir, dies mit dem Melder abzustimmen. Nichts verletzt das Vertrauensverhältnis mehr als die Weitergabe von (streng) vertraulichen Informationen an Dritte. Der Melder sollte wissen, wer diese Informationen erhält. Nicht immer ist die Führungskraft oder der sonst so freundlich wirkende Kollege die Person, die widerstehen kann, spannende Informationen weiterzutragen. Hintergrund dieser Vorgehensweise ist auch das Bestreben, das Opfer wieder in die Lage zu versetzen, zurück in eine aktive, gestaltende Rolle zu kommen. Ihre Aufgabe ist es auch, die Unsicherheit und Unruhe durch bewusstes, planvolles und sicheres Handeln in Ruhe zu verwandeln. Dies gilt natürlich nicht bei akuter Gefahr, die sofortiges Handeln notwendig macht.

Welche Person Sie als Erstes kontaktieren, hängt davon ab, wer Ihnen die aussagekräftigsten Informationen zu Veränderungen im Verhalten oder zu Motiven und Werten liefern kann. Im beruflichen Kontext sind das in der Regel Mitarbeitende, die eng mit der auffälligen Person zusammenarbeiten. Zugleich ist die Kontaktaufnahme zu diesen Personen besonders heikel, da sie auch den größten Einfluss auf die auffällige Person haben. Wenn Sie in Ihrer Funktion im Bedrohungsmanagement mit dem nahen Umfeld in Kontakt treten, führt das in der Regel dazu, dass diese Personen sich Sorgen machen oder Angst bekommen oder dass zumindest ein mulmiges Bauchgefühl hängen bleibt. Daher ist es wichtig, dass Sie sehr sorgfältig vorgehen, Gespräche vorbereiten und diesen Personen die Sicherheit geben, dass Sie wissen, was Sie tun.

Bevor Sie den Kontakt zu einer weiteren Person aufnehmen, kann es hilfreich sein, ein paar vorbereitende Überlegungen anzustellen:
— Zu welchem der drei großen Frageblöcke kann die Person verlässliche Informationen liefern: zur drohenden Person, zum potenziellen Opfer oder zur Drohung selbst.
— Welche Informationen können Sie mit der Person teilen?
— Welche Konsequenzen hat die Kontaktaufnahme zum Informationsgeber für den weiteren Verlauf? Folgen können z. B. das Auslösen von Gerüchten oder Misstrauen im Unternehmen sein. Sollte die Polizei als Informationsgeber ausgewählt sein, kann es zu einer unabgestimmten Gefährderansprache kommen.

Wenn möglich, sollten Gespräche im Vier-Augen-Prinzip geführt werden, um den eigenen Eindruck und das Gehörte und Gesehene abzugleichen. Erst durch unterschiedliche Wahrnehmungen und das Zusammenfügen einzelner Aspekte können wir die Komplexität erfassen.

Auch wenn es wünschenswert wäre, können nicht alle Gespräche persönlich stattfinden. Gestik, Mimik und Körperhaltung sind wichtige Bausteine der Kommunikation, die Sie besser in einem persönlichen Gespräch wahrnehmen können. Insbesondere dann, wenn Sie ein Gespräch mit dem potenziellen Täter oder möglichen Opfern führen, empfehlen wir, dies in einem persönlichen Treffen zu machen.

Es ist äußerst wichtig, sich während eines Gesprächs Notizen zu machen. Die Fülle an Informationen kann dazu führen, dass wesentliche Punkte schnell in Vergessenheit geraten. Wörtliche Formulierungen und spezifische Aussagen sind oft nur einmal zu hören und können mit etwas zeitlichem Abstand nicht mehr genau wiedergegeben werden. Der Wortlaut zentraler Aussagen kann für die bedrohungsanalytische Einschätzung wichtig sein und sollte dafür in schriftlicher Form vorliegen.

- **Zusätzliche Auskunftspersonen**

Wichtige Hinweise können auch Personen außerhalb des Unternehmens liefern. Das können Familienangehörige, Freunde, Institutionen wie Vereine, Gesundheitsorganisationen sowie Polizeien und Sicherheitsbehörden sein. Insbesondere die örtliche Polizei kann hier hilfreich sein. Sie darf zwar keine Auskünfte über mögliche Vorstrafen oder Ähnliches geben, kann aber Hinweise geben, ob Sie besonders umsichtig vorgehen sollten.

Die Wirksamkeit von Maßnahmen muss verifiziert werden. Dazu benötigen wir Informationen über Veränderungen bezüglich Schutz- und Risikofaktoren sowie Verhaltensweisen und Einstellungen. Dabei spielen Personen aus dem nahen Umfeld eine wesentliche Rolle. Sie sind oft die Einzigen, die tatsächliche Veränderungen wahrnehmen können. Sie sind es auch, die wertvolle Hinweise geben können, ob die getroffenen Maßnahmen den gewünschten Effekt haben oder ob zusätzliche oder alternative Schritte erforderlich sind.

- **Die Personalakte als Informationsquelle**

Weitere Informationen können Sie über die Personalakte und, falls vorhanden, Bewerbungsunterlagen erhalten. Die Personalakte liefert Ihnen Informationen über den Familienstand, den Wohnort, den damals angegebenen Notfallkontakt sowie Informationen zu Einschränkungen oder Behinderungen. Auch lässt sich die berufliche Entwicklung im Unternehmen hier gut ablesen. Zusammen mit Bewerbungsunterlagen und Lebenslauf haben sie einen guten Überblick über die unterschiedlichen Stationen im Leben der Person. In den Bewerbungsunterlagen werden oft Freizeitaktivitäten beschrieben, die uns Hinweise auf kritische Freizeitbeschäftigungen, Freundeskreise oder Zugang zu Waffen geben können.

- **Social Media als Informationsquelle**

Viele Personen sind in den sozialen Medien aktiv. Ein Blick in die gängigen Plattformen lohnt sich immer. Open Sources umfassen soziale Medien, öffentlich gemachte Informationen auf Webseiten, in Foren oder Datenbanken. Hier lassen sich häufig brauchbare Informationen und Zusammenhänge gewinnen. Zu bedenken ist immer die Güte der gewonnenen Informationen, d. h. die Glaubwürdigkeit und Vertrauenswürdigkeit der Quelle. Bei all diesen über Open Source gewonnenen Daten gibt es viele falsche oder irreführende Informationen. Daher ist es entscheidend, die Quelle zu bewerten und Informationen zu verifizieren. Bei der Suche in Datenbanken oder Dokumenten kann es vorkommen, dass Informationen nicht mehr aktuell sind. Daher muss auch das Datum der Quelle beachtet werden [8].

❓ **Was für Sie noch von Bedeutung sein könnte**

Der Leitsatz der Naturwissenschaften „The absence of evidence is not an evidence of absence" gilt auch für das Bedrohungsmanagement. Das Fehlen von Beweisen für eine Behauptung bedeutet nicht automatisch, dass diese Behauptung falsch ist. Manche Dinge bleiben unbeobachtet, unentdeckt oder werden schlichtweg nicht wahrgenommen.

Seien Sie sich bewusst, dass Ihre persönliche Perspektive und Wahrnehmung entscheidend Ihre Einschätzungen beeinflussen. Allein dieses Bewusstsein schützt vor erheblichen Wahrnehmungsverzerrungen. Versuchen Sie dabei, sich an Fakten zu orientieren, objektiv zu bleiben und Informationen stets kritisch zu hinterfragen.

Literatur

1. Anderson, C. A., & Bushman, B. J. (2002). Human aggression. *Annual Review of Psychology, 53*, 27–51.
2. Dollard, J., Doob, L. W., Miller, N. E., Mowrer, O. H., & Sears, R. R. (1939). *Frustration and aggression.* Yale University Press.
3. Füllgrabe, U. (2023). *Psychologie der Eigensicherung.* Nomos Verlag. ▶ https://www.nomos-elibrary.de/10.5771/9783415069541.pdf.
4. Haas, H. (2004). *Kriminalistik: Drohungen und ihre Bewertung.* Universität Zürich. ▶ https://www.zora.uzh.ch/id/eprint/97196/1/Henriette_Haas_-_Kriminalistik_Drohungen_2004.pdf.
5. Meinicke, A.-B. (2021). *Selbstdarstellung auf Social Media. Ein Überblick mit Bezug zu Identität.* GRIN Verlag.
6. Meloy, J. R. (2000). *The psychology of stalking: Clinical and forensic perspectives.* Academic Press.
7. Meloy, J. R., Hoffman, J., Roshdi, K. Glaz-Ocid, J., & Guldimann, A. (2014). Warning behaviors and their configurations across various domains of targeted violence. In R. Meloy & J. Hoffmann (Hrsg.), *International handbook of threat assessment.* Oxford.
8. Pasi, G., & Viviani, M. (2020). Information credibility in the social web: Contexts, approaches, and open issues. *arXiv preprint* ▶ arXiv:2001.09473.
9. Patterson, G. R. (1982). *Coercive family processes.* Castalia Publishing Company.
10. Rettenberger, M. (2021). *Kriminologische Aspekte der Gewaltprävention und Risikoeinschätzung.* Welt. ▶ https://www.welt.de/253813158.
11. Tedeschi, J. T., & Felson, R. B. (1994). *Violence, aggression, and coercive actions.* American Psychological Association.

Situationsanalyse, Verhaltensanalyse und Persönlichkeitsprofil

Inhaltsverzeichnis

8.1 Warum so eine aufwendige Analyse – 104

8.2 Aufbau einer Situationsanalyse – 106

8.3 Sachlage – 107

8.4 Verhaltensanalyse – 108

8.5 Persönlichkeitsstile – 110

8.6 Instrumente und Einschätzung – 116

8.7 Bedrohungsanalytische Einschätzung – von der Analyse zur Synthese – 118

8.8 Fallmanagement-Strategien – 119

Literatur – 120

© Der/die Autor(en), exklusiv lizenziert an Springer-Verlag GmbH, DE, ein Teil von Springer Nature 2025
C. Brandkamp und P. Horn, *Bedrohungsmanagement*,
https://doi.org/10.1007/978-3-662-71474-4_8

Warum lohnt es sich, dieses Kapitel zu lesen?
Kritische Fälle erfordern eine eingehendere Analyse und Bewertung. Erst auf dieser Grundlage lassen sich bei komplexeren oder risikobehafteten Fällen geeignete Maßnahmen diskutieren und ableiten. Hierfür eignet sich eine Situationsanalyse, in der ein Fall in seiner Komplexität und Vielschichtigkeit betrachtet und ausgewertet wird. Dabei werden die unterschiedlichen Dimensionen Ereignisse, Verhalten und Persönlichkeit systematisch und verdichtet dargestellt, um ein umfassendes Bild vom Täter und von der Situation zu gewinnen. Die Zusammenhänge zwischen Kontext, Verhalten und innerer Dynamik der drohenden Person sind eine wichtige Grundlage für ein zielgerichtetes und effizientes Fallmanagement. In diesem Kapitel zeigen wir, wie eine Verhaltensanalyse und ein Persönlichkeitsprofil erarbeitet und mit den bereits gewonnenen Erkenntnissen in einer Situationsanalyse zusammengeführt werden können.

8.1 Warum so eine aufwendige Analyse

Eine Situationsanalyse hat gewissermaßen „Gutachten"-Charakter. Sie wird dem Fallmanagement-Team zur Verfügung gestellt und dient als Grundlage für die Entwicklung von geeigneten Maßnahmen und Strategien im Umgang mit der Bedrohungslage. Das Fallmanagement-Team ist in der Regel interdisziplinär und crossfunktional besetzt. Die Zusammensetzung mit unterschiedlichen Perspektiven und Rollen/Funktionen dieses Teams bedingen, dass dabei noch weitere Ideen und Notwendigkeiten zur Bearbeitung des Falls mit einfließen, etwa aus rechtlichen Gegebenheiten oder personalpolitischen Notwendigkeiten heraus. In ▶ Kap. 9 wird darauf näher eingegangen. Die Situationsanalyse dient also als Basis des Entscheidungsfindungsprozesses. Gelegentlich werden Situationsanalysen von externen Bedrohungsmanagern und Beratern erstellt. Dies dient auch der Absicherung in besonderen Risikolagen.

Eine Situationsanalyse wird erst dann veranlasst, wenn ein Fallmanagement ausgelöst wurde. Dafür gibt es ganz unterschiedliche Gründe:
- **Gefährdungslage:** Die verfügbaren Informationen deuten auf eine deutlich erhöhte Gefährdungslage hin. Dies ist dann der Fall, wenn die initiale Einschätzung nahelegt, dass sich jemand weit über eine wütende Reaktion hinausbewegt und sein Denken auf eine Person oder eine Tat einengt oder sich unterschiedliche Warnverhaltensweisen zuspitzen. Dies trifft insbesondere dann zu, wenn ein Innentäter oder ein Täter mit intensiver Beziehung zum Unternehmen mit schwerer Gewalt droht. Sogenannte Black-Swan-Szenarien (niedrige Wahrscheinlichkeit mit hohem Wirkungsgrad) mit ausreichender Glaubwürdigkeit und Fähigkeit des Täters sollten immer Beachtung finden.
- **Gefährdung des Top-Managements:** Ist das Top-Management in die Bedrohungslage involviert oder direkt davon betroffen, erfordert dies grundsätzlich eine eingehendere Analyse. Denn eine solche Risikokonstellation geht immer auch mit einem erheblichen Risiko eines Reputationsschadens einher. Ganz abgesehen davon besteht eine besondere Erwartung gegenüber dem

8.1 · Warum so eine aufwendige Analyse

Bedrohungsmanagement, rasch Klarheit und Gewissheit über Einschätzung und Auswirkungen zu bekommen. Hier kann auch eine reduzierte Form der Situationsanalyse ausreichen.

- **Komplexe oder undurchsichtige Fälle:** Manche Fälle werden deutlich komplexer und uneindeutiger, wenn wir sie im Bedrohungsmanagement-Team aus unterschiedlichen Perspektiven diskutieren. Gelegentlich zeigt sich dies auch bei der Dokumentation der Ereignisse. Ambiguität sollte zumindest geprüft und verstanden werden. Verdichten sich hier Anzeichen für eine erhöhte Gefährdungslage, sollte eine Situationsanalyse initiiert werden.
- **Umfassende Besorgnis und Angst:** Dem Gefühl von Angst und Sorge, insbesondere dann, wenn sie bei unterschiedlichen Personen oder Personengruppen auftritt, die üblicherweise nicht zu ängstlichen Reaktionen neigen, sollte nachgegangen werden. Eine umfassendere Recherche bringt hier oftmals schon mehr Klarheit. In der Praxis zeigen sich dabei oft ausreichend Anhaltspunkte, die den Aufwand einer Situationsanalyse rechtfertigen.

> **Gedankenimpuls**
> Eine Situationsanalyse sollte nur dann ausgelöst werden, wenn eine begründete Gefährdungslage vorliegt – weil deutlich mehr Ressourcen benötigt werden und weil sie die Wahrnehmung von Täter und Opfer verändert.

Eine Situationsanalyse erfordert deutlich mehr zeitliche und personelle Ressourcen. Daher geht ihr immer auch eine begründete Notwendigkeit voraus. Diese ist analog zur Auslösung eines interdisziplinären Fallmanagements zu sehen: moderates bis hohes Risiko, die Involviertheit des Top-Managements, hohe Komplexität und Widersprüchlichkeit, das fortgesetzte Gefühl von Angst bei unterschiedlichen Personen sowie brisante Lagen, die eine Absicherung erfordern. Eine genauere Analyse eines Falls verändert den Blick auf die betroffenen Personen, weil hierfür auch etliche Informationen benötigt werden. Führungskräfte oder Mitarbeitende, die zu einem Kollegen befragt werden, weil er im Bedrohungsmanagement auffällig wird, werden ihr Bild und ihr Verhalten gegenüber diesem Mitarbeiter verändern. Um eine implizite Vorverurteilung und einen Schaden für die beteiligten Personen zu vermeiden, muss eine begründete Risikolage bestehen. Daher werden Ermittlungen auch erst auf der Grundlage eines begründeten Anfangsverdachts aufgenommen.

> ▶ **Fallbeispiel**
>
> *Im Rahmen einer Wiedereingliederung nach längerer Krankheit sollen mit dem Mitarbeiter eines Finanzdienstleisters erste Schritte besprochen werden. Seine Führungskraft, die sich sonst sehr engagiert und tatkräftig zeigt, sieht sich aufgrund ihrer tiefen Besorgnis außerstande, dieses Gespräch zu führen. Auch der sehr erfahrene Personalverantwortliche, der immer wieder Kontakt zum Mitarbeiter hatte, äußert unmissverständlich ein Gefühl von Angst, kann dies allerdings nicht näher beschreiben.* ◀

8.2 Aufbau einer Situationsanalyse

Um eine qualifizierte Bewertung eines Falls vorzunehmen, sind unterschiedliche Dimensionen zu betrachten: historische/biographische, dynamische und klinische. Anders als bei einer initialen Einschätzung, bei der es ausschließlich darum geht zu eruieren, ob ein Fall als kritisch oder eben nicht kritisch zu bewerten ist, und die damit einhergeht, dass ein Fall nicht intensiver verfolgt oder eben ein Fallmanagement ausgelöst wird, geht es hier darum auszuloten, an welchem Eskalationspunkt eine Person steht und welche Maßnahmen und Schritte geeignet erscheinen, eine Eskalationsdynamik zu durchbrechen.

> **Gedankenimpuls**
> Der Aufbau einer Situationsanalyse folgt einer Logik, die grundsätzlich – wenn auch in deutlich reduzierter Form – bei allen kritischen Fällen angewendet werden sollte.

Für ein umfassenderes Bild zu einer Bedrohungslage sind folgende Schritte hilfreich:

- **Informationsgrundlage:** Aus welchen Quellen wurden die verwendeten Informationen gewonnen? Wurden ausreichend Quellen berücksichtigt, um eine Aussage auf der Grundlage von Fakten treffen zu können?
- **Chronologie der Ereignisse:** Die verdichtete Beschreibung der Vorkommnisse und Ereignisse bietet die Möglichkeit, Intensität und Frequenz sowie begleitende kritische Ereignisse und Zusammenhänge besser erfassen zu können.
- **Informationen zur Person und Umstände:** biografische Daten, Hintergrund, Herkunft, Werdegang, Brüche, psychische Erkrankungen, Lebensumstände, besondere Interessen und Fähigkeiten.
- **Ergebnisse aus der Verhaltensanalyse:** Welche Reaktionen und Auffälligkeiten zeigte die Person in der Vergangenheit, insbesondere in interpersonellen oder schwierigen Situationen, beispielsweise unter Stress, Druck, Veränderung oder Kritik? Lassen sich hier bestimmte Muster erkennen?
- **Erstellung eines Persönlichkeitsprofils:** Welche Charaktereigenschaften prägt die Person? Welche persönlichen Treiber und Bedürfnisse zeigen sich? An welchem Punkt ist jemand besonders vulnerabel? Auf welche Verhaltensweisen reagiert sie positiv? Was bringt sie in Bedrängnis?
- **Einschätzung der Risiken auf der Basis von Modellen und Instrumenten:** Welche Indikatoren für eine Risikobewertung zeigen sich in den jeweiligen Modellen (z. B. JACA, Warnverhalten-Typologie, PCL-R [1], HCR-20)? Welche Ergebnisse zeigen spezifische Instrumente (z. B. SAM, TRAP-18)? Welche Faktoren können als erfüllt angesehen werden, welche nicht? Fehlen Informationen für bestimmte Faktoren?
- **Bedrohungsanalytische Einschätzung:** Die zusammenführende Beschreibung aus biographischen, dynamischen und klinischen Faktoren unter der Berücksichtigung von Verhaltensanalyse und Persönlichkeitsprofil zeigt die innere Dynamik

8.3 · Sachlage

> der bedrohlichen Person auf und liefert Hinweise zu verschärfenden Faktoren und Ereignissen. Sie zeigt auf, an welchem Punkt in ihrer destruktiven/gewalttätigen Entwicklung sich die Person befindet und welche Szenarien zu erwarten sind.
> — **Fallmanagement-Strategien:** Die Diskussion möglicher Fallmanagement-Strategien erfolgt unter Einbezug der damit verbundenen Risiken und Chancen und basiert entsprechend auf der bedrohungsanalytischen Einschätzung. Sie dient als Grundlage für die Entscheidungsfindung im Fallmanagement-Team. In der Regel werden hier auch Verhaltensempfehlungen und Hinweise zum Umgang mit dem Opfer aufgeführt.

8.3 Sachlage

Zunächst einmal werden alle relevanten Informationen noch einmal zusammengetragen und verdichtet. Dadurch entsteht ein klareres Bild. Denn im Verlauf eines Falls kommen immer wieder neue, teils widersprüchliche Informationen zusammen. Bei der Zusammenstellung der bisherigen Erkenntnisse entsteht oft ein Bild, das erst die Komplexität des Falls abbildet. Denn der Fall wird aus unterschiedlichen Perspektiven betrachtet: Täter, Opfer, Beobachter, Eingeweihte, Beteiligte. Das gibt uns die Möglichkeit, wieder eine Vogelperspektive einzunehmen, Voreingenommenheit zu widerstehen und die Dinge klarer zu sehen. Nicht zuletzt gelingt das auch dadurch, dass wir spezifizieren, von wem welche Informationen stammen und diese dann in eine Chronologie (Timeline) gebracht werden, um die Dynamik und die Veränderungen in Intensität und Frequenz darzustellen.

> ▶ **Fallbeispiel**
>
> *In der Analyse eines Falls, in dem die Sorge eines erweiterten Suizids zulasten des Kindes bestand, zeigten sich zunächst wenige Anhaltspunkte für ein erhöhtes Risiko. Die Informationen von der Kindsmutter wie auch einer leitenden Angestellten des Jugendamtes waren nachvollziehbar und schlüssig und entkräfteten die Sorge, dass die Mutter aus Rachegefühlen gegenüber ihrem Ex-Mann sich auf dem Weg zu einer Gewalttat gegenüber ihrem Kind und anschließendem Suizid befindet. In der Zusammenstellung der Informationen aller Beteiligten sowie des Umfelds zeigte sich aber rasch, dass ein bagatellisierendes Verhalten und gemeinsames Verleugnen von aggressiven Tendenzen immer wieder zu massiven Eskalationen und Zuspitzungen geführt hatten. In der Zusammenstellung der Sachlage ergab sich ein klares Bild und Muster, das zu schützenden Maßnahmen führte, die dann – bereits in einer Notlage – umgesetzt werden konnten.* ◀

Die systematische und chronologische Darstellung von Ereignissen und Äußerungen wird häufig unterschätzt und gelegentlich als lästige Fleißaufgabe (miss-)verstanden. Dabei bringt eine solche Darstellung – so wenig Leidenschaft sie entfachen mag – erst Licht ins Dunkel. Sie ermöglicht es, Fakten von Vermutungen zu unterscheiden und einen Überblick zu gewinnen. Sie schafft Klarheit und macht Ungereimtheiten sichtbar und ist daher unverzichtbar.

8.4 Verhaltensanalyse

Vergangenes Verhalten ist der beste Prädiktor für zukünftiges Verhalten. Menschen ändern sich nicht urplötzlich. Sie bleiben meist in ihren Mustern und agieren aus Gewohnheit und ihrer persönlichen psychischen Situation heraus. Tatsächliche Veränderungen setzen Einsicht, Introspektionsfähigkeit und Veränderungsdruck voraus. Eine solche Entwicklung bleibt nicht unbemerkt.

Verhaltensanalysen eignen sich bestens dazu, zukünftiges und erwartbares Verhalten in bestimmen Situationen oder unter bestimmten Bedingungen vorauszusehen. Hierzu fließen unterschiedliche Perspektiven, Erlebnisse und Erfahrungen aus dem Umfeld der drohenden Person mit ein. Diesen Blick auf das Verhalten der drohenden Person lässt sich weiter spezifizieren und auf relevante Situationen hin untersuchen. Hierbei sprechen wir von einer Verhaltensanalyse:

- Wie verhält sich die drohende Person in der aktuellen Situation?
- Wie reagiert sie auf Zurückweisungen oder Kritik?
- In welchen Situationen keimen bei ihr Wut und Ärger auf, und wie äußert sich das?
- Wie verhält sie sich, wenn sie frustriert wird und die eigenen Erwartungen nicht befriedigt werden?
- Wie genau reagiert eine Person auf Versuche, in ihrer Emotionalität begrenzt und eingegrenzt zu werden?
- Gibt es Unterschiede in den Reaktionen gegenüber dem kollegialem und dem persönlichen Umfeld?
- Bestehen Unterschiede in Bezug auf hierarchisch höher gestellte Personen, Peers und unterstellte Mitarbeitende?

> ▶ **Fallbeispiel**
>
> *Herr G. ist Mitarbeiter in der Rechtsabteilung eines Unternehmens. Er hat sich verdient gemacht über spektakuläre Fälle, in denen er sich in die juristischen Sachverhalte hineingebissen hat und trickreiche Lösungen vorgelegt hat, die wiederholt zum Erfolg geführt haben. Auf der Schattenseite seiner Erfolge lagen wiederholte Klagen von Kunden und deren Rechtvertretungen, die diametral entgegengesetzt zur Unternehmenskultur lagen und einen Reputationsschaden herbeiführten. Trotz mehrmaligen Einwirkens durch seine Führungskräfte verschärfte sich sein Ton, nicht nur gegenüber Kunden, sondern auch gegenüber Kollegen, sodass es zu einem Abzug von Fällen kam und Herr G. in der Folge intensiv gegen seine Führungskräfte intrigierte und massive Drohungen aussprach, die zunehmend einen deutlich bedrohlichen Charakter annahmen und Angst im Team wie auch bei den Führungskräften auslöste. Die Verhaltensanalyse zeigte, dass Herr G. bei beruflichen Erfolgen sich als Teamplayer darstellte und in einer charmant-dominanten Art das Team hinter sich bringen konnte. Gegenüber seinen Führungskräften initiierte er ein freundschaftliches Verhältnis und nivellierte in diesen Beziehungen hierarchische Ebenen. Auf*

8.4 · Verhaltensanalyse

berufliche Misserfolge hingegen reagierte er mit massiver Aggression. Er würdigte andere herab, brüllte in Meetings herum, entwertete und verunglimpfte seine Kolleginnen in hoch sexistischer Weise und titulierte seine Führungskräfte als „Weicheier". ◄

Unser primäres Interesse gilt der Frage, wie sich jemand in Hinblick auf mögliche Maßnahmen verhalten wird.

- Wird sich die Person von einer Gefährderansprache durch die Polizei beeindrucken und eingrenzen lassen? Oder dreht die betroffene Person dadurch noch mehr auf, weil ihr nun auch die Polizei „auf den Hals gehetzt" wird?
- Welche Erfolgsaussichten hat eine Konfrontation innerhalb der Organisation, etwa durch Vorgesetzte oder Mitarbeitende von HR oder Corporate Security?
- Wird sich jemand vordergründig kooperativ und einsichtig verhalten und im Nachgang dann intrigieren, Kollegen aufhetzen und Rachepläne schmieden?
- Kann es hilfreich sein, jemanden in einem kollegialen Gespräch auf Fehlverhalten hinzuweisen?
- Sollte ihm gleichzeitig signalisiert werden, dass er nicht vorverurteilt, sondern unvoreingenommen gehört und ihm Unterstützung angeboten wird?
- Kann es hilfreich sein, jemanden aus seinem Umfeld herauszunehmen oder ihm andere Aufgaben zu übertragen?
- Wie wird sich ein juristisches Vorgehen gegen diese Person auswirken, und wie wird sich dies in sei ihren Reaktionen widerspiegeln?

Zielführend ist es, Klarheit darüber zu gewinnen, wie sich jemand in anderen Situationen auf Druck, Empathie, Autorität, Vertraulichkeit, Unterstützung oder Konfrontation hin verhalten hat. Und weil vergangenes Verhalten der beste Prädiktor für zukünftiges Verhalten ist, wird dies auch Aufschluss darüber geben, wie jemand auf jene oben beschriebenen Maßnahmen reagieren wird. Relevante Zustände, die wir im beruflichen oder privaten Umfeld erfragen können und die uns Aufschluss über Reaktionsweisen der drohenden Person geben, sind Frustration, Wut und Ärger, Impulskontrolle, Rückzug, Unterwürfigkeit, Kooperation, Intriganz, Rachegefühle oder Reue. Sie geben uns Aufschluss darüber, wie jemand unter Druck oder Stress reagiert und welche Muster er dann verfolgt.

> **Gedankenimpuls**
> Verhaltensmuster, die eine Person in für sie schwierigen Situationen zeigt, geben einen wertvollen Hinweis für das Fallmanagement.

Verhaltensanalysen betrachten Verhalten in der Vergangenheit. Sie geben Aufschluss über Grundmotive, Bedürfnisse und Verwundbarkeiten. Sie lassen eine recht treffsichere Prognose zu, inwieweit sich jemand etwa auf eine Gefährderansprache durch die Polizei oder ein juristisches Vorgehen hin einbremsen lässt. Zudem können wir eine Prognose darüber anstellen, wie jemand auf eine persönliche Ansprache oder ein Gesprächsangebot reagieren wird oder auch dann, wenn seine Drohungen ins Leere laufen und keine Anknüpfungspunkte mehr geboten werden. Daher ist es wichtig, das berufliche, gelegentlich auch das private Umfeld nach Situationen zu befragen, in denen die Person von Autoritätsfiguren wie etwa

Führungskräften mit Fehlverhalten oder Kritik konfrontiert wurde. Auch Erfahrungen mit Behörden, insbesondere der Polizei sind hier besonders relevant. Die Erfahrung zeigt, dass Menschen, die häufiger schon Kontakt mit Behörden hatten und dabei von deren Autorität wenig beeindruckt waren oder sehr stark in Konfrontation und Widerstand gegangen sind, sich von Gefährderansprachen deutlich weniger beeindrucken lassen. Hier besteht oftmals auch ein Risiko, die Dynamik durch eine solche Maßnahme zu verschärfen.

Menschen wechseln nicht urplötzlich ihre Verhaltens- und Reaktionsweisen. Ihre Verhaltensmuster sind relativ stabil. Dies liegt auch daran, dass Menschen über eine Persönlichkeitsstruktur verfügen, die quasi eine Richtung ihrer Verhaltens- und Reaktionsweisen vorgeben. Auch wenn in unterschiedlichen Situationen natürlich unterschiedliche Aspekte unserer Persönlichkeit zum Tragen kommen, bleibt unsere Grundpersönlichkeit mit allen ihren Dilemmata und Konflikten stets prägnant.

8.5 Persönlichkeitsstile

Beobachtungen über das Verhalten bleiben auf der deskriptiven Ebene. Sie beschreiben das, was wir sehen und bisher gesehen haben. Sie geben Auskunft darüber, wie sich jemand mit ausreichender Wahrscheinlichkeit auch in der Zukunft verhalten wird. In einer Situationsanalyse werden wir uns auch damit beschäftigen, welche Charakterologie eine Person mitbringt. Das Gewinnbringende an einer Analyse der zugrunde liegenden Persönlichkeit ist, dass wir Muster einer psychischen Notwendigkeit erfassen, auf bestimmte Situationen zu reagieren bzw. reagieren zu müssen.

Die ersten Beziehungserfahrungen machen Menschen nicht erst am Arbeitsplatz, sondern natürlich in ihrem frühen Umfeld, ihrer Familie, mit ihren primären Bezugspersonen. Diese Beziehungskonstellationen, die von einer hohen Abhängigkeit und existenziellen Bedürfnissen auf der einen Seite sowie Lebensumständen, Verfügbarkeit und Charakteren der Bezugspersonen auf der anderen Seite geprägt sind, führen zwangsläufig auch zu Dilemmata und Konflikten, die sich den Menschen tief einprägen. Hierbei spricht man von Grundkonflikten:

— in Krisensituationen im Stich gelassen zu werden und in ihrem Vertrauen zutiefst enttäuscht zu sein
— von virulenten, chaotischen Emotionen und Zuständen bedrängt zu werden
— Konflikte als katastrophisch zu erleben und davon bedroht zu sein
— die Angst, ausgeschlossen zu werden
— von tiefgreifenden Minderwertigkeitsgefühlen geplagt zu werden
— durch die Kontrolle und Machtausübung von anderen in ihrem Autonomieerleben gehindert zu werden

Der eigene Grundkonflikt ist der wunde Punkt eines Menschen. Die Gefühle, die damit einhergehen, sobald dieser Konflikt wieder aktiv wird, sind kaum

8.5 · Persönlichkeitsstile

erträglich. Daher entwickeln Menschen Strategien, sich davor zu schützen, insbesondere in Stress- oder Krisensituationen. Die Art und Weise, wie man mit anderen Menschen in Beziehung geht und sich selbst darstellt, der eigene Blick auf sich selbst wie auch der Umgang mit konflikthaften Situationen stellen also ausgeklügelte Strategien dar, die das primäre Ziel haben, sich vor den kaum erträglichen Gefühlen zu schützen, die ein erneutes Aufkeimen des Grundkonflikts mit sich bringt.

> **Gedankenimpuls**
> Persönlichkeit beschreibt die Eigenschaften und Verhaltensweisen einer Person, die dazu dienen, ihre Grundkonflikte abzuwehren. Sie zeigt erwartbare Reaktionen auf bestimmte Ereignisse auf.

Persönlichkeit ist grundsätzlich eher stabil und tief verankert. Sie äußert sich darin, wie wir die Welt sehen, wie wir in Kontakt mit anderen treten und uns selbst sehen. Dabei fußt sie auf einer sehr frühen Erfahrung in unserer Familie oder mit unseren ersten Bezugspersonen. Das Verhalten, das später für andere sichtbar wird, ist gewissermaßen der Versuch, unsere inneren Konflikte in Schach zu halten. Wer etwa durch sein Umfeld deutliche Kränkungen hinnehmen und den sicheren Eindruck gewinnen musste, keinen Platz zu haben, nicht gewollt oder schwach und unzulänglich zu sein, entwickelt früh eine Art Schutz vor Minderwertigkeitsgefühlen, weil sie aufgrund seiner Erfahrung schlicht nicht auszuhalten wären und ihm den Boden unter den Füßen wegziehen würden. Gegen diesen drohenden psychischen Einbruch kann er sich wappnen, indem er sich in den Mittelpunkt stellt und versucht, besser zu sein als andere, bewundert und respektiert zu werden, und ein Umfeld aufbaut, das sich hütet, Kritik zu äußern. Sollte es aber doch zu Kritik kommen, wird diese Person erbost und vernichtend reagieren, um sich vor dem eigenen Einbruch im Selbstwert zu schützen. Letztlich steht all dieses Verhalten im Dienste der Abwehr des Grundkonflikts. Persönlichkeit ist also das Zusammenspiel aus Grundkonflikt und Eigenschaften, die sich im Verhalten zeigen und das Selbst vor unerträglichen Gefühlen schützen sollen. Sobald Menschen unter Druck oder Stress geraten, zeigen sie ihre Persönlichkeitsmerkmale sehr viel deutlicher, oft auch in extremer Form, eben weil die inneren Konflikte virulent zu werden drohen.

Die Persönlichkeit des Einzelnen ist natürlich nicht eindimensional. Auch wenn wir im Folgenden jeden Persönlichkeitsstil eher markant und deutlich, vielleicht in übertriebener Form darstellen werden, so sehen wir in der Realität nur mehr oder minder starke Ausprägungen auf den unterschiedlichen Dimensionen. Menschen zeigen je nach Situation unterschiedliche Aspekte ihrer Persönlichkeit. Für gewöhnlich verfügen wir über zwei, drei dominantere Stile, die in der einen oder anderen Situation deutlicher in den Vordergrund treten.

Es gibt unterschiedliche Persönlichkeitstheorien, die hier herangezogen werden könnten. Für bedrohungsanalytische Einschätzungen eignet sich am besten die psychodynamische Persönlichkeitstheorie [3]. Denn sie bleibt nicht nur auf der deskriptiven Ebene, indem sie Verhalten beschreibt und zuordnet, sondern zeigt auch auf, welcher Grundkonflikt und welche psychologischen

Grundbedürfnisse und damit einhergehenden emotionalen Trigger dahinterstehen. In der psychodynamischen Theorie werden sechs Persönlichkeitstypen unterschieden:
- schizoid – sachbezogen
- zwanghaft – strukturorientiert
- depressiv – konsensorientiert
- hysterisch – lebendig-sprunghaft
- narzisstisch – selbstbezogen
- paranoid – risikobewusst

Die klinischen Begriffe sollen nicht auf eine Pathologie hinweisen; sie verdeutlichen eher die Dynamik, die mit den einzelnen Stilen einhergeht. Der Konflikt und die damit einhergehenden Grundbedürfnisse sind für die Einschätzung und Fallstrategie wichtig. Denn sie lassen einen wichtigen Hinweis darauf zu, wie jemand zu gewinnen ist, welche roten Knöpfe er hat und was ihn nicht nur in Konflikt, sondern massiv in Bedrängnis bringt. Unser Ziel ist es in der Regel, die betroffene Person zu stabilisieren und nicht, sie weiter aus dem Gleichgewicht zu bringen.

Sachbezogener Persönlichkeitsstil (schizoid)

Menschen, die einen sachbezogenen Persönlichkeitsstil haben, haben etwas Nerdiges an sich. Sie wenden sich Dingen zu, weil sie in Beziehungen schwer enttäuscht und in ihrem eigenen Vertrauen getäuscht wurden. Sie haben sich in Krisensituationen allein und im Stich gelassen gefühlt und vermeiden es, sich wieder in solch emotional bedrohliche Situationen zu bringen. Auf andere können sie sich nicht verlassen. Auch haben sie in Beziehungen keine positiven Erfahrungen gemacht, sodass sie sich eher zurückziehen. In Beziehungen wirken sie oft sperrig oder hölzern. Dadurch und durch ihre distanzierte Art werden sie aber auch oft abgelehnt oder ausgegrenzt, was ihre Grundannahme verstärkt, dass enge Beziehungen keinen Gewinn darstellen. Sie geraten in einen inneren Konflikt, wenn sie merken, dass sie in ihrem Wirken auf andere angewiesen sind. Denn grundsätzlich gilt: „Wenn du dich auf andere verlässt, wirst du verlassen."

Sie sind sehr gut darin, Aufgaben in unbeirrbarer Weise nachzugehen und diese mit großer Ausdauer nachzuhalten. Sie lösen gerne Probleme oder Sachverhalte, die Rätsel aufgeben. Dabei können sie auch eine gewisse Leidenschaft für Problemlösungen aufbringen. In Beziehungen hingegen erleben sie keine Lust und Leidenschaft. So sind sie auch kaum an Gesellschaft und Freundschaften interessiert. Sie lassen sich auch nicht in Intrigen, Lästereien oder sonstige Gruppendynamiken verwickeln. Ihre oberste Priorität ist es, ihre Autonomie und Unabhängigkeit zu bewahren, um nicht erneut unter die Räder zu geraten. Dabei können sie schon gereizt reagieren, wenn wir sie unterbrechen, uns einmischen, alternative Vorschläge unterbreiten oder ihnen jemanden dauerhaft an die Seite stellen. Im Arbeitskontext zeigen sie kaum kompetitives Verhalten, da sie biographisch nicht daran gewöhnt sind, Feedback – in welcher Form auch immer – zu erhalten.

8.5 · Persönlichkeitsstile

Im Bedrohungsmanagement werden schizoide Personen auffällig, wenn sie erneut getäuscht oder geschädigt werden, weil emotionale Entscheidungen getroffen oder Regeln nicht eingehalten werden oder weil sie in Konflikte oder Intrigen hineingezogen werden und dabei unterzugehen drohen. Wenn Vorschriften und Regulierungen sie einengen oder bedrängen, können sie leicht zu verdeckt oder offen aggressivem Verhalten neigen.

- **Strukturorientierter Persönlichkeitsstil (zwanghaft)**

Menschen, die strukturorientiert sind, vereinen in sich, was man früher einmal als „deutsche Tugenden" beschrieben hat: Gewissenhaftigkeit, Ordentlichkeit, Zuverlässigkeit, Pünktlichkeit. Sie achten sehr stark auf Strukturen und Regeln und folgen ihren selbst gesetzten Prinzipien. Dabei sind sie deutlich fehleravers. Sie sind akribisch und regelkonform. Sich Aufgaben oder fremden Normen zu unterwerfen, erleben sie als bedrohlich. Für sie ist es weniger entscheidend, was sie in anderen auslösen oder wie andere ihre Handlungen bewerten. Im Kern geht es ihnen darum, Situationen und Gefühle, insbesondere auch die eigenen, kontrollieren zu können.

Wichtig ist es, dass ihr Leben, dass Beziehungen berechenbar und vorhersehbar bleiben. Im Grunde ist das natürlich etwas sehr Positives, denn solche Menschen sind grundzuverlässig und loyal. Sie neigen nicht zu vorschnellen Versprechungen, denn wichtiger, als jemandem einen Gefallen zu tun, ist es, ihre Zusagen und Verabredungen einzuhalten. Für gewöhnlich fordern sie dies auch von ihrem Umfeld ein und geraten hierdurch gelegentlich in Konflikt. Wenn Regeln nicht eingehalten werden, können sie rasch auch in Aggression und Wut geraten. Dabei sind sie auch wenig kompromissbereit. Sie fühlen sich im Recht. Ihre Ansprüche auf Pflichterfüllung, Ordnung und Kontrolle sind zu wichtig, um eben mal davon abweichen zu können. Spontaneität und Flexibilität gehören daher auch nicht zu ihren Stärken. Sie bringen strukturorientierte Menschen eher unter Druck, weil in der Spontaneität keine Vorhersehbarkeit und Kontrolle mehr möglich ist. Im Hintergrund drohen dem Strukturorientierten chaotische und schwer zuordenbare Gefühlszustände, die sich mit starken aggressiven Tendenzen mischen. Die unbändige Wut aber darf nicht sein, weil sie zerstörerisch ist und alles gefährdet. Die starke Kontrolle, die Rigidität im Denken und Verhalten zielen darauf ab, diese chaotische Emotionslage zu kontrollieren. Um dieses Spannungsfeld etwas bildhafter zu beschreiben, kann man auch von einem „gehemmten Rebell" [2] sprechen.

Im Bedrohungsmanagement begegnet uns dieser Persönlichkeitsstil insbesondere dann, wenn strukturorientierte Menschen sich in ihren Prinzipien und Regeln gestört fühlen. Dabei scheint es ihnen schwer möglich, von eigenen Positionen abzuweichen, auf Kompromisse hinzuwirken oder sich auf Kompromisse einzulassen. Im Erleben von Ungerechtigkeiten oder unrechtem Verhalten geraten sie leicht in rigide Denkweisen hinein, die gepaart mit einer aggressiven Grundhaltung zu einer bedrohlichen Mischung werden können.

- **Konsensorientierter Persönlichkeitsstil (depressiv)**

Menschen, die einen konsensorientierten Persönlichkeitsstil zeigen, sind meist fürsorglich und an den Bedürfnissen anderer Menschen orientiert. Sie wissen nicht nur, wann eine Kollegin oder ein Kollege Geburtstag hat, sondern organisieren gleich noch die Geschenke und Feiern. Sie tendieren dazu, eine harmonische Atmosphäre herzustellen und achten stets darauf, Konflikte mit anderen zu vermeiden. Daher beziehen sie auch nur dann klare Positionen, wenn sie im Konsens mit anderen sind. Drängt man sie zu einer Positionierung, geraten sie unter erheblichen Druck, weil sie fürchten, gegen die vorherrschende Meinung zu laufen und Disharmonien zu erzeugen. Genauso wie sie selbst Konflikte vermeiden, übernehmen sie in Konflikten zwischen anderen oftmals ein „Blauhelm-Mandat", schlichten und beschwichtigen, um aufkommende Streitigkeiten zu verhindern. Ihnen ist es wichtig, Bedürfnisse anderer zu befriedigen und gebraucht zu werden, um eine allumwobene Harmonie herzustellen. In ihrem Bemühen, die Bedürfnisse aller zu befriedigen, verausgaben sie sich oft, erkennen eigene Grenzen kaum an. Dabei neigen sie gelegentlich dazu, über ihre Mühen und Anstrengungen zu klagen, sind gleichzeitig aber nicht bereit, selbst Hilfe und Unterstützung anzunehmen. In diesem Spannungsfeld evozieren sie in anderen Schuldgefühle und stellen Hilflosigkeit und Ohnmacht her. Hierin liegt eine gewisse passive Aggression: „Ich habe es schwer, aber du kannst mir nicht helfen." Die Funktion dieses Äquilibriums liegt darin, die eigene Wut auf andere, auf das Schicksal und die Welt überhaupt im Zaum zu halten.

Es verwundert nicht, dass wir im Bedrohungsmanagement gelegentlich auf diesen Persönlichkeitsstil treffen, insbesondere wenn die Versuche, Harmonie und Gerechtigkeit herzustellen, scheitern und wenn ihre Wut darüber, dass sie sich nicht behaupten können, so virulent wird, dass ihre passiv-aggressiven Tendenzen nach außen gerichtet werden und Wut und Ärger sich ihren Weg bahnen.

- **Lebendig-sprunghafter Persönlichkeitsstil (hysterisch)**

Menschen, bei denen ein lebendig-sprunghafter Persönlichkeitsstil dominiert, zeigen häufig mehr Emotionen, als sie überhaupt empfinden. Mal sind sie euphorisch und begeistert und zeigen dies in ihrer Zuneigung zu anderen, mal sind sie zu Tode betrübt oder zutiefst enttäuscht. Sie sind kreativ, entwickeln rasch neue Ideen, mit denen sie andere leicht begeistern können. In ihrer Lebendigkeit und Leidenschaft stecken sie andere an, wodurch Gefolgschaft entsteht. Sobald andere ihren Ideen allerdings anhängen, langweilen sie sich oft schon an ihrem ursprünglichen Einfall und machen sich an andere Themen. Sie sind äußerst beziehungsorientiert, stellen Beziehungen aber auch deutlich intensiver oder näher dar, als sie tatsächlich sind. Dabei ist es ihr ureigenstes Anliegen, Menschen an sich zu binden. Zentrales Motiv dabei ist es, nicht der ausgeschlossene Dritte zu sein. Gelingt es nicht, den anderen zu gewinnen, geraten sie sehr leicht in ein rivalisierendes Verhalten, intrigieren gelegentlich, um andere auf ihre Seite zu bringen. Die emotionalen „Nebelbomben", die sie werfen, dienen dabei dem Überspielen der inneren Not, insbesondere dann, wenn sie Angst davor haben, ausgegrenzt und nicht gemocht zu werden.

8.5 · Persönlichkeitsstile

Im Bedrohungsmanagement werden sie auffällig, wenn ihr Rivalisieren für sie persönlich „überlebenswichtige" Züge annimmt, aber auch wenn sie in ihrem verführenden Verhalten in grenzüberschreitender Weise sexualisieren und dabei die Grenzen anderer deutlich überschreiten.

- **Selbstgezogen-dominanter Persönlichkeitsstil (narzisstisch)**

Menschen mit einem selbstbezogen-dominanten Persönlichkeitsstil können recht charismatisch sein. Wenn sie einen Raum betreten, kündigen sie sich oft schon vorher an, um die Aufmerksamkeit auf sich zu ziehen. Im Gespräch dann dreht sich viel um sie selbst. Sie sprechen über eigene Erfolge und schwärmen von Begegnungen mit bekannten Persönlichkeiten, um sich in deren Erfolg zu sonnen, oder preisen ihre neusten Errungenschaften (Statussymbole). Dabei intendieren sie, bei anderen Bewunderung für sich auszulösen. Und genau diese Bewunderung und Würdigung benötigen sie immer und immer wieder, um zugrunde liegende Minderwertigkeitsgefühle nicht virulent werden zu lassen. Denn hier liegt ihr Grundkonflikt: die Angst, psychisch einzubrechen und darin zu versinken, sich wertlos, klein und ungewollt zu fühlen. Daher ist es ihnen auch kaum möglich, rational auf Kritik zu reagieren. Stattdessen tendieren sie dazu, Kritiker zu entwerten oder zu diffamieren. Überhaupt vermeiden sie es strikt, Schwächen zuzulassen. So werden sie es auch vermeiden, Fehler einzugestehen oder sich für Fehlleistungen zu entschuldigen, weil das ein Offenbaren von Schwäche signalisieren würde. Aufgrund des hohen Drucks, ein positives Selbstbild aufrechtzuerhalten, ist es ihnen kaum möglich, Empathie gegenüber anderen zu empfinden und zu zeigen. Im Arbeitskontext sind sie oft dominant, treffen rasch Entscheidungen und demonstrieren eine hohe Entschlossenheit. Daher sind sie oft Zugpferde und Initiatoren von Veränderung und Progression. Nicht immer allerdings zeigt sich der selbstbezogene Persönlichkeitsstil in einem grandiosen Selbst. Gelegentlich tritt vorrangig die kränkbare und verletzliche Seite in den Vordergrund. Die starke Selbstbezogenheit bleibt dabei allerdings bestehen.

Im Bedrohungsmanagement tauchen Menschen mit einem narzisstischen Stil meist dann auf, wenn sie in ihrem grandiosen Selbsterleben gestört werden, sei es durch deutliche Kritik, Zurückweisung, Degradierung oder eine Kündigung. Die Notwendigkeit, sich in Beziehungen zu anderen über Entwertung oder Machtausübung zu stabilisieren, kann gelegentlich zu massiven Grenzüberschreitungen oder Machtmissbrauch führen. Auch kann es bei einer Bedrohung des Selbst zu Vernichtungsfantasien kommen, die ihren Weg in die Realität finden können.

- **Risikobewusst-wachsamer Persönlichkeitsstil (paranoid)**

Menschen mit einem risikobewusst-wachsamen Persönlichkeitsstil gehen äußerst vorsichtig vor, insbesondere in für sie neuen Situationen. Anders als eine Person mit narzisstischem Stil würden sie nicht einfach einen Raum betreten und sich in den Mittelpunkt stellen. Sie würden eher hineinsehen und eruieren: Wo ist ein guter Platz, von dem aus ich den Raum auch schnell wieder verlassen kann? Wo ist ein sicherer Platz? Und gelegentlich auch: Wo ist der Notausgang? Misstrauen und Argwohn bestimmen ihre Beziehungen, denn auch hinter positiven

Verhaltensweisen anderer können negative Intentionen stecken. Leichtgläubiges Vertrauen würde bedeuten, grenzüberschreitendem Verhalten (wieder) Tür und Tor zu öffnen. Sie tendieren dazu, auf alle denkbaren Szenarien vorbereitet zu sein, um nicht überrascht und in eine Notlage gebracht zu werden. Um dies zu vermeiden, haben sie oftmals einen Plan B, manchmal auch einen Plan C, D oder E.

Sie schätzen Gewissenhaftigkeit und Loyalität, benötigen aber sehr lange, eine solche Verbundenheit und Vertrauen aufzubauen. Überhaupt sind sie sehr misstrauisch und wenden niemandem den Rücken zu. Das macht sie im Kontakt oft rau, unzugänglich oder schroff. Wenn sie sich in ihrer Sicherheit bedroht fühlen, können sie auch sehr gereizt reagieren. Hier liegt auch ihr Grundkonflikt: Sie versuchen die Ohnmacht angesichts unsicherer, bedrohlicher Situationen um jeden Preis zu vermeiden. Denn Ohnmacht bedeutet für sie den emotionalen Untergang, in dem sie kontrolliert und ausgehorcht werden oder in ihr Innerstes eingedrungen wird, was einem Verlust des eigenen Selbst gleichkäme.

Im Bedrohungsmanagement finden sich Personen mit paranoider Grundstruktur dann wieder, wenn ihr Misstrauen genährt wird, sei es real oder fantasiert, und sie sich bedroht und ausgeliefert fühlen. Auch wenn sie sich dabei gereizt oder erzürnt zeigen können, so entwickeln sie ihre aggressiven Fantasien eher im Stillen und zurückgezogen.

- **Einschätzung der Persönlichkeitsstruktur**

Wenn wir eine Einschätzung der Persönlichkeitsstruktur vornehmen, versuchen wir, uns in die Person hineinzuversetzen. Das erfordert eine gute professionelle Distanz, um uns nicht blenden zu lassen oder in einen emotionalen Sog hineinzugeraten. Und es erfordert eine Vertrautheit mit den dahinterliegenden Konzepten, die hier in Ansätzen beschrieben wurden. Etwas (klinische) Erfahrung schadet sicher nicht.

Gelegentlich ist es nicht möglich, einen direkten Kontakt und ein persönliches Gespräch mit der Person zu führen. In diesem Fall spricht man von *distant profiling*. Dabei richten wir unseren Blick auf Wortwahl, Auftreten, Selbstdarstellungen, Reaktionen, aber auch äußerliche Merkmale wie Kleidung, Einrichtung, Vorlieben oder Interessen. Wichtig bleibt, sich hier keinen vorschnellen Fantasien hinzugeben, sondern sich an Fakten und Gegebenheiten zu halten. Für ein spielerisches Ausprobieren eignet sich das eigene private Umfeld nicht so gut. Versuchen Sie sich eher bei Unbekannten, die sie im Zug oder in einem Vortrag beobachten. Das kann den Blick etwas schulen, ohne in Schwierigkeiten zu geraten.

8.6 Instrumente und Einschätzung

Zu einer umfassenden Analyse des Falls gehört auch die Einschätzung, die über die verwendeten Instrumente und Modelle getroffen wurde. Einige dieser Modelle kamen schon in der initialen Einschätzung zur Anwendung. Dies sollte hier noch einmal beschrieben werden: Welche Kriterien sind erfüllt, welche nicht oder nur

8.6 · Instrumente und Einschätzung

teilweise, und zu welchen Kriterien fehlen aussagekräftige Informationen? Die einzelnen Faktoren innerhalb der Modelle werden mit Beispielen oder Aussagen hinterlegt.

- Was veranlasst uns dazu, etwa das Kriterium der „Rechtfertigung" (Justification) als gegeben einzuschätzen, oder kann dieses Kriterium nicht eindeutig erfasst werden?
- Weshalb sehen wir Aspekte der „Konsequenzen" (Consequences) als gegeben, aber nicht vollständig erfüllt an?
- Welche Hinweise deuten eindeutig auf eine Fixierung hin? Was genau veranlasst uns zu dieser Einschätzung?
- Sehen wir Hinweise auf einen „Energieschub" im Sinne einer verstärkten Dynamik von Kontaktaufnahmen oder intensivierten aggressiven Aussagen oder im Tonfall?

Die differenzierte und faktorbezogene Darstellung ist zwar etwas aufwendiger, zwingt uns aber zur Hinterlegung mit konkretem Verhalten oder Aussagen. Die Erfahrung zeigt, dass eine Klarifizierung oftmals zu einem zutreffenderen Bild führt. Gelegentlich sind wir uns in der initialen Einschätzung über einen Aspekt wie „Rechtfertigung einer Tat" oder die „Fähigkeit" aufgrund der hohen Dynamik oder des Angstgefühls der Beteiligten fast sicher, finden in der Hinterlegung mit konkretem Verhalten oder Aussagen, die dies stützen würden, aber keinen klaren Anhalt dafür. Wie schon verschiedentlich erwähnt, hilft die Verschriftlichung dabei, uns vor vorschnellen Interpretationen zu bewahren.

> **Gedankenimpuls**
> Risikofaktoren sollten mit tatsächlichen Verhaltensweisen der drohenden Person hinterlegt werden. Nur so kann eine faktenbasierte Einschätzung gelingen.

Günstig ist es, mehrere Modelle zu verwenden. Grundsätzlich beschrieben werden sollten die Modelle, die uns dazu veranlasst haben, einen Case aufzumachen. Besprochen wurden hier bereits das JACA-Modell sowie die Warnverhalten-Typologie. Auch die zusätzlichen Faktoren aus der Checkliste können dazugehören. Gelegentlich bieten sich hier noch die PCL-R, HCR-20, Wavr-21, OCTAGON oder ähnliche Modelle an. Diese sind nach besonderer Konstellation des Falls, aber auch dann zu verwenden, wenn bezüglich einiger Faktoren Unsicherheit herrscht. Bleibt eine durchgängige Mehrdeutigkeit und Verschwommenheit in der Einschätzung bestehen, ist es wichtig, sich hier nicht aufzuarbeiten, sondern einen Schritt zurückzugehen und zu diskutieren, wie es dazu kommt, und zu überprüfen, was übersehen wurde oder welche Informationen gegebenenfalls noch fehlen.

Für spezifische Formen der Gewalt sind zusätzliche Instrumente zu verwenden: bei Stalking-Fällen etwa das SRP (Stalking Risk Profile) oder SAM (Stalking Assessment and Management), bei Radikalisierung das TRAP-18 (Terrorist Radicalization Assessment Protocol-18), bei häuslicher Gewalt das ODARA (Ontario Domestic Assault Risk Assessment). Wesentlicher als diese Instrumente sind hier allerdings einzelne spezifischere Faktoren, die auf eine besondere Gefährdung hindeuten. Bei Stalking-Fällen etwa sind dies Suizidalität, paranoides Denken, Todesdrohungen, Alles-oder-nichts-Äußerungen und Verletzung des Annäherungsverbots.

Solche Hochrisikofaktoren – sollten sie auch nicht oder nicht vollständig erfüllt sein – geben einen Hinweis auf sogenannte rote Linien. Sollte sich ein entsprechendes Verhalten in Zukunft zeigen, würde dies eine Neubewertung der Lage nötig machen. Für das Fallmanagement sind solche Aspekte besonders wichtig. Sie bieten uns und den betroffenen Personen bzw. deren Umfeld einen Fokus, worauf in der Folge zu achten und worauf der Blick zu richten ist.

Unsere Einschätzung bezieht sich auf das aktuelle und bisher gezeigte Verhalten. Das gilt es auch so zu benennen: „Auf der Grundlage der vorliegenden Informationen und des bisher gezeigten Verhaltens ist von keiner akuten/einer moderaten/erhöhten Gefährdungslage auszugehen." Wir bleiben bei den Fakten und ergänzen nicht, wo uns Informationen fehlen, oder wagen gar einen Blick in die Glaskugel.

8.7 Bedrohungsanalytische Einschätzung – von der Analyse zur Synthese

Die bedrohungsanalytische Einschätzung ist die Zusammenführung von Verhaltensanalyse, Persönlichkeitsprofil und Einschätzung der Risikofaktoren. Sie beschreibt die äußere Dynamik von Verhalten und inneren Zuständen. Sie beschreibt die Situationen, die Anlass zur Sorge geben oder auch entlastend wirken. Sie zeichnet ein nachvollziehbares Bild von einer Gesamtgemengelage aus Täter, Opfer und Kontext.

> ▶ **Fallbeispiel**
>
> *Linda D. ist Aufsichtsrätin in einem Konzern. Nachdem sie sich aus einer kurzen hochstrittigen Beziehung getrennt hatte, kommt es zu nachstellendem Verhalten ihres Expartners Michael R., der die Trennung nicht akzeptieren kann. Im Verlauf nimmt sein Verhalten äußerst bedrohliche Züge an. Er taucht sowohl an ihrem Arbeitsplatz als auch an ihrem Wohnort auf, macht Aufnahmen, die er ihr zuschickt, schreibt unzählige Nachrichten an sie, die zwischen Selbstmitleid, Zorn und Rachewünschen schwanken. Daneben kontaktiert er ihre Familie sowie ihren Freundeskreis, insbesondere eine enge Freundin und Kollegin, die er für die Konflikte in der Beziehung verantwortlich macht. Er droht, diffamiert und entgleist mehrmals in heftigen Wutanfällen. Hinzu kommen in den vergangenen Wochen die Manipulation an ihrem Fahrzeug, das gewaltsame Öffnen ihres Briefkastens sowie ein mehrere Monate zurückliegender körperlicher Übergriff (Festhalten mit deutlichen blauen Flecken an Arm und im Schulter-Hals-Bereich) bei einem Aufeinandertreffen vor ihrem Wohnhaus. In den letzten vier Wochen hatte er mehrmals ein Annäherungsverbot missachtet.* ◀

In der zusammenfassenden Analyse sind erhebliche Warnverhaltenshinweise wie Fixierung, direkte Drohungen mit Vernichtungs- und Rachefantasien, Annäherung und Grenzüberschreitungen zu benennen. In einer Synthese aus Person, Kontext und Dynamik könnte man hier schreiben, dass Herr R. *„infolge eines existenziellen beruflichen Rückschlags mit einhergehender finanzieller Notlage seine Drohungen in Intensität und Frequenz verschärft"*. Und weiter: *„Es scheint, als würden sämtliche Schutzfaktoren und Alternativen wegbrechen, die ihn vor einem Einbruch seines Selbst bewahren."* Herrn R. geht es nicht allein um die Beziehung zu Frau D., sondern auch um den Zugang zu elitären Kreisen und einer Aufwertung seiner Person durch Anerkennung und Zugehörigkeit. *„Trotz zu befürchtender gravierender Konsequenzen hält sich Herr R. zuletzt auch nicht mehr an die Kontakt- und Annäherungsverbote, zeigt neben einem Energieschub, also einer deutlichen Erhöhung von Intensität und Frequenz seines aggressiv-bedrohlichen Verhaltens, bereits Handlungen, die als Probehandlungen angesehen werden können (Manipulation am Fahrzeug, gewaltsames Öffnen des Briefkastens sowie Eindringen auf ihr Grundstück)."* Aufgrund seiner schweren narzisstischen Problematik, die wir aus unterschiedlichen Beschreibungen und einer Analyse historischer Daten bestimmen konnten, ist davon auszugehen, dass Herrn R. in Zusammenhang mit wiederholtem Scheitern, nun aber existenziell gefährdender Notlage *„kaum mehr Möglichkeiten zur Affekt- und Impulsregulation bleiben."*

Aufgrund der psychischen Struktur, der aktuellen Situation sowie der Dynamik der Entwicklungen lassen sich Eskalationsszenarien entwickeln. Der Wegfall von Schutzfaktoren spielt hier eine besondere Rolle: finanzielle Notlagen, (weitere) berufliche Rückschläge, anderweitige Kränkungen und Verluste, insgesamt eine Überlagerung von persönlichen und beruflichen Krisen. Ebenso lassen sich emotionale Trigger erkennen, die sich durch den Persönlichkeitsstil ergeben: Kränkung, Scheitern, Kontrollverlust, Bedrängnis und Ausgeschlossensein. Hieraus ergeben sich fast zwangsläufig rote Linien, die in diesem Fall bereits überschritten wurden: Wegfall von Schutzfaktoren, narzisstische Einbrüche durch Scheitern, das subjektive Gefühl, in die Ecke gedrängt zu sein, Probehandlungen bzw. Eindringen in den persönlichen Bereich und Gewaltanwendungen, hohe Frequenz und Intensität der Drohungen, akute Suizidalität und Alles-oder-nichts-Äußerungen.

8.8 Fallmanagement-Strategien

Im Fall des Herrn R. wurde auf unmittelbare Maßnahmen gedrängt, die dem Schutz von Frau D. sowie ihrer Kollegin und Freundin Frau K. dienten. Gleichzeitig wurde die Zusammenarbeit mit der Polizei weiter intensiviert. Grundsätzlich aber sollten in einer Situationsanalyse unterschiedliche Strategien im Hinblick auf mögliche Risiken und zu erwartende Erfolge diskutiert, bewertet und begründet werden. Dies schließt auch die Betrachtung möglicher Szenarien mit ein. Solche Strategien könnten sein: Beobachten und Abwarten, ein juristisches Vorgehen, Gefährderansprache oder ein persönliches Gespräch. Sie bilden eine

Grundlage der Entscheidungsfindung im Fallmanagement-Team. Hierauf wird im folgenden Kapitel näher eingegangen.

> **Gedankenimpuls**
> Die Diskussion und Abwägung unterschiedlicher Strategien wirkt einem ***Confirmation Bias*** vor: Man sieht nur das, was in die eigene Vorstellung passt.

Eine wesentliche Rolle spielt die Zusammensetzung des Case-Management-Teams, die Einbindung und Kooperation mit den wesentlichen Playern sowie Behörden und komplementären Diensten (z. B. Behörden oder sozialpsychiatrische oder ärztliche Versorgung). Bei alledem sollte das Opfer nicht außer Acht gelassen werden. Psychologische Unterstützung, Sicherheitsbriefings und Resilienztrainings und gegebenenfalls auch schützende Maßnahmen sollten immer Teil der Gesamtstrategie sein.

> **Was für Sie noch von Bedeutung sein könnte**
> Eine Situationsanalyse ist immer die Ausnahme und hochkritischen Fällen vorbehalten. Im praktischen Alltag könnten wir mehrere so umfassende Analysen gar nicht leisten. In reduzierter Form eignet sich dieses systematische Vorgehen aber sehr wohl, um fundierte Aussagen zu treffen: Was ist tatsächlich passiert? Wie ist die dynamische Entwicklung? Mit wem haben wir es zu tun? Wie verhält sich die Person unter bestimmten Bedingungen? Was sagen die Testverfahren aus? Welche Strategien zeigen ihre Risiken oder eine erfolgversprechende Wirkung? Mit etwas Übung und Erfahrung wird diese Vorgehensweise – wie Kupplung treten, runterschalten und Blinker setzen – zu einer logischen Denkstruktur in der Bearbeitung von Bedrohungsfällen.

Literatur

1. Hollerbach, P., Habermeyer, E., Nitschke, J., Sünkel, Z., & Mokros, A. (2020). Construct validity of the German version of the Hare Psychopathy Checklist – Revised. *European Journal of Psychological Assessment, 36*(5), 805–816.
2. Lang, H. (2015). *Der gehemmte Rebell. Struktur, Psychodynamik und Therapie von Menschen mit Zwangsstörungen.* Klett-Cotta.
3. Mentzos, S. (2009). *Lehrbuch der Psychodynamik. Die Funktionen der Dysfunktionalität psychischer Störungen.* Vandenhoeck & Ruprecht.

Case-Management

Inhaltsverzeichnis

9.1 Zusammensetzung des Case-Management-Teams – 123

9.2 Erfolgreiche Zusammenarbeit im Case-Management-Team – 123

9.3 Erarbeitung von Lösungsoptionen – 124

9.4 Koordination der Maßnahmen – 126

9.5 Kommunikation mit dem Umfeld – 127

9.6 Dokumentation – 127

9.7 Involvieren der Geschäftsführung – 127

9.8 Einen Fall abschließen – 128

© Der/die Autor(en), exklusiv lizenziert an Springer-Verlag GmbH, DE, ein Teil von Springer Nature 2025
C. Brandkamp und P. Horn, *Bedrohungsmanagement*,
https://doi.org/10.1007/978-3-662-71474-4_9

Warum lohnt es sich, dieses Kapitel zu lesen?
Das Case-Management-Team hat zwei wesentliche Aufgaben. Einerseits geht es um die Erarbeitung von Strategien für eine nachhaltige Lösung des Sachverhalts, andererseits um die Koordination und Umsetzung der daraus abgeleiteten Maßnahmen. Diese Schritte erfolgen in einem interdisziplinären Team. Durch die Einbindung verschiedener Fachexperten werden unterschiedliche Perspektiven und damit verbundene Risiken bei der Strategieentwicklung betrachtet. Die Koordination der Maßnahmen sorgt dafür, dass sie präzise ineinandergreifen – wie Zahnräder in einem Uhrwerk. In diesem Kapitel möchten wir Ihnen die Grundlagen für diese Schritte, das Case-Management, darstellen.

- **Einleitung**

In der Fallbearbeitung analysieren und bewerten Sie die vorhandenen Informationen, um daraus ein umfassendes Bild der Situation und möglicher Risiken zu entwickeln. In der Analyse versuchen Sie, alle Details möglichst genau zu betrachten und zu verstehen.
— Was zeichnet den potenziellen Täter aus?
— Wie sah die konkrete Drohung aus?
— In welchem Kontext erfolgte die Drohung?
— Wie vulnerabel ist das potenzielle Opfer?
— Welche Kontaktpunkte gibt es?

Jedes einzelne Detail kann von Bedeutung sein – egal, wie banal es im ersten Moment auch erscheinen mag. Aus diesen einzelnen Facetten bauen Sie ein Gesamtbild und schaffen einen Überblick über den Sachverhalt. Das ist die Grundlage für die Ableitung geeigneter präventiver Maßnahmen. Die Bearbeitung eines Falls erfolgt idealerweise in einem interdisziplinären Team. Ein solches Team besteht in der Regel aus Compliance, Legal, Sozialpartner und dem Personalbereich. Entscheidungen werden nach dem Konsent-Prinzip getroffen, um die Maßnahmen in Einklang mit kulturellen, arbeitsrechtlichen und rechtlichen Rahmenbedingungen des Unternehmens zu bringen.

Mit jeder Umsetzung verändert sich die Ausgangslage, sodass kontinuierlich eine Beurteilung der Lage erforderlich ist. Dieser Prozess der Analyse und Synthese sowie der Ableitung und Umsetzung von Maßnahmen ist fortlaufend und endet, wenn der Expertenkreis das Restrisiko als für die Betroffenen und das Unternehmen als tragbar bewertet.

In der überwiegenden Zahl der Fälle haben Sie als Bedrohungsmanager die Erstmeldung erhalten, die vorliegenden Informationen analysiert und sich ein erstes Bild machen können. Nun gilt es zu überlegen, welche fachlichen Experten für die Erarbeitung einer nachhaltigen Lösung für den potenziellen Täter, für das mögliche Opfer und das beruflich-soziale Umfeld benötigt werden. Eine nachhaltige Lösung in unserem Kontext bedeutet:
— Die Situation zu deeskalieren
— Das potenzielle Opfer zu stabilisieren und wieder in die Selbstwirksamkeit zurückzuführen

- Sofern erforderlich/möglich, den möglichen Verursacher zu sanktionieren und ihn zu befähigen, das erwartete Verhalten anzunehmen
- Prüfen, ob es Beschäftigtengruppen mit ähnlichen Herausforderungen gibt, für die es eine geeignete Präventionsmaßnahme zu entwickeln gilt

Hierzu benötigen Sie Fachexperten aus den verschiedenen Abteilungen, die den jeweiligen Sachverhalt mit ihrer Expertise beurteilen und bearbeiten können. Das bedeutet, dass jeder Fall ein individuelles Team an Fachexperten erfordert. Auch während der Bearbeitung eines Falls kann das Case-Management-Team bei Bedarf um zusätzliche Experten erweitert werden.

9.1 Zusammensetzung des Case-Management-Teams

Je nach Komplexität des Sachverhalts variiert die Größe des Case-Management-Teams. Beginnen Sie mit denjenigen, die für die entscheidenden ersten Informationen und Maßnahmen relevant sind. Häufig sind dies die Führungskräfte, ein Vertreter des Arbeitsrechts, wenn es um das Prüfen und Aufsetzen arbeitsrechtlicher Sanktionierungen geht, oder ein Mitglied der Personalabteilung und ein Mitglied des Betriebsrates, wenn Sie beispielsweise das potenzielle Opfer zum eigenen Schutz kurzfristig an einen anderen Standort versetzen möchten. In großen Unternehmen sind nicht immer die gleichen Ansprechpartner der Abteilungen zuständig; daher ist es wichtig, die für den betroffenen Beschäftigten zuständigen Personen ausfindig zu machen und einzubinden.

Die Zusammensetzung des Case-Management-Teams ist analog dem Krisenstab von der Linienorganisation losgelöst. Wichtig ist, möglichst frühzeitig alle relevanten Stakeholder zu identifizieren und einzubinden, auch wenn es im Laufe des Prozesses immer wieder vorkommt, dass weitere Personen hinzugezogen werden.

> **Gedankenimpuls**
> Es ist wichtig, kontinuierlich mit dem Melder im Austausch zu bleiben, da dieser in der Regel nicht Teil des Case-Managements ist!

9.2 Erfolgreiche Zusammenarbeit im Case-Management-Team

Im Case-Management geht es darum, aus dem erarbeiteten Bild eine Strategie für das weitere Vorgehen abzuleiten und die dafür erforderlichen Maßnahmen abzustimmen und zu koordinieren. Eine gute Zusammenarbeit kann nur bei einem Ineinandergreifen der unterschiedlichen Funktionen und Expertisen stattfinden, denn nur gemeinsam sind Sie erfolgreich. Die Arbeit im interdisziplinären Case-Management-Team ist nicht wie im Krisenstab hierarchisch, sondern egalitär. Alle involvierten Fachexperten sind gleichrangig und bringen sich mit ihrer Expertise in die Strategieentwicklung ein. In einem ersten Treffen des Case-Management-Teams hat es sich bewährt, die grundlegende Vorgehensweise zu erläutern und die jeweiligen Rollen der teilnehmenden Experten vorzustellen.

Haben Sie alle Personen für das interdisziplinäre Case-Management Team beisammen, gilt es alle zusammenzuschalten, im besten Fall natürlich in Präsenz. Einer der wichtigsten Aspekte ist es hier, eine vertrauensvolle, konstruktive, möglichst bruchfreie Arbeitsatmosphäre zu schaffen, in der Informationen geteilt werden. Dabei ist es wichtig, dass mögliche Konflikte zwischen Beteiligten, die in anderen Kontexten bestehen, hier keine Rolle spielen bzw. keine Auswirkungen haben, denn Sie diskutieren über ein heikles Thema, das für die Betroffenen häufig massive Auswirkungen auf ihr Berufs- und vielfach auch auf ihr Privatleben hat. Persönliche Animositäten haben hier keinen Platz. Diese Meetings sollten sich vielmehr durch einen wertschätzenden und respektvollen Umgang auszeichnen. Wir haben sehr gute Erfahrungen damit gemacht, die Vereinbarung eines gemeinsamen Ziels an den Anfang zu stellen. Vorausgesetzt hier ist natürlich, dass alle Personen an einer möglichst präzisen Aufklärung des Sachverhalts interessiert sind und eine nachhaltige Lösung anstreben.

Ihre Rolle ist es, die Fachexperten einzuladen. Weiterhin gehört es zu Ihren Aufgaben, die Meetings zu moderieren und zu dokumentieren. Schon bei der Einladung ist der Datenschutz zu beachten. Auch wenn die Einladung als „Persönlich" gekennzeichnet ist, sollten Sie nicht die Namen der Betroffenen oder den konkreten Sachverhalt in der Einladung vermerken. Neutrale Formulierungen wie „Austausch" oder „Fortsetzung unserer Besprechung" sind unsere bevorzugten Titel. Die Häufigkeit und Regelmäßigkeit der Termine hängen von dem gesehenen Risiko und der Entwicklung des Sachverhalts ab. Ein wöchentlicher kurzer Austausch, um alle auf dem aktuellen Stand zu halten, ist für viele Sachverhalte empfehlenswert. Sollte sich die Situation zuspitzen, beispielsweise durch ein akutes Risiko für eine Eigen- oder Fremdgefährdung, erhöhen Sie die Taktung, um schneller und angemessen reagieren zu können. Es geht bei jedem Termin um die Analyse und Synthese des Status und um die Ableitung der nächsten Schritte. Hat ein Sachverhalt den Status „Beobachtung und Prüfung der Wirksamkeit der Maßnahmen" erreicht, können Sie die Frequenz reduzieren.

9.3 Erarbeitung von Lösungsoptionen

Im Case-Management werden Lösungsszenarien erarbeitet und mit Maßnahmen hinterlegt. Darin enthalten ist ein Abwägen der Optionen unter Beachtung der damit einhergehenden Risiken: Risiken für Ihr Unternehmen, Risiken für die betroffenen Personen, Risiken für das Umfeld, z. B. Führungskraft oder Familienangehörige. Insbesondere bei der Beurteilung der möglichen Auswirkungen ist die Interdisziplinarität besonders wertvoll. Rechtliche wie ethische Aspekte, Innen- wie Außenwirkung – alle Facetten sind bei der Abstimmung wichtig. Nicht immer sind die Mitglieder des Case-Managements einer Meinung. Häufig hilft es dann, einen Schritt zurückzugehen und den Prozess von der Analyse zur Synthese nochmals zu durchlaufen: die Details aus unterschiedlichen Perspektiven beleuchten und die einzelnen Puzzleteile gemeinsam zusammenzusetzen.

Ein Mitglied des Case-Management-Teams macht einen Vorschlag zu Strategie und Vorgehen und den daraus abgeleiteten nächsten Schritten. Danach wird jedes Mitglied dazu befragt:
- Gibt es weiteren Informationsbedarf?
- Gibt es weitere Informationen, die bisher nicht bedacht wurden?
- Gibt es begründete Einwände?
- Gibt es weitere Vorschläge und Ansatzpunkte?

So wird der ursprüngliche Vorschlag überarbeitet, angepasst oder erweitert. Es ist wichtig, offen und vertrauensvoll zu diskutieren, damit alle Bedenken geäußert werden, seien sie im ersten Moment auch noch so unbedeutend. Dieses Vorgehen in der Entscheidungsfindung nennt man „Konsent-Prinzip", d. h., jedes Mitglied des Case-Managements muss sich aktiv einbringen, relevante Vorschläge liefern und begründete Bedenken vorbringen. In der Funktion des Bedrohungsmanagers geht es darum, Vorschläge zur Fallmanagement-Strategie einzubringen und zur Klärung von weiterem Informationsbedarf zur Verfügung zu stehen. Die eingebrachten Vorschläge haben empfehlenden Charakter. Eine Entscheidung wird nach Anpassung der Strategie im Konsent getroffen. Insofern gibt es daher auch eine gemeinsame Verantwortung für den eingeschlagenen Weg.

> **Gedankenimpuls**
> Im Case-Management werden Entscheidungen nach dem Konsent-Prinzip erarbeitet und getroffen!

Da Sie im Bedrohungsmanagement „nicht am offenen Herzen operieren", geht es nicht um Geschwindigkeit wie im Krisenstab, sondern um die Beachtung möglichst vieler Details, was nur durch ein interdisziplinäres Team gewährleistet werden kann. Erkennen Sie, dass wesentliche Informationen fehlen, so gilt es zu überlegen, ob diese verfügbar sind. Hat der potenzielle Täter Waffenzugang? Ist er vielleicht im Schützenverein? Verfügt er über einen Waffenschein? Gemeinsam überlegen Sie, wer über diese Information verfügen könnte: die Arbeitskollegen vielleicht, die örtliche Polizei, das Mitgliederverzeichnis des Schützenvereins? Das Mitgliederverzeichnis ist möglicherweise online einsehbar; das lässt sich einfach überprüfen. Eine Auskunft der örtlichen Polizei über das Vorhandensein eines Waffenscheins ist eher unwahrscheinlich. Ein „Kaffeegespräch" zur Freizeitgestaltung mit den Kollegen führen sicherlich nicht Sie in ihrer Rolle als Bedrohungsmanager. Im Case-Management-Team ist zu diskutieren, wer in welcher Rolle die geeignete Person ist, um die anstehenden Gespräche zu führen. Wichtig ist auch, offen und transparent zu diskutieren, ob Sie verantworten können, alle anstehenden Entscheidungen aufzuschieben, bis möglicherweise weitere Informationen vorliegen.

Nicht immer läuft die Bearbeitung von Sachverhalten geradlinig. Trotz Interdisziplinarität und Crossfunktionalität liegen dringend benötigte Informationen gelegentlich nicht vor. Oder es kommt zu Fehleinschätzungen oder einer anderweitig ausgelösten hohen emotionalen Dynamik. In solchen Situationen kann es Ihre Rolle sein, das emotionale Klima zu beruhigen. Schuldzuweisungen sind nicht zulässig, da Sie gemeinsam entschieden haben: auf der Basis der vorliegenden Informationen, durch Abwägen von Risiken und Chancen. Es gilt, erneut systematisch die vorhandenen Informationen und vielleicht weitere Informationen zu analysieren, diese in der Synthese zusammenzubringen und daraus eine nun veränderte Strategie abzuleiten. Welche Aspekte haben wir nicht beachtet oder nicht so bewertet? Häufig ist es auch hilfreich, das Case-Management-Team um zusätzliche Experten zu erweitern, die neue Perspektiven hereinbringen. Wichtig ist, den Blick immer wieder nach vorne zu richten, Sie gestalten mit Ihrer Arbeit die Zukunft der Menschen. Aus der Vergangenheit können Sie nur lernen und ableiten, welche Maßnahmen welche Wirkung gezeigt haben.

9.4 Koordination der Maßnahmen

Haben Sie sich auf eine oder mehrere Vorgehensweisen und die dazugehörigen Maßnahmen geeinigt, geht es um die Koordination dieser Maßnahmen. Ganz praktisch geht es darum sicherzustellen, dass alle Maßnahmen nahtlos ineinandergreifen, um die gewünschte Wirkung zu erzielen – und regelmäßig zu überprüfen, ob sie tatsächlich wirksam sind. Schon das Verhindern einer weiteren Eskalation kann dabei als Erfolg gewertet werden. In den regelmäßigen Meetings des Case-Management-Teams wird interdisziplinär auf die Entwicklung geschaut: Der aktuelle Status wird analysiert, die Effektivität der Maßnahmen bewertet und das weitere Vorgehen abgestimmt. Zeigen die eingeleiteten Maßnahmen die erwünschte Wirkung auf das Verhalten oder die Einstellung der Personen? Neben den Maßnahmen für die Betroffenen gilt es auch das Umfeld zu betrachten:
- Wie geht es dem Team, wie geht es der Führungskraft?
- Ist eine psychologische Betreuung für das Umfeld hilfreich?
- Können wir für die Familie/Angehörige unterstützende Leistungen anbieten oder Kontakte zu Organisationen herstellen, die unterstützen können?
- Ist ein Sicherheitsbriefing erforderlich? Wenn ja, für wen? Was würde es beinhalten?

Für ein erfolgreiches Fallmanagement spielt das Umfeld oft eine entscheidende Rolle. Wie gehen Teamkollegen miteinander um? Wird die betroffene Person hier gemieden, weil man nicht weiß, wie man mit ihr umgehen soll? Sind die Kollegen mit der Situation überfordert? Haben sie Angst? Egal, ob es um häusliche Gewalt, sexuelle Belästigung oder Radikalisierung geht: Ein stabiles Umfeld hilft den Betroffenen, wieder in das eigene Leben zurückzufinden.

9.5 Kommunikation mit dem Umfeld

Als Bedrohungsmanager stehen Sie im Austausch mit dem Melder und oft auch mit Personen aus dem sozialen Umfeld, auch oder insbesondere mit Personen, die nicht Teil des Case-Managements sind. In manchen Fällen stehen Sie auch im direkten Austausch mit dem potenziellen Täter. Wenn Sie in Ihrer Rolle als Bedrohungsmanager in direkten Kontakt mit einem potenziellen Täter treten, hat dies eine besondere Wirkung. Dem Täter wird bewusst, dass sein Verhalten und seine Veränderungen wahrgenommen werden und nicht dem gewünschten Verhalten entsprechen. Als Bedrohungsmanager übernehmen Sie diese Rolle entweder, um die gewünschte Wirkung zu erzielen, oder wenn die Führungskraft nicht in der Lage ist, sich in diese Gespräche einzubringen.

Sofern möglich, empfehlen wir, Gespräche im Vier-Augen-Prinzip zu führen. Zugleich ist bei der Wahl der Teilnehmenden zu beachten, dass diese sich zutrauen, konkrete Fragen zu stellen. Das gilt für alle Themen, egal ob sexualisierte Gewalt, Suizidalität oder Radikalisierung.

9.6 Dokumentation

Notieren und dokumentieren Sie alle Termine. Es geht dabei nicht um ein Wortprotokoll, sondern:
- Wer hat teilgenommen, was waren die Ergebnisse?
- Auf welcher Grundlage sind Sie zu den nächsten Schritten gekommen?
- Welche Risiken wurden gesehen?
- Welche Aspekte haben Sie dabei bedacht?

Dies ist wichtig für den Fall, sodass im Falle einer Eskalation zurückverfolgt werden kann, was wann und warum entschieden wurde. Hier können Sie dann auf Ihre Aufzeichnung zurückgreifen. Wir empfehlen, auf handschriftliche Aufzeichnungen in der Schreibtischschublade zu verzichten. Alle Informationen, alle Notizen sind streng vertraulich und daher genauso zu behandeln, d. h., sie sollten sicher und verschlüsselt abgelegt und nur nach dem Need-to-know-Prinzip geteilt werden. Die Vertraulichkeit der Informationen in den „verschlüsselten" Mails nochmals zu betonen, hat sich bewährt.

9.7 Involvieren der Geschäftsführung

Nicht jeder Case ist für das Top-Management von Interesse. Doch hin und wieder gibt es einen Sachverhalt, über den Sie das Management informieren sollten. Von Relevanz für die Geschäftsführung oder den Vorstand sind Sachverhalte mit:
- Betroffenheit eines Mitglieds des Top-Managements oder direkt zuarbeitenden Beschäftigten,
- Themen mit einer möglichen Außenwirkung für Ihr Unternehmen oder

– Sachverhalte mit einem hohen Risiko der Eskalation, einem Risiko für eine Fremdgefährdung trotz eingeleiteter Maßnahmen.

Auch bei der Information an die Geschäftsführung gilt das Need-to-know-Prinzip. Eine direkte Berichtslinie an den Vorstand ist empfehlenswert. Auch wenn Ihr Umfeld sicherlich großes Interesse an diesen Informationen hat, ist es wichtig, den direkten Kommunikationsweg einzufordern. Prekäre Informationen verbreiten sich wie ein Lauffeuer und lösen viel Unruhe aus, die Sie insbesondere in Fällen, in denen das Management eingebunden ist, nicht zusätzlich gebrauchen können.

In wenigen Ausnahmen kann aus dem Case-Management ein Krisenstab werden. Sollte es trotz Ihrer eingeleiteten Maßnahmen zu einer Notfallsituation, einer akuten Fremdgefährdung von Beschäftigten, einem hohen Risiko für einen Reputationsschaden oder einem akuten Sabotagerisiko kommen, so wird aus dem Case-Management ein Krisenstab. Es wird ein Krisenstabsleiter festgelegt, der dann übernimmt und gemäß Krisenstabsregeln weiterführt. In der Regel sind Sie als Bedrohungsmanager Teil des Krisenstabs, das Case-Management-Team übernimmt eine ausschließlich beratende Rolle.

9.8 Einen Fall abschließen

Oft werden wir gefragt, wie lange die Bearbeitung eines Falls im Durchschnitt dauert. Darauf gibt es keine hilfreiche Antwort, da jeder Sachverhalt so lange bearbeitet wird, wie es erforderlich ist. Ein frühzeitiges Abschließen, ohne sicher zu sein, dass das Restrisiko für alle Beteiligten vertretbar ist, ist nicht verantwortbar.

Um einen Sachverhalt erfolgreich abzuschließen, ist die Zusammenarbeit des interdisziplinären Case-Management Teams entscheidend. Gemeinsam wird geprüft, ob das verbleibende Restrisiko vertretbar ist: vertretbar für die Betroffenen, das Umfeld und Ihr Unternehmen. Die gemeinsame Arbeit endet idealerweise mit einer Retrospektive, einem Lessons Learned:
– Was lief gut, was könnte verbessert werden?
– Wo gibt es Potenzial, die Kooperation zu optimieren?
– Ist die Anpassung von Prozessen sinnvoll oder erforderlich?

Danach endet die Arbeit in diesem Case-Management-Team, aber nicht automatisch auch ihre Tätigkeit. Immer wieder kommt es vor, dass kein akut erkennbares Risiko vorliegt, der Sachverhalt aber dennoch weiterschwelt und Sie in ihrer Rolle immer mal wieder einen Blick darauf werfen.

> ▶ **Fallbeispiel**
>
> *Sie haben einen jungen Auszubildenden, der wegen körperlicher Gewalt verurteilt wurde. Das Gericht verhängt eine Bewährungsstrafe, da er bei Ihnen einen Ausbildungsplatz hat. Mit seiner Rückkehr ins Unternehmen richtet sich nicht nur Ihre Aufmerksamkeit auf den*

9.8 · Einen Fall abschließen

> *jungen Mann selbst, sondern auch auf das Team, die Führungskraft und die Berufsschule. Auch wenn sich nach einigen Wochen alle Beteiligten wieder gut eingespielt haben, bleibt es wichtig, den Auszubildenden weiterhin im Blick zu behalten und darauf zu achten, wie es ihm und seinem Umfeld langfristig geht.* ◄

Nicht immer ist es für Sie leicht, einen Sachverhalt ganz loszulassen. Dies betrifft insbesondere Hochrisikofälle, in denen Sie persönlich über einen längeren Zeitraum einen Kollegen oder eine Kollegin begleitet haben. Die vielen Kontaktpunkte, die Sie mit der Person hatten, häufig auch in sehr belastenden Situationen, gekoppelt mit intensiven Gesprächen und vielen sehr persönlichen Informationen, die ausgetauscht wurden, führen zu einer besonderen Verbundenheit und Vertrautheit. Solche Beziehungen fühlen sich manchmal an wie eine freundschaftliche Verbindung. Aber Sie sind nicht der beste Freund und sollten es auch nicht werden. Das Gefühl der Vertrautheit und Verbundenheit ist Ihrer Rolle geschuldet.

Grundsätze und Leitlinien im Case-Management

1. Alle Gespräche sind streng vertraulich.
2. Jedes Mitglied ist gleich wertvoll und hilfreich! Das bedeutet auch, dass Bedenken von allen gehört und aufgenommen werden. Dieses Prinzip ist sehr wichtig, da häufig Argumente oder Informationen, die auf den ersten Blick nicht so nützlich erscheinen, bei umfassenderer Diskussion entscheidende Bedeutung erhalten.
3. Im Case-Management-Team spielen Hierarchien keine Rolle. Die praktische Umsetzung erfordert ein sensibles Austarieren und eine gezielte Steuerung.
4. Es gilt das Konsent-Prinzip. Nur wenn alle dem Vorgehen zustimmen, werden die nächsten Schritte eingeleitet. Nicht nur Sie sollten ein gutes Bauchgefühl haben, auch die Mitglieder des Case-Management Teams. Gibt es hier Bedenken, sollten diese sehr ernst genommen und das Vorgehen nochmals überdacht und angepasst werden.
5. Schuldzuweisungen sind nicht zulässig. Auch wenn es vorkommen kann, dass falsche Maßnahmen aufgesetzt werden, Umwege gegangen werden müssen, um zum Ziel zu gelangen. Niemand trägt Schuld daran. Sie alle wollen das Beste für die Betroffenen und das Unternehmen. Es geht um die Gestaltung zukünftiger Entwicklungen und nicht um Vergangenheitsbewältigung.
6. Persönliche Vorlieben oder Abneigungen einzelner Experten untereinander sind hier unangebracht. Es geht nicht um das Miteinander der Mitglieder des Case-Management-Teams, sondern um die Erarbeitung einer Lösung für diesen Case.
7. Es gilt, sowohl für das Opfer als auch für den Täter und das Unternehmen eine nachhaltige Lösung zu finden. Diese drei Dimensionen können diametral auseinanderliegen. Es kann durchaus viel Zeit und Überlegungen kosten, wie hier für alle eine gute Lösung aussehen kann.

? **Was für Sie noch interessant sein könnte**

Unternehmen ohne interne Bedrohungsmanager können diese Expertise durch externe Berater ersetzen. Der Einsatz externer Experten bietet den Vorteil, auf erstklassiges Fachwissen zurückgreifen zu können. Aber auch externe Fachleute bleiben wie unternehmensinterne Bedrohungsmanager in einer Beratungsfunktion. Die Entscheidungsverantwortung liegt weiterhin beim Case-Management-Team und kann nicht ausgelagert werden.

Aufbau eines Bedrohungsmanagements im Unternehmen

Inhaltsverzeichnis

10.1 Prävention beginnt an der Spitze: Mandatierung durch die Geschäftsführung – 133

10.2 Fachliche Qualifizierung – 134

10.3 Aufbau eines Netzwerks – 135

10.4 Prozesse und Dokumentation – 137

10.5 Kommunikation und interne Öffentlichkeitsarbeit – 140

10.6 Implementierung – 140

Literatur – 142

© Der/die Autor(en), exklusiv lizenziert an Springer-Verlag GmbH, DE, ein Teil von Springer Nature 2025
C. Brandkamp und P. Horn, *Bedrohungsmanagement*,
https://doi.org/10.1007/978-3-662-71474-4_10

Warum lohnt es sich, dieses Kapitel zu lesen?

Ein durchdachtes und effizientes Bedrohungsmanagement schützt Mitarbeitende vor Risiken und Gefahren und trägt zu einem positiven Sicherheitsgefühl bei. Man sollte meinen, dass die Einführung einer solchen Institution quasi ein Selbstläufer ist. In der Praxis zeigen sich allerdings einige Fallstricke und Widerstände, die wir auch aus anderen Veränderungsprozessen kennen. In diesem Kapitel wenden wir uns dem Thema aus der organisationalen Perspektive zu, der strukturellen Einbettung eines Bedrohungsmanagements in die Organisation. Wir möchten Ihnen aufzeigen, wie die Etablierung nachhaltiger Prozesse gelingen kann und welche Schritte und Maßnahmen dazu erforderlich sind. Jedes Unternehmen hat seine ganz eigene Organisationsstruktur, Ausrichtung und Unternehmenskultur. Einige wesentliche Leitfragen unterstützen dabei, diese aufzuspüren und in den weiteren Prozess aktiv mit einzubeziehen, damit die Etablierung eines Bedrohungsmanagements in Ihrem Unternehmen möglichst reibungslos gelingen kann.

- **Einführung**

Bevor Sie konkrete Maßnahmen ergreifen, empfiehlt es sich, zunächst innezuhalten und sich mit einigen grundlegenden Fragestellungen auseinanderzusetzen. Diese Überlegungen bilden die Basis für ein fundiertes Vorgehen.
- Wie ist die aktuelle Situation? Worin zeigt sich ein Bedarf für einen strukturierten Prozess?
- Welche Risiken zeigen sich in Ihrem Unternehmen? Gibt es Besonderheiten aufgrund von Geschäftstätigkeit, Unternehmens- und Mitarbeiterstruktur?
- Wie geht Ihr Unternehmen aktuell mit Bedrohungen um?
- Wer sind die formellen und informellen Ansprechpersonen?
- Was wollen wir mit einem Bedrohungsmanagement erreichen?
- Was ist die primäre Aufgabe eines Bedrohungsmanagements? Und wofür ist es nicht gedacht?
- Wer ist in die Vorbereitungen mit einzubeziehen und in Entscheidungsprozesse zu involvieren? Management, Betriebsrat, Sozialpartner, HR, Compliance, Datenschutz etc.
- Welche Bedenken und Vorbehalte sind zu erwarten? Und was steht dahinter?
- Welche Risiken bestehen bei der Einführung eines Bedrohungsmanagements?

Bei einer Risikoanalyse werden Sie auf allgemein gegenwärtige gesellschaftliche Phänomene stoßen. Darüber hinaus bestehen spezifische Risiken Ihres Unternehmens und deren Mitarbeitenden aufgrund von Ausrichtung, Struktur und Geschäftsmodell. Ein Unternehmen mit Produktionsstandorten, an denen die Beschäftigten vor Ort arbeiten, ist mit anderen Herausforderungen konfrontiert als ein Unternehmen mit regem Kundenkontakt oder Shop-Vertrieb. Andere Risiken zeigen sich etwa im Vertrieb, insbesondere wenn Mitarbeitende regelmäßig Kontakt zu Kundinnen und Kunden an deren Wohnort haben.

Zusätzlich spielen Faktoren wie die Größe und Organisationsstruktur (Matrix) des Unternehmens, die Zusammensetzung der Belegschaft und die Unternehmenskultur eine wesentliche Rolle. All diese Aspekte beeinflussen die Ausrichtung und Ausgestaltung eines effektiven Bedrohungsmanagements.

- **Meilensteine der Implementierung**

Ein erster wichtiger Meilenstein für die Implementierung eines Bedrohungsmanagements ist die Mandatierung durch die Geschäftsleitung. Die Wirksamkeit von Neuerungen hängt immer von Commitment, Unterstützung und Rückendeckung ab. Bei der Einführung eines Bedrohungsmanagements geht es um einen Kulturwandel: Null-Toleranz gegenüber Gewalt, Akzeptanz und Vorbildfunktion der Führungskräfte, Verantwortung jedes Einzelnen für die Sicherheit aller. Weitere Meilensteine sind die Ausbildung und Befähigung der Bedrohungsmanager sowie der ersten Anlaufstellen. Hier gilt es Fachwissen und Handlungskompetenzen zu schaffen. Ein Bedrohungsmanagement ohne Netzwerk ist ein zahnloser Tiger; daher ist der dritte große Meilenstein die Etablierung eines Netzwerks, das sowohl interne als auch externe Partner umfasst. Informationsfluss und Zusammenarbeit müssen bereits vor dem Eintreten einer realen Bedrohungssituation definiert und sichergestellt werden. In einem vierten Schritt werden Prozesse festgeschrieben und etabliert. Rollen, Verantwortlichkeiten, Vorgehensweisen und Abläufe sind hier zu definieren. Das letzte Arbeitspaket umfasst eine transparente, zielgerichtete und kontinuierliche Kommunikation, um Akzeptanz, Nachvollziehbarkeit und Vertrauen zu fördern.

Die Parallelen zur Einführung von Veränderungsprozessen sind offensichtlich: Erfolg und Akzeptanz sind eng miteinander verknüpft!

10.1 Prävention beginnt an der Spitze: Mandatierung durch die Geschäftsführung

Der Aufbau eines Bedrohungsmanagements im Unternehmen beginnt idealerweise mit der Mandatierung durch die Geschäftsführung oder den Vorstand. Die Entscheidung zu einem solchen Schritt sollte bewusst aus strategischen und ethischen Gründen getroffen werden. Gesetzliche Verpflichtungen („Duty of Care") spielen dabei natürlich eine Rolle, sollten aber nicht der primäre Antreiber sein, weil sich das Vorhaben ansonsten als Feigenblatt erweist und eine authentische Haltung, die sich in einer praktischen Umsetzung widerspiegelt, verunmöglicht.

Ihre Vorüberlegungen und Vorarbeit helfen Ihnen, die Relevanz des Themas sowie die damit einhergehenden Vorteile für Ihr Unternehmen prägnant darzustellen: Identifikation mit dem Unternehmen, Erhalt/Steigerung der Leistungsfähigkeit und Innovation, weniger Krankheitstage, Verbesserung des Arbeitgeberimage, Vorteile beim Recruiting von Fach- und Führungskräften.

Ein weiterer wichtiger Aspekt der Entscheidungsvorlage ist die Klärung von Zuständigkeiten und Verantwortlichkeiten („Wer macht was?"). Dies betrifft insbesondere eine Abgrenzung zu anderen Fachbereichen (z. B. Compliance oder

HR), Aufgaben und Rollen (z. B. Krisenstab oder Investigation). Um Dissonanzen und Befindlichkeiten in Echtlagen vorzubeugen, ist eine vorherige und kontinuierliche Abstimmung sowie eine einvernehmliche Darstellung nötig.

Die Geschäftsleitung erwartet in der Regel eine entsprechende Entscheidungsvorlage, oft auch einen Business-Case. Prävention ist eine schwer zu kalkulierende Größe. Wie beziffert man den möglichen Imageverlust durch einen Innentäter? Wie hoch ist der Schaden durch Mobbing, aufgrund von Krankheitstagen und bewusst herbeigeführten Fehlern? Die Deutsche Gesetzliche Unfallversicherung sowie die Krankenkassen liefern stetig aktuelle Analysen der Entwicklung von Krankheitstagen und der für Unternehmen daraus entstehenden Kosten, die zumindest eine Orientierung bieten können. Konkrete Beispiele aus anderen Unternehmen unterstützen dabei, die Tragweite zu verdeutlichen.

Immer wieder begegnen wir der Sorge, dass durch die Etablierung eines Bedrohungsmanagements überhaupt erst Sachverhalte „geschaffen" werden. Das ist das grundsätzliche Paradox der Prävention. Bewusstsein und Aufmerksamkeit für bestimmte Phänomene sowie adäquate Unterstützungsmöglichkeiten generieren keine neuen Vorkommnisse, sie decken lediglich vorhandene Herausforderungen auf.

> **Gedankenimpuls**
> Bedrohungsmanagement ist mehr als eine Anlaufstelle und ein Prozess. Es ist eine Haltung, eine Kultur, ein Wertesystem, das Verantwortung für die Mitarbeitenden und die gesellschaftliche Verantwortung Ihres Unternehmens widerspiegelt.

10.2 Fachliche Qualifizierung

Ein wichtiger Baustein ist fachliche Qualifizierung der Mitarbeitenden des Bedrohungsmanagements. Das bedeutet eine fundierte Ausbildung sowohl der Bedrohungsmanager als auch der ersten Anlaufstellen, damit sie nicht nur aus ihrem Bauchgefühl heraus agieren und dennoch ihrer Intuition vertrauen und auf solide Fachkenntnisse zurückzugreifen. Dazu gehören die Kernaspekte des Bedrohungsmanagements – Wahrnehmen, Bewerten und Analysieren potenzieller Gefahren sowie die Kenntnis rechtlicher Grundlagen: Arbeitsrecht, Strafrecht, Betriebsverfassungsgesetz. In der Ausbildung zum Bedrohungsmanager erwerben Sie Kenntnisse und Kompetenzen zu verschiedenen Risiko-Assessment-Tools, die auf allgemeine Gefährdungen wie auch spezifische Phänomene wie Stalking oder Radikalisierung angewendet werden können. Da die wissenschaftliche Forschung auf diesem Gebiet noch in den Anfängen steckt und sich fortlaufend weiterentwickelt, ist eine kontinuierliche Auseinandersetzung mit neuen Erkenntnissen unerlässlich. Aktuelle Forschungsergebnisse lassen sich unmittelbar in die praktische Anwendung übertragen. Dazu gehört auch der Austausch mit anderen Bedrohungsmanagern. Im deutschsprachigen Raum bietet das Forum Bedrohungsmanagement e. V. eine wertvolle Quelle für fortlaufende praxisnahe Erkenntnisse. Ihre kontinuierliche Weiterentwicklung ist von entscheidender Bedeutung, da nur bekannte Phänomene erkannt und wirksam adressiert werden können. Auch eine übergreifende Perspektive ist wertvoll – etwa im Hinblick auf die Entwicklung von spezifischen Gewaltphänomenen. Hier erweisen sich regelmäßige Sicherheitsbriefings durch die Dienste (BKA, LfV, BND) als gewinnbringend.

Auffälligkeiten und Vorkommnisse werden nicht zwangsläufig an eine qualifizierte Stelle gemeldet. Daher gilt es, die Schlüsselpersonen, die von den Beschäftigten angesprochen werden, zu identifizieren. Sie sind es, die mit einer Meldung umgehen und eine initiale Einschätzung vornehmen müssen.

- An wen wenden sich die Mitarbeitenden in schwierigen Situationen? Sind es die Führungskräfte, der Betriebsrat, die Personalverantwortlichen, das Empfangspersonal, die Sicherheitsabteilung?
- Wer ist Ansprechpartner, wenn es um vertrauliche Themen geht?
- Wer steht mit jungen Beschäftigten im Austausch?

Oft lassen sich solche Personen leicht ermitteln, indem Sie sich die Struktur Ihres Unternehmens genauer ansehen. In den meisten größeren Unternehmen spielt der Betriebsrat eine zentrale Rolle als Ansprechpartner für die Belange der Mitarbeitenden. Darüber hinaus gibt es häufig Ansprechpersonen für junge Mitarbeitende, Auszubildende oder dual Studierende. In Unternehmen mit vielen kleinen Standorten, wie beispielsweise Filialen oder Auslieferungszentren, sind es oft die Standortverantwortlichen, die als erste Anlaufstelle dienen. In kleineren Unternehmen gibt es vielleicht keine formelle Funktion und dennoch eine Person, die als „Vertrauensperson" oder „Kümmerer" bekannt ist.

Die initiale Einschätzung (siehe ▶ Kap. 5) ist kein Buch mit sieben Siegeln. Im Kern geht es darum, potenziell gravierende Risiken zu identifizieren, die eine über die Gesprächsführung hinausgehende Intervention erforderlich machen. Gleiches gilt auch für den Erstkontakt zur meldenden Person. Eine Vertrautheit mit diesen Themen wie auch mit dem Prozess bei kritischen Vorkommnissen schafft Handlungssicherheit. Regelmäßige Schulungen und Angebote zum Kompetenzerwerb erweisen sich in der Praxis als äußerst gewinnbringend.

10.3 Aufbau eines Netzwerks

Effektives Bedrohungsmanagement steht und fällt mit der Vernetzung – es ist das verbindende Element zwischen allen relevanten Stellen! Ohne ein Netzwerk aus Experten innerhalb und außerhalb des Unternehmens ist Bedrohungsmanagement nur ein Papiertiger. Ein frühzeitiger Aufbau sowie die kontinuierliche Erweiterung des unternehmensinternen Netzwerks sind zentrale Erfolgsfaktoren für wirksames Handeln. Sie benötigen dieses Netzwerk an Experten für die interdisziplinäre Arbeit im Case-Management sowohl bei der Bewertung von Sachverhalten als auch bei der Planung und Durchführung erforderlicher Maßnahmen. In diesem Netzwerk befinden sich typischerweise Vertreter aus den folgenden Bereichen:
- Human Resources
- Rechtsabteilung (Arbeitsrecht, ggf. Strafrecht)

- Compliance
- Sicherheitsabteilung
- Sozialpartner bzw. psychosoziale Dienste
- Anlaufstellen Ihres Unternehmens

Fachexperten aus u. a. den folgenden Bereichen können ebenfalls wichtige Ergänzungen sein:
- Kommunikationsabteilung
- Lagezentrum
- Datenschutz
- Diversitätsbeauftragte
- Betriebsrat

Die Abstimmung der Fachexperten – bevor es überhaupt zu einem ersten Vorfall kommt – kann eine vertrauensvolle und bruchfreie Zusammenarbeit von Beginn an wirksam unterstützen. Häufig wird das Bedrohungsmanagement skeptisch betrachtet: „Wozu brauchen wir das überhaupt? Ändert das was an meinen bisherigen Aufgaben und Verantwortlichkeiten?" In einem initialen Treffen können Sie ein gemeinsames Verständnis für Zielsetzung, Aufgabenbereiche und prozessuales Vorgehen entwickeln und den jeweiligen Fachexperten die Möglichkeit geben, ihre eigene Rolle in der Zusammenarbeit zu definieren.

In dieser Anfangsphase ist es sinnvoll, die Zuständigkeit für unterschiedliche Fallkonstellationen zu besprechen. Konflikte zwischen Mitarbeitenden, arbeitsrechtlich relevante Vorgänge oder auch Sexismus und sexualisierte Gewalt werden meist von anderen Fachabteilungen wie Personal, Compliance oder Legal bearbeitet. Eine Klärung, wie Fälle an den jeweiligen Compliance Officer, den Personalverantwortlichen oder den zuständigen Juristen übergeben werden sollten, hilft hier enorm und sollte kontinuierlich ausgehandelt werden. In manchen Fällen, insbesondere in Fällen sexualisierter Gewalt oder auch in Fällen von Querulanz, kommt es bei Gefährdungslagen zu Überschneidungen, sodass eine Kooperation schon in der Anfangsphase erforderlich ist. Wie hier eine Zusammenarbeit und Entscheidungsprozesse aussehen sollen, ist im Vorfeld zu besprechen, damit es nicht zu Missverständnissen und Verstimmungen kommt.

> **Gedankenimpuls**
> Eine klare Zuordnung von Verantwortlichkeiten und Zuständigkeiten bereits im Vorfeld von Echtlagen hilft enorm, eine abgestimmte und reibungslose Zusammenarbeit zu ermöglichen!

Bei kritischen Fällen findet eine interdisziplinäre Zusammenarbeit im Case-Management statt. Je nach Fallzahlen kann dies auch nur in größeren Abständen vorkommen. Umso wichtiger ist es, fallunabhängige Termine zu organisieren, um sich über die neuesten Entwicklungen auszutauschen, das Netzwerk weiter zu stärken und neue Mitarbeiter auf den entsprechenden Stellen einzubinden. Dieser Ansatz stärkt nicht nur die Qualität der Ergebnisse, sondern hebt gleichzeitig Ihre Professionalität und Expertise hervor.

10.4 Prozesse und Dokumentation

Jens Hoffmann hat das Konzept „Erkennen – Einschätzen – Entschärfen" im Rahmen seiner Arbeiten zum Bedrohungsmanagement entwickelt. Eine seiner ersten Veröffentlichungen zu diesem Thema war der Artikel „Erkennen – Einschätzen – Entschärfen mit DyRiAS-Schule", den er 2014 gemeinsam mit Karoline Roshdi im Forum Kriminalprävention [1] veröffentlichte. Bei diesem Vorgehen handelt es sich um einen Prozessansatz, bei dem die Phasen Einschätzen und Entschärfen wiederholt durchlaufen werden, bis die Beteiligten in der Bewertungsphase zu einem für sie alle vertretbaren Restrisiko gelangen: Analyse und Anpassung sind fortlaufende Bestandteile des Prozesses. Hierbei ist die Fähigkeit gefragt, sich flexibel auf neue Entwicklungen und Erkenntnisse einzustellen und kontinuierlich in einem interdisziplinären Team anzupassen.

Neben den drei Phasen Erkennen – Einschätzen – Entschärfen sind die beiden Prozessschritte Evaluation sowie Dokumentation von Bedeutung. Dabei ist die Dokumentation eine fortlaufende Aufgabe über alle Phasen hinweg. Nachdem die inhaltlichen Aufgaben und Herausforderungen der einzelnen Schritte bereits in den vorangegangenen Kapiteln behandelt wurden, stehen an dieser Stelle die organisatorischen Aspekte im Mittelpunkt.

(1) **Erkennen**
Erkennen bezeichnet im Allgemeinen den kognitiven Prozess, bei dem eine Person oder ein System Informationen wahrnimmt, verarbeitet und mit vorhandenem Wissen vergleicht, um Bedeutung, Muster oder Zusammenhänge zu identifizieren. Es kann sich auf das Wahrnehmen von Objekten, das Verstehen von Sachverhalten oder das Einschätzen von Situationen beziehen. Erkennen bedeutet also „so deutlich sehen, dass jemand weiß, wen oder was er vor sich hat" und „Klarheit über jemand oder etwas gewinnen" [2].

Dieser erste Prozessschritt erfordert die Einrichtung einer Anlaufstelle. Dieser *Point of Contact,* an dem die Informationen ankommen und zusammenfließen, muss bekannt, sichtbar und niedrigschwellig zu erreichen sein. Solche Kontaktmöglichkeiten können Meldeportale sein, eine E-Mail-Adresse oder eine zentrale Rufnummer mit hinterlegten Erreichbarkeiten und Responsezeiten. Die Einrichtung einer zentralen E-Mail-Adresse oder Rufnummer ist meist mit wenigen Klicks realisiert. Über die Erreichbarkeiten und Responsezeiten sollten Sie sich ein paar mehr Gedanken machen. Verlässlichkeit im Hinblick auf Erreichbarkeit zu den angegebenen Zeiten ist von zentraler Bedeutung für den Aufbau von Vertrauen. Insbesondere in den Anfängen setzen Anrufende darauf, während der angekündigten Zeiten jemanden persönlich zu erreichen oder zeitnah einen Rückruf zu erhalten. Bei der Wahl der Erreichbarkeit sollten Sie bedenken, dass Meldungen gerne auch zu Randzeiten abgegeben werden: vor Beginn oder nach Ende der Arbeitszeit des Melders.

(2) **Einschätzen**
Einschätzen bezeichnet grundsätzlich den Prozess der bewertenden Beurteilung einer Person, Situation oder eines Sachverhalts anhand von Beobachtungen,

Erfahrungen oder vorhandenen Informationen. Fundierte Modelle dienen als Unterstützung bei der Einordnung der vorliegenden Informationen. Dabei werden mögliche Entwicklungen, Risiken oder Konsequenzen abgewogen, um eine möglichst genaue Einschätzung zu treffen.

In dieser Phase geht es darum, die Informationen genauer zu durchleuchten. Was wissen wir über die beteiligten Personen? Was wissen wir über den Kontext des Geschehens? Warum haben die Personen in einer bestimmten Weise gehandelt? Gibt es logische „Wenn-dann"-Zusammenhänge, die uns Hinweise auf mögliche Verhaltensmuster oder Absichten geben? Es geht in dieser Phase um eine möglichst genaue Betrachtung der relevanten Details. Zentral ist dabei die Fähigkeit, die Perspektiven der beteiligten Akteure einzunehmen und deren Handlungslogik zu verstehen. Überlegen Sie, wie sich ihre Handlungen und Aussagen aus ihrem persönlichen Erleben heraus erklären. Je besser Sie sich in die Denkweise, die Bedürfnisse und den Hintergrund der Personen eindenken, desto leichter fällt es Ihnen, ihr Verhalten nachzuvollziehen. Je erfolgreicher Sie darin sind, desto fundierter ist die Einschätzung möglicher Verhaltensentwicklungen.

Gerade zu Beginn oder bei komplexen Themen empfiehlt es sich, im Team auf den Sachverhalt zu schauen. Gemeinsam können Sie verschiedene Perspektiven einnehmen und die vorhandenen Informationen strukturieren, analysieren und sortieren, um letztlich eine strukturierte Darstellung über alle relevanten Details zu erhalten.

Für die Bewertung stehen – wie in ▶ Kap. 5 bereits ausgeführt, zahlreiche am Markt verfügbare Assessment-Tools zur Verfügung. Diese unterstützten Sie bei der Bewertung der vorliegenden Informationen und helfen Ihnen dabei, alle wichtigen Aspekte im Blick zu halten. Im Kap. 4 sind wir auf unterschiedliche Phänomene der Gewalt eingegangen, auch diese Inhalte helfen Ihnen bei der Einschätzung eines Sachverhalts.

(3) **Entschärfen**
Entschärfen bedeutet allgemein, etwas weniger gefährlich, brisant oder problematisch zu machen. Ein plastisches Beispiel hierfür wäre, „die Zündvorrichtung von einem Explosivgeschoss zu entfernen" [3]. Der Prozess geht hier in die Phase des aktiven Managens, der Entwicklung und Umsetzung einer Strategie. Zunächst braucht es dafür ein Gesamtbild, das Sie aus den im vorherigen Schritt analysierten Einzelaspekten zusammensetzen. Es ist Ihre Aufgabe, die erforderlichen Experten einzubinden, den Austausch zu koordinieren und zu moderieren. Ein grundlegendes Verständnis über das Bedrohungsmanagement bei allen beteiligten Experten zu schaffen, verhilft Ihnen zu einem effizienten und effektiven Vorgehen. Auch das Wissen über die Vorgehensweisen im Case-Management (siehe hierzu ▶ Kap. 9) zu kennen, erleichtert die Zusammenarbeit.

Ein weiterer wichtiger Aspekt ist die Abstimmung der Kommunikation:
- Mit welchen Tools dürfen Sie (streng) vertrauliche Informationen teilen?
- Wie kann eine Kommunikation mit externen Experten/Behörden erfolgen?
- Wie teilen Sie erforderliche Unterlagen, ohne dass Sie Sorge haben müssen, dass Unbefugte Zugriff erhalten?

10.4 · Prozesse und Dokumentation

In dieser Phase gilt es über das Aufsetzen der Maßnahmen hinaus darauf zu schauen, ob die Maßnahmen ihre erwartete Wirkung entfalten und zu einer Entspannung der Bedrohungslage führen. Diese Bewertung sollte sich an den erkannten Risiken messen, ohne den Blick für mögliche neue Risiken zu verlieren. Erkennen Sie neue Risiken oder zeigt die aktuelle Strategie nicht die gewünschte Wirkung, so bedarf es einer Anpassung der Maßnahmen, in manchen Fällen auch eines Strategiewechsels.

Gelegentlich kann es erforderlich sein, die Geschäftsführung oder den Vorstand in Kenntnis zu setzen. Legen Sie im Vorfeld fest, wie der Vorstand informiert wird, z. B. mit einer kurzen SMS mit Rückrufbitte. Gemäß dem Need-to-know-Prinzip sollten mögliche Zwischenebenen nur dann informiert werden, wenn dies wirklich erforderlich ist.

Der Übergang vom Bedrohungsmanagement zum Krisenstab ist ein Prozessbaustein, den Sie bei der Etablierung eines Bedrohungsmanagements frühzeitig berücksichtigen sollten. Bereits in der Aufbauphase ist es ratsam, diese Schnittstelle klar zu definieren und für den Ernstfall verbindliche Abläufe festzulegen. Dabei sollten Sie präzise Indikatoren festlegen, die das Einberufen eines Krisenstabs erforderlich machen. Aus der Praxis empfehlen wir, eine enge und kontinuierliche Abstimmung mit dem zuständigen Bereich sicherzustellen – idealerweise mit der Möglichkeit, im Bedarfsfall zügig zu klären, ob die identifizierten Risiken die Aktivierung eines Krisenstabs erforderlich machen.

Die Dokumentation sollte grundsätzlich nachvollziehbar und gerichtsfest sein. Die Nachvollziehbarkeit ist für die Bearbeitung im Team wichtig, insbesondere auch dann, wenn sich Entwicklungen außerhalb Ihrer Erreichbarkeit ergeben. Bei ungünstigen Entwicklungen oder im Falle einer Beschwerde ist der Nachweis für eine strukturierte Bearbeitung des Sachverhalts auf dem *State of the Art* wichtig. Ein Notizbuch lässt sich zwar gut wegschließen, ist aber keine geeignete Grundlage für die Zusammenarbeit mit den Experten und als Nachweis gegenüber Behörden eher kritisch zu sehen. Daher empfehlen wir eine toolbasierte Lösung. Bedenken Sie bei der Auswahl der Software, dass Sie es stets mit streng vertraulichen Daten zu tun haben.

(4) Evaluation & Weiterentwicklung
Evaluation bezeichnet die systematische Bewertung von Prozessen und Maßnahmen anhand festgelegter Kriterien. Ziel ist es, deren Qualität, Wirksamkeit und Effizienz zu analysieren und gegebenenfalls Optimierungen daraus abzuleiten. Nach Abschluss eines Sachverhalts ist eine umfassende Evaluation sinnvoll, um den Erfolg und die Wirksamkeit der ergriffenen Maßnahmen zu bewerten. Dabei werden sowohl die erzielten Ergebnisse als auch der gesamte Prozess kritisch analysiert, um Stärken und Verbesserungspotenziale zu identifizieren. Idealerweise beziehen Sie die beteiligten Fachexperten des Case-Managements in die Evaluationsrunde mit ein. Erkenntnisse und Verbesserungspotenziale werden systematisch erfasst und in konkrete Handlungsempfehlungen übersetzt. So sichern Sie einen kontinuierlichen Verbesserungsprozess, der dazu beiträgt, die Qualität und Effizienz Ihres Bedrohungsmanagements langfristig zu steigern.

10.5 Kommunikation und interne Öffentlichkeitsarbeit

Einen Notfallkoffer analog zur Reiseapotheke ist meist überflüssig, nur im Bedarfsfall mehr als nur schön zu haben. Besser noch ist es, wenn alle Beteiligten wissen, dass es so einen Notfallkoffer gibt und wo er im Notfall zu finden ist. Gleiches gilt für ein Bedrohungsmanagement. Die Kommunikation und interne Öffentlichkeitsarbeit in Gefährdungslagen sind das A und O. Hierbei sollte umsichtig und mit Bedacht vorgegangen werden. „Bedrohung" kann leicht Gefühle von Verunsicherung und Angst auslösen. Beschäftigte sollen sich geschützt fühlen und nicht Sorge tragen. Das gilt schon bei der Einführung des Bedrohungsmanagements: „Gibt es besondere Gefahren, die das jetzt erforderlich machen? Muss ich Angst haben und wovor?" Der Grundtenor sollte ein Sicherheitsgefühl vermitteln und die Absicht bekunden, Sicherheit am Arbeitsplatz zu einem zentralen Baustein der Unternehmenskultur zu machen. Wissen baut Hemmschwellen ab, in vielerlei Hinsicht. Daher sollten in die Kommunikation folgende Aspekte einfließen:

- Warum führen Sie ein Bedrohungsmanagement ein?
- Welche Aufgaben hat das Bedrohungsmanagement?
- Wer wird im Bedrohungsmanagement arbeiten?
- Wie können die Personen persönlich erreicht werden?
- Wie wird ein Gespräch mit einem Bedrohungsmanager ablaufen?

Als besonders hilfreich hat sich erwiesen, das Top-Management oder Schlüsselfiguren des Unternehmens für die einführende Kommunikation, etwa in Form von Botschaften, zu gewinnen. Dies stärkt die Glaubwürdigkeit, das Vertrauen und die Bedeutung, die dem Bedrohungsmanagement zugemessen wird.

So wichtig eine erste Kommunikation zur Einführung des Bedrohungsmanagements ist, so schnell verlieren Menschen Dinge aus dem Blick. Daher sind eine stetige Kommunikation und Öffentlichkeitsarbeit im Unternehmen erforderlich. Nutzen Sie die sich bietenden Gelegenheiten, um Ihre Beschäftigten auf das Bedrohungsmanagement aufmerksam zu machen: Vorträge auf Betriebsversammlungen, Artikel im Intranet, Plakate an Ihren Standorten.

10.6 Implementierung

Immer wieder werden wir gefragt, mit welcher Bugwelle wir zu rechnen haben, wenn wir die Kommunikation starten. Aus unseren eigenen Erfahrungen wissen wir, dass insbesondere zu Beginn die Resonanz recht hoch sein kann. Wenngleich die gemeldeten Fälle nicht alle besonders kritisch sind, gilt es, dem Rechnung zu tragen und entsprechend vorbereitet zu sein. Eine Steuerung der Fallzahlen kann auch darüber erreicht werden, dass kontinuierlich kommuniziert wird, für welche Fälle das Bedrohungsmanagement eine zielführende Unterstützung bietet und in welchen Fällen andere Stellen zu kontaktieren sind.

10.6 · Implementierung

Gerade in großen Unternehmen hat sich eine schrittweise Einführung als effektiv erwiesen. Dabei empfiehlt es sich, zunächst in besonders kritischen und vulnerablen Bereichen zu starten, die ein erhöhtes Bedrohungspotenzial aufweisen. Elementar sind dabei frühzeitige Schulungsmaßnahmen für zentrale Anlaufstellen und Schlüsselpersonen – idealerweise in Verbindung mit einer gezielten Sensibilisierung der Mitarbeitenden. Auch den frühzeitigen Fokus auf die Begleitung von einschneidenden Veränderungsprozessen im Unternehmen zu legen, hat sich bewährt. Umstrukturierungen, Werksschließungen, Personalabbau führen zu großer Unsicherheit unter der Belegschaft.

Vielleicht ist in den Anfängen der Implementierung die Ausbildung der Bedrohungsmanager noch nicht abgeschlossen. Umso wichtiger ist es dann, auf ein starkes und kompetentes Netzwerk zurückgreifen zu können. Niemand kann auf alle Szenarien vorbereitet sein. Daher ist die Vernetzung nicht nur in den Anfängen und nicht nur für Neueinsteiger von essenzieller Bedeutung.

- **Vorsicht Stolpersteine**

Der Begriff Bedrohungsmanagement löst häufig eher ein bedrohliches Gefühl statt eines Gefühls der Sicherheit aus. Sollten Sie sich für diese Bezeichnung entscheiden, ist eine umfassende kommunikative Begleitung erforderlich, um zu erläutern, was Bedrohungsmanagement tatsächlich bedeutet.

Datenschutz ist ein essenzielles, vielschichtiges Thema. Innerhalb der Europäischen Union bildet die Datenschutz-Grundverordnung (DSGVO) den zentralen rechtlichen Rahmen für den Schutz personenbezogener Daten. Sie legt einheitliche Standards für die Erhebung, Verarbeitung und Speicherung sensibler Informationen fest und verpflichtet Unternehmen zu umfassenden Datenschutzmaßnahmen. In Deutschland ergänzt das Bundesdatenschutzgesetz (BDSG) die DSGVO und enthält spezifische Regelungen, beispielsweise zu Arbeitnehmerdaten oder zur Bestellung eines Datenschutzbeauftragten. Für international agierende Unternehmen bedeutet dies, dass sie nicht nur die EU-weiten Vorgaben der DSGVO umsetzen, sondern auch nationale Datenschutzgesetze berücksichtigen müssen, um rechtliche Risiken zu minimieren und den Schutz personenbezogener Daten sicherzustellen.

Immer wieder erleben wir, dass Menschen sich zum Bedrohungsmanager berufen fühlen, insbesondere dann, wenn sie zuvor persönlich die Hilfe des Bedrohungsmanagements erlebt haben. Für diese verantwortungsvolle Aufgabe ist jedoch eine ausgewogene Balance zwischen Nähe und Distanz essenziell. Empathie spielt eine zentrale Rolle, persönliche Betroffenheit kann die professionelle Handlungsfähigkeit allerdings beeinträchtigen.

> **? Was für Sie noch von Bedeutung sein könnte**
> Unabhängig davon, ob die Umsetzung eines Bedrohungsmanagements über eine zentrale Abteilung erfolgt, standortbezogene Lösungen entwickelt oder externe Expertinnen und Experten hinzugezogen werden – entscheidend ist, dass Sie sich als Organisation aktiv mit dem Thema auseinandersetzen. Bedrohungsmanagement ist ein sensibler und gleichzeitig essenzieller Bestandteil einer vorausschauenden

Sicherheitskultur. Die konkrete Ausgestaltung kann je nach Struktur, Risikolage oder Ressourcen variieren, ein Nichthandeln birgt langfristig erhebliche Risiken. Eine frühzeitige, strukturierte Auseinandersetzung mit potenziellen Gefährdungen ermöglicht es, Bedrohungen frühzeitig zu erkennen, professionell zu bewerten und angemessen zu reagieren. Dabei zählt weniger die perfekte Umsetzung im ersten Schritt als vielmehr die bewusste Entscheidung, Verantwortung zu übernehmen und präventiv zu handeln.

Literatur

1. Hoffmann, J., & Roshdi, K. (2014). Erkennen – Einschätzen – Entschärfen mit DyRiAS-Schule. *Forum Kriminalprävention*. Abgerufen von ▶ https://www.i-p-bm.com
2. ▶ https://www.duden.de/rechtschreibung/erkennen
3. ▶ https://www.duden.de/rechtschreibung/entschaerfen

MIX
Papier aus verantwortungsvollen Quellen
Paper from responsible sources
FSC® C105338

If you have any concerns about our products,
you can contact us on
ProductSafety@springernature.com

In case Publisher is established outside the EU,
the EU authorized representative is:
**Springer Nature Customer Service Center GmbH
Europaplatz 3, 69115 Heidelberg, Germany**

Printed by Libri Plureos GmbH
in Hamburg, Germany